LE
VOYAGEUR
FRANÇOIS.

TOME XXXIV.

LE VOYAGEUR FRANÇOIS,

OU

LA CONNOISSANCE
DE L'ANCIEN
ET DU NOUVEAU MONDE;

VOYAGE DE FRANCE,
Mis au jour par Monsieur D***.

TOME XXXIV.

Prix, 3 liv. relié.

A PARIS,
Chez MOUTARD, Imprimeur-Libraire, rue des Mathurins, Hôtel de Cluni.

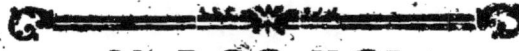

M. DCC. XCI.
Avec Approbation, & Privilége du Roi.

LE VOYAGEUR FRANÇOIS.

LETTRE CDLII.

LA GUIENNE.

CE n'est qu'après avoir fait toutes mes courses dans la Guienne que je vous envoie, Madame, mes observations sur cette province. Je vous ai dit ailleurs qu'elle est la partie septentrionale du gouvernement de ce nom. La Saintonge, l'Angoumois, le Limosin & l'Auvergne lui servent de limites au nord; le Languedoc à l'est, la Gascogne au sud & l'Océan à l'ouest. Elle comprend six pays que je nomme ici dans le même ordre que je les ai parcourus; le *Rouergue*, le *Quercy*, l'*Agenois*, le *Bazadois*, le *Bordelois* ou *Bourdelois*, & le *Périgord*. L'histoire de cette riche & vaste province est, en bien des points, liée à celle de la monarchie française; & je devrois sans doute vous raconter en détail les grands événemens qui nous intéressent le plus. Mais vous savez, Madame, que je me suis prescrit, dans la notice historique des divers pays que je dois vous faire connoître, des bornes étroites que je ne puis pas passer. Je me contenterai donc de vous apprendre ce qu'il est essentiel de ne pas ignorer.

Vous vous rappellerez ici, Madame, ce que je vous ai dit dans une de mes précédentes lettres, que les romains après avoir conquis la Gaule, en nommerent la partie méridionale *Aquitaine*, parce qu'elle étoit arrosée d'un grand nombre de rivieres; qu'ils la diviserent ensuite en trois parties qui porterent le même nom, & que la Guienne presque entiere forma la seconde. C'est de ce mot *Aquitaine* que dans la suite des temps est venu par corruption celui de *Guienne*.

Les romains possédèrent tout ce pays jusqu'en 419, que les visigoths commencerent à l'occuper. Clovis les en chassa après la fameuse bataille de Vouillé, donnée en 507. Les descendans de ce monarque le disputerent long-temps aux gascons qui étoient venus s'y établir. Tantôt ils gouvernoient ces peuples par eux-mêmes, tantôt ils les soumettoient & les obligeoient de recevoir des ducs de leurs mains. Mais plus souvent les gascons se choisissoient leurs chefs, qui faisoient la guerre à nos rois, & qui, quelquefois battus, étoient forcés à demander pardon, comme cela arriva sous le roi Dagobert.

Ce fut sous la seconde race des monarques françáis, que ces duchés & ces comtés commencerent à devenir héréditaires. Ramulphe, fils de Bernard, comte de Poitou, fut le premier duc de la seconde Aquitaine ou Guienne en 845. Un de ses successeurs Guillaume III, surnommé tête d'étoupes, parcequ'il avoit de beaux cheveux blonds, fit souvent la guerre aux rois Raoul & Louis IV. Il épousa Adélaïde, fille de Guillaume I, duc de Normandie, & mourut en 963.

Guillaume IV, son fils, dit *bras-de-fer*, ou *fier-à-bras*, fut un prince très-puissant. Après avoir obligé le comte d'Auvergne à renoncer au titre de duc d'Aquitaine qu'il prenoit, il le força à lui faire hommage de son comté. Il résista vigoureusement au roi Lothaire, & fut long temps sans vouloir reconnoître pour roi Hugues Capet qui avoit épousé sa sœur. Enfin il lui rendit hommage, & mourut en 993, laissant pour successeur son fils Guillaume V dit *le Grand*.

Celui-ci avoit épousé d'abord Almonide, & en secondes noces Prisque, fille de Guillaume Sanchez, duc de Gascogne. De ces deux mariages vinrent plusieurs enfans mâles. Ceux du premier lit succéderent au duché de Guienne; & Eudes qui étoit du second, eut le duché de Gascogne en 1039, après la mort de Berenger, son cousin. Ce même Eudes étant mort sans enfans, Bernard, comte d'Armagnac, s'empara du duché de

Gascogne. Mais Guillaume-Geoffroy, dit Guillaume VIII, duc de Guienne, l'en chassa & s'en rendit le seul possesseur. Ainsi furent réunis, l'an 1070, les deux duchés de Guienne & de Gascogne, au premier desquels le comté de Bordeaux avoit été uni quelque tems auparavant. Jusqu'à cette époque les derniers ducs de Guienne avoient souvent tenu leur cour & fait leur résidence à Bordeaux, quoiqu'ils n'en eussent pas le domaine utile.

Guillaume X, petit-fils de Guillaume VIII, ne laissa que deux filles, dont l'aînée, nommée Eléonore, agée de quinze ans, fut instituée héritiere de tous ses états qui comprenoient alors les duchés de Guienne & de Gascogne, avec tous les grands fiefs qui en relevoient, le domaine de la Saintonge & du comté de Poitou. Elle épousa en 1137, l'année même de la mort de son pere, Louis VII, roi de France. Mais elle en fut séparée en 1152, pour cause de parenté, quoique'elle en eût eu deux filles. On prétend que cette cause de parenté n'étoit en effet qu'un prétexte pour couvrir la jalousie du roi, qui ne renvoyoit sa femme que parcequ'il la soupçonnoit de lui avoir été infidelle. Conduite bien peu politique, dans un temps sur-tout, où l'on étoit dans l'usage de rendre à l'épouse renvoyée la dot qu'elle avoit apportée, même en biens fonds du domaine de la couronne & par conséquent inaliénables!

Six semaines après avoir été répudiée, Eléonore épousa Henri, comte d'Anjou & duc de Normandie, déclaré successeur du roi d'Angleterre, qui par ce moyen se trouva, en 1154, souverain de ce royaume, duc de Normandie & d'Aquitaine, comte d'Anjou, de Poitou, de Touraine & du Maine; ce qui comprenoit environ le tiers du royaume tel qu'il est aujourd'hui. A quoi Henri II ajouta encore la Bretagne par le mariage d'un de ses fils avec l'héritiere de ce duché.

Remarquons ici, Madame, que la plupart des autres provinces du royaume étoient alors gouvernées, les unes par des ducs & les autres par des comtes particuliers, qui tous affectoient une indépendance abfolue: tels étoient les ducs de Bourgogne & de Bretagne, les comtes de Champagne, ceux de Touloufe, de Provence, les dauphins de Viennois, &c. Quelle étrange révolution, quel affoibliffement dans le vafte empire de Charlemagne, depuis environ trois fiecles ! Nous ne devons pas nous étonner des fuccès qu'eurent les Anglais dans les guerres qu'ils firent à nos fouverains jufqu'au temps de Charles VII. On voyoit le plus fouvent des armées françaifes combattre les unes contre les autres. Nos rois n'avoient d'autres reffources que dans le zele & le courage de leurs fujets fidèles. Les Anglais au contraire compofoient leurs armées des françois qui leur étoient foumis, fe bornant à les fortifier de quelques troupes de leur propre nation qu'ils ménageoient fagement le plus qu'il leur étoit poffible.

Richard *Cœur-de-Lion*, fils d'Eléonore & de Henri, fut roi d'Angleterre & duc de Guienne. Il déclara la guerre à plufieurs feigneurs particuliers de la Gafcogne, & en extermina le plus grand nombre pour former à leur place de nouvelles maisons. Il maria sa sœur Jeanne à Raymond VI comte de Toulouse, lui donnant en dot l'Agenois qu'elle tranfmit à son fils Raymond *le Jeune*, dont la fille auſſi nommée Jeanne, le porta à Alphonſe, frere du roi St. Louis.

Jean *Sans-Terre*, frere & ſucceſſeur de Richard, ayant été cité devant la cour des pairs de France, pour y être jugé ſur le meurtre d'Arthur ſon neveu, fils du duc de Bretagne, ne voulut point comparoître. Sur ſon refus il fut déclaré rébelle, condamné à mort comme coupable de cet aſſaſſinat ; & toutes les poſſeſſions qu'il avoit en France, furent conſiſquées au profit de Philippe Auguſte, dont il étoit le vaſſal. Le roi s'en empara, & les réunit à la couronne. Le monarque anglais conſerva néanmoins la Guienne, pour laquelle il y eut des guerres très vives. Elles furent enfin terminées par un traité de paix conclu entre Henri III, ſucceſſeur de Jean *Sans-Terre* & le roi St. Louis. Henri renonçant à la Normandie ;

au Maine, à l'Anjou & aux autres biens patrimoniaux qu'il prétendoit avoir en France, eut la Guienne & tous les pays qui s'étendent depuis la Charente jusqu'aux Pyrenées, se soumettant à les tenir en fief de la couronne de France.

On a jugé, peut-être mal-à-propos, ce traité peu conforme aux regles de la bonne politique. Il n'est pas moins vrai que St. Louis s'assura la possession légitime de plusieurs provinces de France, & acquit le domaine souverain de la Guienne qu'il n'avoit pas. Il lui en couta à la vérité l'Agenois, le Quercy, le Limosin, &c. Mais outre qu'il y perdoit peu dans un temps où les impôts n'étoient pas encore établis, il y gagnoit la paix, c'est-à-dire, le repos de ses peuples, & sa tranquillité personnelle. Ce traité, qui avoit été signé en 1259, fut confirmé en 1279, par le roi Philippe le Hardi.

Mais en 1293, Edouard I, roi d'Angleterre, ayant refusé l'hommage, notre Philippe le Bel se mit en possession de la Guienne par les soins & l'activité des comtes de Valois &

de Clermont. Cependant les anglois y rentrerent bientôt après; & la ville même de Bordeaux leur ouvrit ses portes en 1308.

Ce fut sous le regne d'Edouard III, roi d'Angleterre, vers l'an 1338, que commença cette sanglante guerre, qui dura, à diverses reprises, plus de cent ans. Edouard entra en France à la tête d'une armée de quarante mille hommes, prenant pour prétexte la restitution de quelques terres de la Guienne. Quelque temps auparavant il avoit pris le titre de roi de France, sur des prétentions, comme je l'ai dit ailleurs, aussi injustes que ridicules. Il donna au prince de Galles, son fils, surnommé le *Prince Noir*, le gouvernement de cette province. Ce prince se rendit fameux par les grandes victoires qu'il remporta sur les français. Après avoir fait prisonnier le roi Jean à la bataille de Poitiers, il le conduisit à Bordeaux, où fut conclue une treve de deux ans.

Le prince de Galles partit de cette ville pour aller faire des conquêtes en Espagne, accompagné de ses gascons, par le secours desquels il étoit toujours victorieux. La guerre recommença entre la France & l'Angleterre. Elle fut suivie du traité de Bretigny, en 1361, par lequel toute la Guienne & plusieurs autres provinces de France furent cédées aux Anglais.

Cette paix ne fut pas de longue durée. Le prince de Galles qui tenoit ordinairement sa cour à Bordeaux, avoit mis des impôts excessifs sur la Guienne & sur toutes les autres terres de sa souveraineté. Le comte d'Armagnac & plusieurs autres seigneurs en porterent leurs plaintes au roi de France, Charles V. Edouard roi d'Angleterre, fut cité, comme vassal de la couronne, au parlement de Paris. Sur son refus de comparoître, la guerre se ralluma ; & Charles V, en tous lieux vainqueur par le brave connétable du Guesclin, se trouva maître de tout ce que les Anglais possédoient en France, excepté de Calais & de Bordeaux. Ce fut en 1378, année de la mort d'Edouard, qui avoit perdu, l'année précédente, le prince de Galles son fils.

Mais sous le malheureux règne de

notre Charles VI, mille événemens désastreux que j'ai rapportés ailleurs succinctement, fournirent aux Anglais l'occasion de rentrer en France & d'y reconquérir la Guienne avec les autres provinces qu'ils y avoient perdues. Ce ne fut que sous le regne de Charles VII, qu'ils furent entierement chassés du royaume. Les comtes de Dunois, de Penthievre, de Foix & d'Armagnac, généraux de ce monarque, reprirent la Guienne, Bordeaux & Bayonne. Le brave Talbot, qui commandoit les Anglois, voulut s'opposer aux succès des français. Le comte de Dunois marcha contre lui à la tête de huit ou dix mille hommes seulement. Il le joignit auprès de Castillon, en Périgord, sur la rive droite de la Dordogne, à neuf lieues de Bordeaux. C'est là que se livra, le 17 juillet 1453, une sanglante bataille, où les Anglais vaincus perdirent Talbot & son fils. Ainsi revint à la couronne cette grande province de Guienne, qui en avoit été détachée la premiere, & qui y fut réunie la derniere.

En 1469, Louis XI donna la

LA GUIENNE. 15

Guienne en appanage à son frere, Charles de France, duc de Berri. Mais celui-ci ne la posséda pas long-temps, étant mort empoisonné l'an 1472. Il fut enterré dans l'église de Saint André de Bordeaux ; & depuis cette époque, la Guienne n'a plus été séparée de la couronne.

Cette province arrosée de la Garonne, de la Gironde, du Lot, de Lille, du Drot, du Tarn, de l'Aveirou, &c. est regardée comme une des provinces de France les plus fertiles & les plus abondantes en bled, en fruits, en vin, en pâturages & en gibier. Il y a aussi des bois, des mines de différens métaux & des eaux minérales. Le climat y est en général sain & tempéré, quoique dans certaines contrées les pluies soient fréquentes, & que dans d'autres l'hyver soit quelquefois assés long. Vous la connoîtrez en détail, Madame, en lisant dans les lettres suivantes la description de chacun des cantons que j'ai déja nommés.

Je suis, &c.

En Guienne, ce 1761.

LETTRE CDLIII.

SUITE DE LA GUIENNE.

Le *Rouergue* situé à l'extrémité orientale de la Guienne, est borné à l'est par les Cevennes, au sud par le Languedoc, à l'ouest par le Quercy & au nord par l'Auvergne. Il a vingt-cinq lieues de longueur sur quinze de largeur. Le Tarn, l'Aveirou & le Lot sont les principales rivieres qui l'arrosent. J'ai décrit ailleurs le cours du Tarn. Le Lot prend sa source dans le Gevaudan au dessus de la ville de Mende, & porte le nom d'*Olt* jusqu'à Entraigues dans l'élection de Villefranche. Là étant grossi par les eaux du Trueyre qui descend des montagnes d'Auvergne, il devient navigable jusqu'à son embouchure dans la Garonne; & sa navigation est très-utile pour le commerce. L'Aveirou prend sa source à une fontaine de ce nom au-dessus de la ville de Rhodès & va se jetter dans le Tarn.

Ces trois rivieres se débordent souvent : c'est ce qui a donné lieu à ce proverbe en patois du pays.

Qui passo lo Lot, lo Tarn & l'Aveirou,
N'est pas segur de torna en sa meisou.

C'est-à-dire, que ceux qui passent le Lot, ou le Tarn, ou l'Aveirou, ne ne sont pas surs de retourner chez eux, du moins aussi-tôt qu'ils l'ont promis : car ils sont souvent arrêtés par les débordemens de ces rivieres, ou même se noient quelquefois, en se hazardant de les traverser dans ces temps-là. Outre ces trois rivieres, il y en a un grand nombre d'autres moins considérables qui sont des especes de torrens dangéreux & nuisibles lors de la fonte des neiges, ou quand il tombe des pluies abondantes.

Le climat du Rouergue est plus froid que chaud à cause des montagnes dont ce pays est rempli; mais il est sain. Le sol y est en général peu fertile en grains, & ne produit pas beaucoup de vin; mais il abonde en pâturages excellens, où l'on nourrit une quantité prodigieuse de bétail. Il y a beaucoup de bois. On y trouve des eaux minérales, des mines de fer, de cuivre, d'alun, de vitriol & de souffre. Le gibier & le poisson y abondent, & la volaille y est aussi fort commune. Le principal commerce qu'on y fait consiste en bestiaux, laines, fromages & en grosses étoffes de laine. Les peuples sont dociles, robustes & bons soldats. Ils aiment les arts & les sciences, & y réussissent fort bien quand ils les cultivent. La noblesse y est fort portée à la guerre.

Du temps de César le Rouergue étoit habité par les *Rutheni*, d'où est venu le nom de *Rhodès*, & peut-être même celui de *Rouergue*. Sous l'empereur Honorius il faisoit partie de l'Aquitaine premiere. Dans le cinquieme siecle il fut conquis par les visigoths, & au commencement du sixieme par Clovis. Mais après la mort de ce prince, les goths s'en emparerent de nouveau. Ce païs fut pris & repris plusieurs fois par ces peuples, & par les français, qui à la fin en demeurerent paisibles posfeſſeurs. Il appartint tantôt à nos rois de Neuſtrie, tantôt à ceux d'Aquitaine. Ce ne fut que vers la fin du ſeptieme ſiecle, que les rois de Neuſtrie furent ſeuls reconnus en Aquitaine. Le duc Eudes en prit poſſeſſion dans le huitieme. Mais Goiffre ou Vaiffre, ſon petit fils, en fut dépouillé par le roi Pepin, dont les deſcendans en jouirent, juſqu'à l'époque où les ſeigneurs ſe rendirent ſouverains dans leurs terres ou dans leurs gouvernemens.

On ignore le nom de celui qui s'attribua le premier la propriété du Rouergue. Cependant *Fulcoald* étoit comte de ce pays, dès l'an 836, ſous le regne de Louis *le Débonnaire*: mais il eſt à préſumer que ce comte n'étoit que bénéficiaire ou amovible. Quoi qu'il en ſoit, il eut pour ſucceſſeur ſon fils Fredelon, qui devint enſuite comte de Touloufe. Au douzieme ſiecle le Rouergue appartenoit encore aux comtes de cette maiſon. L'un d'eux, en partant pour la terre ſainte, le vendit au fils d'un comte de Carlat, qui forma une maiſon de comtes de Rhodès. Elle ne subsista qu'environ cent cinquante ans, & la ligne masculine s'éteignit à la cinquieme génération.

Le dernier de ces comtes fut Henri, qui déclara *Cécile*, sa fille cadette mariée au comte d'Armagnac, son héritiere, au préjudice d'*Isabeau*, son ainée, qui avoit épousé le sire de Pons. Les deux sœurs & leurs maris plaiderent pour & contre cette disposition. Mais par arrêt du parlement de Paris de l'an 1312, le Rouergue fut adjugé au comte d'Armagnac.

L'un de ses descendans, nommé Jean II, ayant chassé les anglais de la Guienne, & rendu d'autres services signalés à Charles V, ce monarque lui donna pour récompense les quatre chatellenies de Rouergue, qui sont la Guiole, la Roque-Balzergues, St. Geniès & Cassaignole, avec le *commun de paix* de ces châtellenies, le droit des premieres appellations, les Vasselages, &c. pour lui, ses héritiers & ses successeurs à perpétuité. Ce don fut fait en 1374; & depuis cette époque, ces quatre châtellenies, avec le *commun de paix*, sont demeurées unies au comté de Rhodès.

Vous êtes sans doute curieuse, Madame, de savoir ce que c'étoit que ce *commun de paix*. Le voici : c'étoit une capitation certaine & invariable qui se levoit tous les ans sur les hommes & sur les bestiaux. Cette redevance annuelle étoit de six deniers par homme qui avoit atteint l'âge de quatorze ans, d'un sol pour chaque homme marié, de deux sols pour chaque bête ferrée, d'un sol pour chaque bête non ferrée, de deux sols pour chaque paire de bœufs labourans, de six deniers pour chaque vache ou bœuf non labourant, d'un sol pour chaque âne, d'un denier pour chaque brebis ou mouton, d'un denier pour chaque chevre & pour chaque porc, & de deux sols pour chaque moulin.

Ce droit avoit pris son nom du motif général qui le fit établir. Mais on ne convient ni du temps, ni des circonstances particulieres qui donnerent lieu à son établissement. Suivant les uns, l'origine doit en être rapportée à l'usage déplorable où étoient anciennement les seigneurs de se faire la guerre pour des querelles particulieres. Plusieurs d'entr'eux touchés de ces désordres & des malheurs qu'entrainoient ces guerres, établirent une suspension de tout acte d'hostilité pendant quatre jours de la semaine; depuis le mercredi au soir jusqu'au lundi matin. Cette convention fut nommée *treuga domini*, la treve de Dieu. Il fut ordonné par plusieurs conciles que chacun en jureroit l'observation entre les mains des évêques. Mais malgré les sermens & les censures dont on punissoit les parjures, cette treve étoit souvent violée; & l'on fut obligé de confier à des troupes la manutention de ce réglement. Les sommes qu'on levoit pour la solde de ces troupes furent appellées *commune pacis*, *emolumentum pacis communis*.

Suivant d'autres auteurs, & nommément *Dolive*, conseiller au parlement de Toulouse, l'établissement de cet impôt doit être attribué aux peuples mêmes du Rouergue, qui se soumirent à ce tribut envers le roi Jean, pour reconnoître les biens faits de ce monarque, dont les armes les mettoient à l'abri de l'invasion des anglais, & maintenoient la paix dans leur province. Le même *Dolive* ajoute qu'en 1369, Louis, duc d'Anjou, étant gouverneur de Guienne pour le roi Charles V, son frere, accorda aux habitans du Rouergue l'exemption du *commun de paix*, à la charge d'en employer le produit aux fortifications de la ville de Rhodès. Cette exemption fut confirmée par lettres patentes de Charles V, du 20 février 1369.

Cependant on croit assez généralement que l'établissement du *commun de paix*, & de la *treve-Dieu* est antérieur au règne du roi Jean; & voici, Madame, ce que j'ai vu à ce sujet dans un auteur. Ceci est assez curieux.

L'an 1041, les évêques & les grands seigneurs de la Septimanie & de la marche d'Espagne s'assemblerent à Tulejes en Roussillon, pour remédier au désordre & à la confusion qui régnoient alors également & dans l'église & dans l'état. Le mal venoit principalement de la tyrannie des seigneurs qui vexoient impunément le clergé & le peuple, & qui s'étant arrogé le droit de venger leurs querelles particulieres par les armes, se faisoient une guerre implacable; en sorte qu'on ne trouvoit nulle part ni sureté, ni asyle; que le commerce étoit généralement interrompu, & qu'on ne parloit dans tout le royaume que de meurtres, d'incendie, de rapines & de pillages. Plusieurs évêques touchés de l'excès de ces maux, tâcherent d'y apporter quelque remede. Le concile de Limoges de l'an 1031, dressa entr'autres des canons pour rétablir la paix & la tranquillité publique; & l'on fit de nouveaux efforts en divers conciles tenus l'an 1034. Mais comme ces prélats n'avoient que des armes spirituelles à opposer à des abus si communs & si autorisés, & qu'ils n'étoient pas appuyés de l'autorité temporelle; la licence des mœurs continua toujours à faire de nouveaux progrès, jusqu'à ce qu'enfin quelques seigneurs plus religieux voulurent bien concourir au rétablissement de la paix. Ceux de la province ecclésiastique de Narbonne furent des premiers à donner l'exemple; & les comtes & vicomtes du pays tinrent pour cela une assemblée en 1041 avec les évêques & les abbés, dans les prairies de *Tulejes*, à trois milles de Perpignan.

Les noms de la plupart de ceux qui assisterent à ce concile, ne nous sont point parvenus. On y fit divers reglemens, pour interdire, sinon pour toujours, du moins pour certains temps de l'année & certains jours de la semaine, les guerres particulieres & tout acte d'hostilité. On défendit en premier lieu de commettre aucune violence dans les églises où l'on n'avoit pas élevé de châteaux ni de forteresses, dans les cimetieres & les autres lieux sacrés, & à trente pas à la ronde, à peine d'être punis comme sacrileges. En 2e. lieu, d'attaquer les clercs qui marchoient sans armes, les religieux, les religieuses & les veuves. En 3e. lieu, de saisir les jumens & les poulins qui étoient au dessous de six mois, les vaches, les ânes, &c. En 4e. lieu, de bruler les maisons des paysans & des clercs qui portoient les traves. En 5e. lieu, on ordonna que celui qui, dans le terme de quinze jours, ne repareroit pas le dommage qu'il auroit caufé en contrevenant aux réglemens de l'affemblée, feroit condamné à payer une double fomme en faveur de l'évêque ou du comte qui feroit exécuter ces décrets. En 6ᵉ. lieu, enfin, on établit la *treve de Dieu* pour être obfervée par tous les chrétiens : 1°. depuis le coucher du foleil du mecredi, jufqu'à fon lever du lundi de chaque femaine de l'année ; 2°. depuis le premier jour de l'avent jufqu'à l'octave de l'épiphanie ; 3°. depuis le lundi avant le carême-prenant jufqu'au lundi d'après l'octave de la pentecôte, & enfin pendant certaines fêtes de l'année, les quatre-temps, &c. fous peine à ceux qui violeroient la treve, de réparer au double le dommage ou de fe juftifier dans la cathédrale par *l'épreuve de l'eau froide*. Quant à celui qui tueroit quelqu'un, pendant la treve, il devoit être condamné à un exil perpétuel.

On fit vers le même temps de pareils réglemens dans une affemblée tenue en Aquitaine, & enfuite dans divers conciles affemblés dans les autres

autres provinces & les royaumes voisins.

Telle fut l'origine de la *treve de Dieu*, ainsi appellée, soit parce que les jours de la semaine marqués pour l'observer, étoient consacrés aux mystères de la passion & de la résurrection de Jesus-Christ, soit parce qu'on prétendit que Dieu l'approuva par des punitions exemplaires qu'il exerça sur ceux qui l'avoient violée. Comme le mot de *treve* dérive de l'Espagnol, *tregua*, cela confirme que l'on est redevable de son premier établissement au concile de Tulejes tenu sur les frontieres d'Espagne.

Cependant toutes les peines canoniques n'étant pas suffisantes pour faire observer la paix, & procurer la tranquilité publique, on se vit enfin obligé dans la suite d'employer la voie des armes. On leva des troupes, & l'on établit des impositions pour les entretenir : ce qui fut l'origine de la *pezade*, des *revenus de la paix*, appellés depuis le *commun de paix*. Ce droit étoit devenu donatial avant l'année 1156. Le roi Louis *le jeune* le céda cette année à l'église d'Uzès.

Tome XXXIV. B

Pour en revenir aux comtes de Rouergue, il seroit superflu d'en pousser plus loin la notice historique, puisqu'elle est la même que celle des comtes d'Armagnac, dont j'ai parlé ailleurs. Ces deux pays n'ont plus été séparés depuis 1312 : l'un & l'autre ont passé dans la maison d'Albret, ont suivi le sort de cette maison, & enfin ont été réunis au domaine de la couronne par Henri IV.

Nos cosmographes du seizieme siecle disent que le Rouergue est un pays d'états. Il paroît effectivement que ce n'est qu'au dix-septieme siecle qu'il a été parfaitement réuni en pays d'élection. L'évêque de Rhodès présidoit à ces états. Le corps de la noblesse étoit composé des principaux seigneurs qui possédoient dans le Rouergue des terres considérables, & qui étoient la plupart originaires de ce pays, tels que les d'*Estaing*, les *Arpajon* & les *Roquelaure*. Ces derniers étoient seigneurs de la petite ville de ce nom érigée en duché-pairie au milieu du dix-septieme siecle, en faveur de Gaston Jean-Baptiste de Roquelaure, marquis de

Biron. Son fils mourut maréchal de France fans enfans mâles.

On divife le Rouergue en trois parties, le haut Rouergue ou la haute Marche, à l'orient, qui comprend l'élection de Milhaud, le comté de Rhodès, au milieu, qui renferme l'élection de ce nom; & le bas Rouergue ou la baffe Marche, à l'occident, qui contient l'élection de Villefranche.

Le haut Rouergue ou haute marche eft un pays où le fol eft fort inégal, affez généralement fec & aride, à l'exception de quelques vallées. Le climat y eft froid dans les montagnes & fort tempéré par-tout ailleurs. La récolte des amendes y eft confidérable, quand la gelée ne leur nuit point. Les montagnes abondent en fimples fort eftimés. Il y a des pâturages où l'on éleve des chevaux & des moutons. Le principal commerce du pays confifte en laines, qui font de bonne qualité, & en fromages de Roquefort. On tire du charbon en quelques endroits, & du falpêtre en d'autres, mais en petite quantité. Il y a des eaux minérales au *pont de Ca marès*, & à Silvanès. Ces dernieres sont peu connues : mais celles de Camarès ont beaucoup de réputation. Elles participent du nitre & du vitriol, & sont purgatives & rafraichissantes.

Cette partie du Rouergue a un évêché qui est celui de *Vabres*, chetive ville située sur la petite riviere de Dourdan, & qui mériteroit bien le nom de village sans son siege épiscopal. Aussi n'est-elle pas le principal lieu du haut Rouergue. L'évêque ne s'y tient gueres & réside dans un petit lieu des environs beaucoup plus agréable, qui s'appelle *St.-Izeri*. Dans le cours du seizieme siecle, les protestans l'avoient tout-à fait chassé de son siege & de son diocèse. Cependant il prend le titre de *comte de Vabres*. Le pape Jean XXII érigea cet évêché, en 1327, à la place d'une abbaye de l'ordre de St. Benoît, fondée par Raymond I, comte de Toulouse.

A une lieue de Vabres est la petite ville de *Sainte-Afrique*, qui étoit autrefois très-peu de chose. Mais ses habitans ayant adopté les erreurs de Calvin, la fortifierent & en firent une place considérable. Elle fut inutilement assiégée, en 1628, par l'armée royale, sous les ordres du prince de Condé. Mais l'année suivante elle fut forcée de se soumettre à la clémence du roi.

A quelque distance de là, j'ai vu les petits bourgs où sont les eaux minérales, dont je viens de vous parler, & celui d'où l'on tire les excellens fromages de *Roquefort*. Ils avoient, dès le seizieme siecle, une si grande réputation, que l'on en transportoit déja dans toute la France, & même dans les pays étrangers.

En montant vers le nord on arrive à *Milhaud*, le véritable chef-lieu du haut Rouergue. Cette ville située sur la rive droite du Tarn, a trois ou quatre mille habitans & plusieurs maisons religieuses. On prétend qu'elle étoit connue du temps de César sous le nom d'*Æmilianum*, & que ce fut ce conquérant qui y fit bâtir le pont qu'on y voit encore sur le Tarn. Durant les guerres de religion elle étoit très-peuplée de calvinistes, qui la regardoient comme un de leurs plus forts remparts. Louis

XIII la prit & en détruisit les fortifications. Il se tient tous les ans à Milhaud des foires qui sont très-fréquentées, & où il se vend une quantité prodigieuse de bétail.

Cette ville a eu anciennement le titre de vicomté; & ses vicomtes étoient en même-temps comtes de Rhodès & de Carlat. C'est la patrie de *Théodat de Gouzon*, chevalier de l'ordre de St. Jean de Jérusalem, qu'on dit avoir tué un dragon monstrueux qui désoloit l'île de Rhodes. On ajoute qu'il fit ce grand exploit avec le secours de deux chiens qu'il avoit accoutumés à la vue de ce monstre, dont il leur faisoit voir tous les jours une peinture fidele. Quoi qu'il en soit, ce même Théodat de Gouzon étoit grand-maître de l'ordre de St. Jean de Jérusalem en 1346.

Dans cette même partie du Rouergue sur la rive gauche du Biaur, gros ruisseau qui se jette dans l'Aveirou, est la petite ville de *Severac-le-Chatel*, avec titre de marquisat, qui, au seizieme siecle appartenoit depuis deux cents ans à la maison d'Arpajon,

Hugues III d'Arpajon ayant épousé, au quatorzieme siecle, l'héritiere de Severac. Hugues I d'Arpajon avoit fondé, en 1297, une abbaye de filles qui subsiste encore dans la ville de Milhaud. En 1650, ce marquisat de Severac, la vicomté d'Hauterive, & les baronnies de Dolan & de Saint-Cheli furent érigées en duché-pairie, sous le nom d'Arpajon, en faveur de Louis d'Arpajon. Mais ce seigneur ayant négligé de faire enregistrer ses lettres d'érection, cette duché-pairie s'éteignit par sa mort arrivée en 1679.

Le comté ou élection de *Rhodès*, indépendamment des productions qui lui sont communes avec le reste de la province, fait un grand commerce de mules & de mulets. Ils se vendent sur-tout dans une foire qui se tient dans la ville de Rhodès à la mi-carême : on en fait passer jusqu'en Espagne. Il y a d'ailleurs dans ce canton du Rouergue de grandes forêts, & dans les montagnes de Firmy des carrieres de très beaux marbres. On les transporte par le Lot dans la Garonne, & jusqu'à Bordeaux.

B 4

La ville de *Rhodès*, située sur une hauteur près de la rive droite de l'Aveïrou, est la capitale de ce comté & de tout le Rouergue. Elle a un évêché, un présidial & une sénéchauffée, avec un séminaire, un collége & plusieurs maisons religieuses. Cette ville est fort ancienne : Ptolomée & les Itinéraires en font mention sous le nom de *Segodunum*, qu'elle conserva jusqu'au cinquieme siecle. Elle prit alors le nom des *Rutheni*, peuples qui habitoient cette contrée. Les visigoths, après s'en être emparés, en furent chassés par les françois, sous lesquels cette ville fut gouvernée par des officiers, jusqu'à ce qu'elle eut des comtes particuliers qui furent dépouillés par les comtes de Toulouse.

Cette ville n'est ni bien grande ni fort peuplée, n'ayant en tout que six mille habitans. Cependant elle est séparée en deux parties, dont l'une s'appelle la *cité* & l'autre le *bourg*. La premiere a pour seigneur l'évêque, qui ne releve que du roi, & qui même jouit, relativement à sa seigneurie, de beaux priviléges. L: seconde faifoit partie des domaines des anciens comtes de Rouergue.

L'évêché de Rhodès eſt très-ancien, puiſque Grégoire de Tours aſſure que les francs le trouverent établi depuis long-temps dans les Gaules lorſqu'ils y entrerent. Il étoit auſſi très-étendu; car on croit que c'eſt à ſes dépens que l'on a formé les évêchés de Lavaur & de Vabres. Au ſeizieme ſiecle il étoit encore ſuffragant de Bourges; mais il a été ſoumis à l'archevêché d'Albi, lorſque cette derniere métropole a été établie.

Depuis 1501 juſqu'en 1529, ce ſiége a été occupé par *François d'Eſtaing*, prélat d'une grande piété, & qui mourut en odeur de ſainteté. C'eſt lui qui fit bâtir la belle tour qui ſert de clocher à la cathédrale. Les armes de la maiſon d'Eſtaing y ſont ſculptées de tous les côtés. Ce clocher eſt en ſi grande réputation dans les pays circonvoiſins, que l'on dit communément *clocher de Rhodès, clocher de Mende & égliſe d'Albi*. L'égliſe cathédrale eſt aſſez belle. On y conſerve, dit-on, une couronne d'or des anciens comtes du pays, & un soulier de la sainte Vierge.

Il y a dans la ville même une abbaye de filles, nommée *le Monastier*, qui à de beau droits & de gros revenus: elle a été fondée par les comtes de Rhodès. Dans le bourg est un couvent de cordeliers, où l'on voit les tombeaux des anciens comtes & comtesses.

Au reste les habitans de Rhodès ont toujours été très-fideles à la religion catholique & au roi. C'est ce qui a mérité à leur ville cette glorieuse épithete *fidelis Deo & regi*. Elle est la patrie du *P. Annat*, jésuite, auteur de plusieurs ouvrages théologiques, & confesseur de Louis XIV. Il perdit sa place dans le commencement de l'inclination de ce monarque pour la duchesse de la Valliere. Ses représentations déplurent à Louis XIV, qui lui donna son congé.

A peu de distance de cette ville, & à l'extrémité de ce comté même, il y avoit un autre évêché appellé *Arsat* ou *Arsiat*. On est sur qu'il a existé, parce que l'on voit la signature de plusieurs de ses évêques dans les actes des conciles. Mais il a duré peu de temps, & a été abforbé par celui de Rhodès : à peine fait-on aujourd'hui le lieu où il étoit précifément établi.

Près du bourg de *Marfillac*, qui eft à fept lieues de Rhodès, on voit une caverne appellée, fuivant Thevet, la *Bouche-Roland*. L'entrée en a été fermée par une porte : on eft perfuadé que cette caverne pénetre fi loin, tant fous terre qu'à travers les montagnes, qu'elle conduit jufqu'à Rhodès même.

Les autres lieux du comté de Rhodès font *Saint-Geniès de rive d'Olt* qui a pris fon nom de fa fituation fur la riviere d'*Olt*, qu'on nomme aujourd'hui par corruption le *Lot* : *Entraigues*, avec titre de marquifat, ainfi nommé à caufe de fa fituation au confluent du Trueyre & du Lot; *le mur de Barrès*, où les vicomtes de Carlat avoient autrefois un château que prirent les Anglais qui occupoient la Guienne en 1418; le bourg d'*Eftaing*, d'où les feigneurs de cette illuftre maifon tirent leur nom: enfin la petite ville de *Roquelaure*, fituée sur le Lot à cinq ou six lieues de Rhodès, & peuplée d'environ deux mille habitans.

On trouve encore dans ce même comté plusieurs abbayes, entr'autres celle de *Conques*, dont l'établissement remonte jusqu'à Clovis. Ce monarque la fonda au cinquieme siecle, lorsqu'il pénétra dans le Languedoc, après avoir vaincu Alaric roi des Goths. Les sarrasins ayant passé les Pyrenées au huitieme siecle la ruinerent. Charlemagne la rétablit; & Louis *le Débonnaire*, son fils, après l'avoir considérablement enrichie, y plaça un si grand nombre de moines de l'ordre de St. Benoît, qu'ils envoyerent des colonies de tous les côtés. De là vient que cette abbaye, sans être bien riche, a les nominations les plus nombreuses & les plus étendues. Du moins, cela étoit-il ainsi au seizieme siecle : il y avoit cent dix prieurés & cures qui en dépendoient. Ces bénéfices étoient dispersés dans tous les diocèses de France, depuis celui de Meaux près de Paris, jusques dans ceux d'Urgel & de Pampelune en Espagne.

Mais le plus beau bénéfice de tout le Rouergue est sans contredit *la domerie d'Aubrac*, située sur une haute montagne fertile en pâturages. On prétend qu'elle fut fondée par un comte de Flandres, qui revenant du pélerinage de St. Jacques en Galice, avec trente chevaliers ou guerriers de son pays, fit vœu de s'établir dans cet endroit, & d'y mener une vie moitié militaire & moitié hospitaliere, en prenant soin des pélerins, priant Dieu avec eux, & d'un autre côté les défendant contre les brigands des environs. Aux douzieme & treizieme siecles ces freres s'engagerent à suivre la regle de St. Augustin. Mais ils refuserent toujours de s'unir aux autres ordres militaires & hospitaliers, & ne voulurent dépendre que de leur supérieur, qui ne prenoit ni le titre d'abbé, ni celui de prieur, mas celui de *dom*. Au seizieme siecle l'hospitalité & la régularité étoient fort mal observées dans cet établissement. A la fin du dix-septieme siecle, on voulut y rétablir l'ordre, & l'on unit cette maison à une congrégation de chanoines réguliers dont le chef-lieu est à Chancelade en Périgord (1).

Le Bas-Rouergue ou la Basse-Marche, dite encore l'élection de Villefranche, est en général assez stérile. Il y a beaucoup de montagnes, entr'autres une très-élevée, que l'on appelle le *Rioupeyrou*. Quelques vallées produisent du froment, d'autres du seigle, & quelques côteaux du vin, mais sur-tout de bons fruits, principalement des prunes que l'on transporte par la Garonne jusques à Bordeaux, & de-là dans les pays étrangers.

Villefranche sur l'Aveirou, est la capitale de ce canton. C'est une jolie ville, dont la construction ne remonte pas plus haut qu'au douzieme siecle. Les peuples qui vinrent y demeurer, y bâtirent des maisons avec la permission d'Alphonse, comte de Toulouse; & cette ville s'accrut par le commerce du cuivre dont on dé-

---

(1) Cette réforme n'a pas duré long-temps : la congrégation est détruite, & les biens de la domérie sont réunis à la belle institution de l'école royale militaire établie à Paris.

couvrit plusieurs mines aux environs, & qu'on y exploite encore aujourd'hui. Elle renferme environ six mille habitans, plusieurs maisons religieuses & un beau collége. La chartreuse est hors de la ville, & dans une belle situation.

Sur les confins du Quercy, dans une vallée & sur les bords de l'Aveirou, est la petite ville de *Saint-Antonin*, qui a pris son nom d'un martyr de Mamers, dans le pays de Foix, dont la tête fut, dit-on, transportée dans le Rouergue par des aigles, & étoit précieusement conservée dans cette petite ville, avant que les calvinistes s'en fussent rendus les maîtres. Ils l'ont été long-temps; & ce n'est que sous Louis XIII qu'elle a été entierement soumise : les fortifications en on été rasées.

Une des choses les plus remarquables du Bas-Rouergue, & peut-être même celle qui est la plus digne de l'attention du voyageur, sont les eaux minérales qu'on trouve près du village de *Cransac*, au nord-est de Villefranche. Non seulement elles se prennent sur les lieux, tant en douches, qu'en bains & en étuves, & elles guérissent les rhumatismes les plus invétérés, & quelquefois les paralysies; mais encore on les transporte en bouteilles par tout le royaume, & l'on prétend qu'elles sont excellentes pour les foiblesses d'estomac, les obstructions & les vomissemens habituels. Elles sont sulfureuses & chaudes, au point que la terre des environs fume pour peu qu'il pleuve : quelquefois même dans des temps secs, on voit la flâme en sortir. Il y a lieu de croire que le foyer de ces feux souterrains n'est pas profond, puisqu'on n'y éprouve point de tremblemens de terre.

Je suis, &c.

A Villefranche, ce 5 octobre 1761.

LETTRE CDLIV.

Suite de la Guienne.

Le pays qui avoisine à son orient celui dont je viens, Madame, de vous faire la description, est le Quercy, borné au nord par le Limosin; au sud par le Languedoc, & à l'ouest par le Périgord & l'Agenois. Il a vingt-trois lieues de long sur seize de large. Les principales rivieres qui l'arrosent, sont la Dordogne qui coule dans la partie septentrionale, le Tarn qui baigne l'extrémité méridionale, le Lot & l'Aveirou. Le climat y est très-sain, mais plus froid que tempéré. On y trouve beaucoup de montagnes, quelques plaines & de fort belles vallées. Sur ces montagnes les noyers sont en grande quantité. Les chênes qui autrefois couvroient ce pays, & d'où l'on croit qu'il a pris son nom, y sont bien diminués. Les plaines & les vallées produisent du bled, de bon vin, des fruits, du chanvre & du safran. On nourrit dans ce pays beaucoup de cochons & d'autres bestiaux. Le gibier & la volaille y abondent & sont d'un goût excellent : il y a des eaux minérales, aussi bien que des mine de fer & d'autres métaux.

Le commerce du Quercy consiste en vins, en prunes, en pommes, en toiles de chanvre dont le débit se fait principalement à Toulouse; en huile de noix & en cochons dont le Languedoc se fournit. Le vin se transporte à Bordeaux & en Auvergne. Il étoit autrefois en grande réputation, & il est encore d'un grand débit, parcequ'il se conserve long-temps, qu'il supporte la mer, & même qu'il s'y bonifie. François I en faisoit un si grand cas, qu'il n'en buvoit point d'autre à son ordinaire. Il en avoit fait venir des plants qu'il faisoit cultiver aux environs de Fontainebleau.

Le Quercy habité, du temps de César, par les *cadurci*, fit partie, sous l'empereur Honorius, de l'Aquitaine premiere. Après avoir été soumis aux visigoths, il tomba sous la domina-

tion des français. Eudes, duc d'A-
quitaine, s'en empara au commencement du huitieme fiecle ; mais
Pepin le reconquit. Ce pays eut enfuite des comtes. On regarde comme
le premier, Rodolphe qui vivoit l'an
900. Sa poftérité ne le poffeda que
pendant foixante ans. Robert, arriere-
petit-fils de Rodolphe, ayant fait la
guerre à Ponce, comte de Touloufe,
en fut totalement dépouillé. Depuis
cette époque, le Quercy fut prefque
toujours poffédé conjointement avec
le Rouergue, & féparément du comté
de Touloufe, par une branche des
comtes de cette maifon que l'on
croit avoir été la branche aînée.

En 1065 Berthe, comteffe de
Quercy & du Rouergue, étant morte
fans poftérité, ces deux pays furent
réunis au domaine des comtes de
Touloufe. Vous favez, Madame,
que fur la fin du douzieme fiecle,
lors des guerres des Albigeois, ces
feigneurs furent dépouillés de leurs
états. Alors les bons catholiques
donnerent prefque toute la feigneurie
du Quercy à l'évêque de Cahors. Cependant les rois de France y con-

serverent quelques droits que St. Louis abandonna aux anglais. Ceux-ci en jouirent aussi long-temps que de la Guienne, d'où ils furent enfin chassés sous le règne de Charles VII. Malgré ces changemens, l'évêque de Cahors est resté puissant & riche dans le Quercy, & prend toujours le titre de comte de Cahors.

Tout ce pays est du ressort du parlement de Toulouse. Il avoit autrefois ses états, qui s'assembloient sous la présidence de l'évêque de Cahors. Les abbés de la province composoient l'ordre du Clergé. Celui de la noblesse étoit présidé par le sénéchal, qui prend le titre de *gouverneur du Quercy*, quoique le pays fasse partie du gouvernement de Guienne. Le tiers-état étoit composé des députés des huit principales villes.

Le Lot divise cette petite province en haut & bas Quercy, le haut au nord & le bas au midi. Il n'y avoit autrefois qu'un seul évêché celui de Cahors. Le pape Jean XXII démembra de ce diocèse un certain nombre de paroisses dont il forma celui de Montauban.

La ville de *Cahors* située sur le Lot est la capitale du haut & même de tout le Quercy. Elle existoit du temps des romains, & s'appelloit alors *Divona*; mais comme les peuples des environs se nommoient *cadurci*, on ajoutoit *Divona cadurcorum*; & de là est venu le nom de *Cahors*. On y voit encore les ruines d'un amphithéâtre bâti par les romains de petites pierres carrées. En 1580 elle fut prise d'assaut & pillée par les troupes de Henri IV, qui n'étoit encore que roi de Navarre. Le bruit s'étoit répandu dans son armée qu'un secours attendu par les habitans de la ville, étoit sur le point d'arriver. A cette nouvelle, les principaux officiers épuisés de fatigues & couverts de blessures après cinq jours & cinq nuits de combats continuels, conseillerent à ce prince de faire retraite. Mais il répondit avec un air plein d'assurance : « Il est dit là-haut ce qui doit être fait de moi en cette occasion. Souvenez-vous que ma retraite hors de cette ville sans l'avoir assurée au parti, sera la retraite de ma vie hors de ce corps. Il y va trop de mon honneur d'en ufer autrement. Ainfi qu'on ne me parle plus que de combattre, de vaincre ou de mourir ». Ces paroles ranimerent le courage & l'ardeur des troupes. On recommença les attaques; & la ville fut emportée d'affaut.

On compte dans Cahors environ huit mille habitans. Il y a un préfidial, une fénéchauffée, un féminaire, un collége & plufieurs communautés religieufes. Mais cette ville n'eft ni riche ni belle. Les rues en font étroites, & les maifons peu régulieres, à l'exception de celle de l'évêque. Ce fiege eft très-ancien, car on prétend qu'il exiftoit au troifieme fiecle. Les droits qu'il acquit fur le Quercy, augmenterent beaucoup le luftre de cette prelature. Lorfque l'évêque officie, on met fur la crédence, auprès de l'autel, une épée, un cafque & des gantelets. Il a pour vaffaux quatre barons, entr'autres celui de Ceffac, qui, dit-on, eft obligé, lorfque l'évêque fait fon entrée, de conduire fa mule, une jambe chauffée & l'autre nue, & de lui fervir à boire à table : auffi a-t-il pour ſes profits la haquenée du prélat toute caparaçonnée, & le buffet qui a ſervi à ſon repas de cérémonie.

Cette ville eſt la patrie de *Jacques d'Euſe*, élu pape en 1316, ſous le nom de Jean XXII. C'eſt ſous ſon pontificat que s'éleva, entre les franciſcains & les cordeliers, cette queſtion ſi long-temps & ſi gravement agitée : *s'ils pouvoient dire que leur potage leur appartînt, lorſqu'ils le mangeoient*. Ce pape avoit fondé dans ſa patrie, en 1332, une univerſité, qui n'a jamais été bien floriſſante, quoique le célebre Cujas y ait enſeigné le droit pendant quelque temps. Elle a été ſupprimée de nos jours, & unie à celle de Toulouſe. Cahors eſt auſſi la patrie de *Clément Marot*, le plus ancien de nos poëtes avantageuſement connus; il vivoit ſous le règne de François I : ſes poéſies ſont pleines d'enjouement & de naïveté.

La petite ville de *Figeac*, ſituée ſur la riviere de Selle, au nord-eſt de Cahors, & peuplée d'environ trois mille habitans, eſt la ſeconde ville du haut Quercy, & le chef-lieu d'une élection qui s'étend juſqu'aux frontieres de l'Auvergne & du Limosin. Elle doit son origine à l'abbaye que le roi Pepin y fonda l'an 755. Les miracles que l'on croit qui accompagnerent la fondation & la construction de son église, y attirerent un grand nombre de pelerins, dont plusieurs s'y établirent. L'abbé en obtint la seigneurie, & en fut presque le souverain jusqu'au regne de Philippe *le Bel :* il consentit alors à en faire hommage à ce monarque & à lui céder la haute-justice.

Cette ville fut assiégée, en 1568, par une armée de trente mille calvinistes, qui après trois mois d'un siege poussé avec vigueur, furent obligés de le lever. Mais en 1576, dans un nouveau siege, quelques habitans calvinistes la livrerent à ceux de leur parti, qui la pillerent & la brulerent, après avoir massacré une partie des catholiques. Les huguenots en firent alors une de leurs places fortes, & la garderent jusqu'en 1622, que le duc de Sully qui en étoit gouverneur, la remit sous l'obéissance de Louis XIII. La citadelle fut

LA GUIENNE.

fut démolie, & les fortifications rafées.

Je ne puis m'empêcher de vous dire ici, Madame, que ce même droit qu'a l'évêque de Cahors, lors de son entrée, & dont je vous ai parlé un peu plus haut, est attribué par un auteur que je viens de lire, à l'abbé de *Figeac*, mais avec des circonstances plus singulieres. Voici ce que dit cet écrivain : « lorsque l'abbé de *Figeac* fait sa premiere entrée dans cette ville, le seigneur de Montbrun & de la Rocque est obligé de l'aller recevoir, habillé en arlequin, & ayant une jambe nue, puis de mener sa monture par la br de jusqu'à la porte de l'église de l'abbaye; de l'attendre là, de lui tenir encore l'étrier, de le conduire à la maison abbatiale; & la *jument* ou *jumente* appartient audit baron de Montbrun & de la Roque. Celui-ci suit l'abbé qui se met à table; le baron se tient debout derriere le siege de l'abbé jusqu'à ce qu'il lui demande à boire; & après que le baron lui en a servi, l'abbé le regarde & lui dit : *tu peux présentement t'asseoir à table avec moi.*

A peu de distance de Figeac, aux confins du Rouergue, sur un grand rocher escarpé de tous côtés & presque environné par la riviere du Lot, est le bourg de *Capdenac*, peuplé seulement d'environ quatre cents personnes. On a cru long-temps que c'étoit l'ancien *Uxellodunum*, dont César ne se rendit maître qu'après un siege long & pénible. Mais on a reconnu que le véritable lieu où étoit située cette derniere ville, est fort loin de là, auprès de *Martel*, sur une montagne qu'on appelle en langage du pays *Puech-d'Issoudun*. Capdenac faisoit autrefois partie du comté de Rouergue; & après la confiscation de ce comté, Louis XI donna cette petite ville à Jacques d'Armagnac, duc de Nemours. Celui-ci en fit don ou vente à Jacques Gaillot de Genouillac, grand-maître de l'artillerie de France, dont l'héritage a passé tout entier, par une fille, dans la maison de Crussol d'Uzès.

Au nord de Cahors est la petite ville de *Gourdon*, que je ne nomme ici qu'à cause de sa sénéchaussée. On croit qu'elle a environ deux mille habitans.

Dans l'election de Figeac on trouve, en remontant toujours vers le nord, l'abbaye & le chapitre de Notre-Dame de *Roquemadour*. L'église en est journellement fréquentée par un grand nombre de pélerins attirés par leur dévotion aux reliques de saint Amadour, sur lesquelles il y a des traditions fort extraordinaires ; car premierement, on croit que le corps de ce saint s'y conserve tout entier sans corruption depuis dix-sept ou dix-huit siecles ; secondement, que ce saint, qui a mené la vie d'hermite dans le lieu même où est bâtie l'église de Roquemadour, étoit venu de Jérusalem avec St. Martial & Ste. Véronique ; que ces deux saints & cette sainte avoient connu personnellement Jésus-Christ vivant sur la terre ; & qu'enfin St. Amadour étoit ce même disciple *Zachée*, qui suivant l'évangile, mont. sur un sycomore pour voir passer notre seigneur : effectivement, ceux qui ont vu le corps de St. Amadour, disent qu'il est très-petit de taille.

Henri II, roi d'Angleterre fit par dévotion le pélerinage de St. Amadour en 1171. Mais Henri, son fils, désigné son successeur, entreprit ce voyage dans une autre intention : il vouloit piller les richesses de cette église, & mourut en 1185 avant d'y arriver.

On montre dans l'abbaye de Roquemadour une curiosité qui n'est pas peu intéressante : c'est l'épée *Durandal*, qui a appartenu au fameux Roland. Les moines de cette maison assurent qu'elle leur a été apportée de Blaye, où l'on prétend que le corps de Roland a été enterré quoiqu'on n'y montre point sa sépulture. On prétend aussi en Espagne posséder cette redoutable épée.

Du haut Quercy je suis descendu dans le bas dont la capitale est *Montauban*, ville qui est dans une situation des plus avantageuses, sur le bord du Tarn, à cinq ou six lieues au-dessus de l'embouchure de cette riviere dans la Garonne, dans une plaine d'une lieue & demie de largeur sur cinq de longueur, arrosée par la riviere d'Aveirou, qui la termine du côté du nord, & la coupe au levant. On prétend que le nom de

Montauban vient des Saules qui foit en grand nombre dans les environs de cette ville, & que l'on appelle, en langage du pays, *Aubes*.

Cette ville n'eſt pas fort ancienne, puiſque ſa fondation ne remonte qu'au milieu du douzieme ſiecle. Alphonſe, comte de Touloufe, & Raymond, ſon fils, inféoderent en 1144 un château qu'ils poſſédoient près de la petite ville de Montauriol (aujourd'hui détruite) qui appartenoit alors à l'abbé de St. Théodat. Les priviléges qu'ils accorderent à ceux qui habiterent la nouvelle ville, firent déſerter les habitans de Montauriol, bien aiſes, d'ailleurs, de ſe mettre ſous la juriſdiction d'un prince puiſſant.

Ce fut alors que cette ville prit le nom de Montauban. Elle devint célebre preſque dès ſon origine. Les guerres qui s'allumerent dans le royaume entre la France & l'Angleterre, fournirent aux habitans l'occaſion de ſignaler leur valeur & leur fidélité.

Ils ne reſterent que peu de temps ſous la domination des Anglais, dont ils furent des premiers à secouer le joug. Malheureusement, vers le milieu du seizieme siecle, ils embrasserent les erreurs de Calvin. Jean de Lettes, leur évêque, & François Calvet, son official, leur en donnerent l'exemple. Le prélat se maria; & dans la crainte de perdre ses bénéfices, il se démit de son évêché en faveur de Jacques Desguez, son neveu, & résigna l'abbaye de Moissac au cardinal de Guise, sous de grosses pensions qui furent rachetées.

Montauban devint alors un des boulevards du Calvinisme & une des plus fortes places des provinces méridionales. Henri IV, qui n'étoit encore que roi de Navarre, y rassembla les troupes avec lesquelles il s'empara de Cahors, & y fit ses remontrances aux états du royaume, ainsi que ses protestations contre la bulle du pape Sixte V. On montre encore auprès de la ville un endroit où ce prince alloit, dans la maison d'un paysan, jouir du spectacle qu'offre la campagne des environs. La famille de ce paysan subsiste encore, & a conservé long-temps une chaife de bois, que la tradition de pere en fils afluroit avoir fervi à ce prince.

Les fortifications qu'on avoit faites à cette ville, la mirent en état de foutenir pendant trois mois, en 1621, un fiege contre l'armée royale commandée par Louis XIII en perfonne, qui fut même obligé de le lever. Ce ne fut qu'en 1629, que Montauban rentra dans le devoir, & que le cardinal de Richelieu s'y rendit. Les fortifications ont été démolies : il n'en fubfifte plus aucun veftige.

L'évêché, fuffragant de Touloufe, eft du nombre de ceux qui ont été fondés par le pape Jean XXII. Le palais épifcopal & l'églife cathédrale avoient été détruits pendant les guerres de religion. Louis XIV fit rebâtir l'un & l'autre ; le premier fur les bords du Tarn, dans l'endroit même, où l'on croit qu'exiftoit anciennement le palais des comtes de Touloufe. Outre le chapitre de la cathédrale, il y en a un autre qui eft celui de St. Etienne : on y voit auffi plufieurs maifons religieufes, un féminaire & un collége. Il y a dans cette ville une académie, inſtituée en 1744. On y donne tous les ans un prix fondé par feu M. de Verthamond, évêque, pour le meilleur ouvrage, dont le ſujet a été propoſé par cette ſociété littéraire. La cour des aides qui y eſt établie y fut tranſférée de Cahors, en 1661, pour augmenter le nombre des catholiques. La ſénéchauſſée & le préſidial ſont du reſſort du parlement de Touloufe. Montauban eſt de plus le ſiége d'une intendance.

Cette ville eſt diviſée en trois parties, la *vieille* ville & la *nouvelle*, qui ſont toutes deux à la rive gauche du Tarn, & la *Ville-Bourbon*, qui eſt à la rive oppoſée, & ſéparée des deux autres par un très-beau pont de pierre & de briques. C'eſt en ſortant de cette derniere qu'on entre dans le Languedoc : auſſi le dioceſe de Montauban eſt-il en bonne partie dans cette province, & l'évêque a, comme je l'ai dit ailleurs, entrée dans les états.

Montauban domine, par ſa poſition, vers le couchant & le midi, ſur une vaſte plaine, dont l'abondance & la fertilité offrent par-tout un spectacle des plus rians & des plus agréables. La vue se perd dans cette étendue, & n'est arrêtée que par les monts Pyrénées qu'on distingue dans les beaux jours. On a profité de ces avantages en formant sur le bord de la riviere de très-belles promenades dont la principale s'appelle *la Falaise.* Entre la ville vieille & la nouvelle, il y a une fontaine remarquable qu'on appelle la *fontaine Grifon.* Tous ces agrémens joints à la salubrité de l'air, à la température du climat, & à l'urbanité des habitans rendent charmant le séjour de cette ville, peuplée d'environ vingt mille personnes. Le commerce en grains, en farine & en vins y est très-florissant ; & les étoffes qu'on y fabrique, qui sont principalement les cadis & les serges, sont de bonne qualité & d'un grand débit.

En suivant les bords du Tarn, vers le nord-ouest, on trouve, à quelque distance de l'embouchure de cette riviere dans la Garonne, la petite ville de *Moissac*, qui est très-ancienne. Les goths la prirent aux romains ; & Clovis la leur enleva. Dans la suite elle fut saccagée par les normands, & puis engagée dans la guerre des albigeois. Simon de Montfort s'en empara. Les anglais la ruinerent depuis, & enfin les guerres de religion acheverent de la détruire.

La situation avantageuse de cette ville y attira, dans des temps plus tranquilles, assez d'habitans pour qu'elle pût être rétablie. Mais il s'en faut encore de beaucoup qu'elle soit aussi considérable qu'elle le fut autrefois. Elle ne renferme qu'environ trois mille âmes. Cependant il s'y fait un commerce considérable de grains, de farines & de vins qui sont voiturés à Bordeaux par le Tarn & la Garonne. Il y a une abbaye qu'on prétend avoir été fondée par le roi Clovis : on dit même qu'autrefois il y a eu jusqu'à mille moines. Elle fut sécularisée dans le dix-septieme siecle, & c'est à présent un chapitre de onze chanoines, dont le chef prend toujours la qualité d'abbé : il en est en effet abbé commendataire.

A quatre lieues de Montauban, sur la riviere de l'*Aveiron* qui se jette dans le Tarn, est la petite ville de *Negrepeliſſe*. A la fin du seizieme siecle & au commencement du dix-septieme, elle étoit remplie de calvinistes. Mais elle a été entierement détruire par Louis XIII, en punition de ce que les huguenots avoient égorgé une garnison de catholiques qu'il y avoit mise pendant qu'il faisoit le siege de Montauban.

La seigneurie de cette ville fut autrefois vendue par un comte d'Evreux à Pierre de *la Deveze*, frere du Pape Jean XXII, duquel est sortie la maison de *Carmain*. Le maréchal de *Lavardin*, descendu d'une fille de cette maison vendit le comté de Negrepeliſſe à Henri de la Tour, grand-pere du duc de Bouillon, mort en 1721. Vers ce temps-là, cette seigneurie fut vendue à un bourgeois de Montauban.

Je ne vous nomme ici, Madame, la petite ville de *Bruniquel*, qui est un peu plus haut sur la même riviere de l'Aveirou, que parceque l'on dit qu'elle a pris son nom de *Brunichilde* ou *Brunehaut*, reine de France, malheureusement trop fameuse sous la premiere race de nos rois. Cette princesse, fille d'Athanagilde, roi des Visigoths, épousa, en 565, Sigebert, roi d'Austrasie, fut mere de Childebert II, & grand mere de Thierri & de Théodebert. Tous les historiens en parlent comme d'un monstre. Clotaire II ayant réuni sous son pouvoir toute la monarchie, accusa cette femme souillée de tous les crimes, d'avoir fait mourir dix rois, & l'abandonna aux insultes de la soldatesque & à la cruauté des bourreaux. Elle fut traînée, par ses ordres, à la queue d'une cavale indomptée, & périt misérablement par ce nouveau genre de supplice, l'an 613.

Je suis, &c.

A Montauban, le 26 octobre 1761.

LETTRE CDLV.

Suite de la Guienne.

A quelques lieues de Moissac, & en suivant les bords de la Garonne, je suis entré, Madame, dans l'*Agenois*, borné au sud par ce même fleuve qui le sepáre de la Gascogne; à l'est par le Quercy, au nord par le Périgord, & à l'ouest par le Bazadois. Ce pays dépend du parlement de Bordeaux, & peut avoir vingt lieues de longueur sur dix de largeur. Il étoit habité par les *Nitiobriges*, lorsque les romains en firent la conquête : sous Honorius il faisoit partie de la seconde Aquitaine. Après avoir passé sous la domination des visigoths & ensuite sous celle des français, il fut possédé successivement par les comtes de Bordeaux, les comtes de Toulouse, les comtes d'Angoulême & les ducs de Guienne. A la fin du douzieme siecle, il revint encore aux comtes de Toulouse par le mariage de Jeanne, sœur de Richard I, roi d'Angleterre, avec Raymond VI, comte de Toulouse. Le fils de celui-ci le donna en dot à sa fille Jeanne, qu'il maria à Alphonse frere du roi St. Louis.

Durant les guerres que Philippe Auguste & Louis VIII, firent à l'Angleterre, l'Agenois avoit été conquis par les français. Mais en 1259 le roi St. Louis le céda aux Anglais avec la Guienne. Ces derniers le possé-derent jusqu'au règne de Charles V, qui le réunit à la couronne, aprés les en avoir chassés. Henri V, roi d'Angleterre, le reconquit avec le reste de la Guienne. Mais le roi Charles VII reprit toute cette province, & chassa les Anglais de la France en 1450. Depuis cette époque, l'Agenois à suivi le sort du reste de la Guienne. Sous Louis XIII ce domaine a été engagé au Cardinal de Richelieu; & ses petits-neveux possédent à ce titre l'Agenois avec le duché d'Aiguillon.

Le climat de cette contrée est sain & tempéré; le terroir assez uni & naturellement bon, arrosé d'ailleurs de plusieurs rivieres, qui en

LA GUIENNE. 63
augmentent la fertilité, & dont les principales sont la Garonne, le Lot, le Drot, la Bargalonne, la Senne, la Canaule & la Lede. On regarde ce pays comme un des meilleurs de toute la Guienne. Le seul canton qui est voisin du Périgord, est inférieur au reste : on y recueille néanmoins une grande quantité de châtaignes & de noix. Les vins que produit cette petite province, sont les uns forts & rouges, capables de bien soutenir la mer, les autres d'une qualité inférieure que l'on convertit en eaux de vie. L'Agenois abonde encore en bled & autres grains, en fruits, en pâturages, & en chanvre qu'on cultive sur-tout le long du Lot & de la Garonne. Cette derniere espece de récolte est ordinairement si abondante & la consommation en a été quelquefois si considérable, qu'il y a eu des temps ou, dans le cours d'une seule année, les arsenaux de la marine en ont tiré jusqu'à neuf cents milliers. Parmi les fruits qui coissent dans ce district, on estime principalement les prunes que l'on

fait sécher, & qui en temps de paix font d'un grand débit.

La ville d'*Agen*, autrefois nommée *Agenum*, & chef lieu des *Nitiobriges*, a donné son nom à l'Agenois, dont elle est la capitale. On prouve l'ancienneté de cette ville, non seulement par des chartes particulieres, mais encore par les portes & les vieux murs que l'on y voit en divers endroits. La première enceinte de cette ville n'étoit pas aussi grande que celle d'aujourd'hui. On n'y trouve aucun vestige de cet ancien château si renommé dans les histoires des anglais, & dont Turpin, archevêque de Reims, fait mention dans la vie de Charlemagne, quand il dit que ce monarque défit auprès d'Agen les Sarrasins qui s'étoient emparés de la ville & du château de ce nom. Cependant il y a des auteurs qui prétendent que le palais, où le présidial tient aujourd'hui ses séances, & qu'on appelloit autrefois le château de *Miravel* ou *Montravel*, a été bâti sur les ruines du premier château qui étoit beaucoup plus ancien. Ces auteurs ajoutent même qu'une partie du palais ou château qui subsiste encore aujourd'hui, fait partie du premier château qui existoit du temps de Charlemagne. Ce château étoit situé hors de la vielle enceinte de la ville & sur le bord de ses fosses. Outre cela, on remarque encore les ruines d'un autre château appellée *la Sagne*, qui étoit aussi hors des murailles & sur le bord d'un ruisseau.

Cette ville agréablement située sur la rive droite de la Garonne, étoit encore florissante à la décadence de l'empire romain, & continua même long temps d'être considérable. Mais la beauté de sa situation & la fertilité de son terroir excitèrent souvent l'avidité des barbares. Les huns, les vandales, les sarrasins & les normands la pillerent dans les premiers siecles de notre monarchie. Elle ne fut pas plus ménagée durant les guerres que les anglais firent en France. En 1584, elle se déclara pour le parti de la ligue; mais en 1591 elle rentra sous l'obéissance du roi. Aujourd'hui elle ne se ressent plus de ses malheurs passés, & le commerce y fleurit. On y compte environ huit mille habitans.

Les édifices particuliers d'Agen n'ont rien de remarquable : la ville même en général n'est pas bien bâtie. Mais le cours qui s'étend le long de la Garonne est une promenade charmante ; il est très bien entretenu, & offre à la vue une fort belle perspective.

L'évêché de cette ville, suffragant de Bordeaux, est très-ancien, puisque quelques uns prétendent que St. Caprais qui fut martyrisé vers l'an 303, l'a occupé le premier. L'évêque prend la qualité de seigneur & comte d'Agen depuis que Gombaud, fils de Garcias, duc de Gascogne, & son fils légitime Hugues, tous deux seigneurs & comtes d'Agen, en ont été successivement évêques. Outre l'église cathédrale dédiée à St. Etienne, il y a une collégiale sous le titre de Saint Caprais, deux paroisses, un séminaire, un collége & plusieurs maisons religieuses.

La sénéchaussée & le présidial d'Agen sont réunis. Cette sénéchaussée est la seule qu'il y ait dans ce district. Le sénéchal est d'épée. C'est en son nom qu'on rend la justice, mais au sénéchal seulement. Il est à la tête de la noblesse du pays, lorsqu'elle est convoquée.

Jules - César Scaliger, critique, poëte, médecin, philosophe, & l'un des plus savans hommes du seizieme siecle, né au château de Rippa, dans le territoire de Verone en Italie, vint s'établir à Agen & y professa la médecine. Joseph Scaliger son fils y naquit, & fut l'un des plus savans critiques & des plus érudits écrivains de son siecle, & mourut à Leyden en Hollande, où il avoit été professeur pendant seize ans. On montre encore à Agen leur maison, qui est vis-à-vis le couvent des cordeliers.

Au confluent du Lot & de la Garonne, dans un pays très-fertile, & dans une belle situation, j'ai vu la petite ville d'Aiguillon, chef-lieu d'un duché, érigé l'an 1634. Après avoir passé par plusieurs mains, il est enfin resté à un des neveux du cardinal de Richelieu, mais il n'a rang parmi les duchés pairies, que depuis l'an 1731. Il se fait dans cette ville un assez bon commerce de chanvres, de bleds, de vins & d'eaux-de-vie. On y voit un château très-ancien, qui fut assiégé, en 1346, par le duc de Normandie, fils aîné de Philippe de Valois, & depuis roi de France, sous le nom de *Jean*. Ce prince ne vint pas à bout de le forcer, quoiqu'il l'eût tenu investi pendant quatorze mois, & qu'il eût employé, pour réduire cette place, une invention nouvelle : car on prétend que ce fut alors pour la premiere fois qu'on fit usage du canon.

Un peu au-dessus d'Aiguillon, sur les bords du Lot, est *Clairac*, une des villes les plus riches & les plus commerçantes de cette province. J'en dis autant de *Ville-Neuve d'Agenois*, à l'orient de la premiere, aussi près du Lot, & où l'on voit un pont, le seul qu'il y ait sur cette riviere dans toute la généralité de Bordeaux.

On trouve encore sur la même riviere *Casseneuil*, lieu autrefois remarquable par un palais qu'y avoit Charlemagne. L'impératrice Hildegarde, sa femme, y mit au monde, l'an 778, deux jumeaux, dont l'un fut dans la suite l'empereur Louis le *Débonnaire*, déclaré presqu'en naissant roi d'Aquitaine.

Je nomme ici le bourg de *la Sauvetat*, parce qu'il a donné naissance à deux hommes de lettres célébres ; à *Jean Claude*, ministre protestant, un des plus savans & des plus éloquens défenseurs de l'hérésie de Calvin, & à *Pierre Sylvain Regis*, un des plus fameux disciples de Descartes, & qui nous a laissé plusieurs excellens ouvrages de philosophie.

En revenant sur les bords de la Garonne, j'ai passé par *Tonneins* & par *Marmande*, qui ne sont que des bourgs, mais très-peuplés à proportion de leur petite étendue, & riches par le commerce qui s'y fait en bleds, en vins & en eaux-de-vie. Le parlement de Bordeaux fut transféré à Marmande pendant quelque temps sur la fin du dernier siecle.

Je suis remonté ensuite dans les terres vers le nord, & j'ai vu la petite ville de *Duras*, érigée en duché au dix-septieme siecle pour Jacques-Henri de Durfort, maréchal de

France, dont la poſtérité le poſſéde encore. Vous ſavez, Madame, combien cette maiſon eſt ancienne & illuſtre en Guienne, où elle eſt diviſée en pluſieurs branches.

Enfin, à l'extrémité ſeptentrionale de l'Agénois ſur la Dordogne, j'ai vu *Sainte-Foix*, lieu fameux du temps des guerres de religion. C'étoit un des boulevards des calviniſtes, qui ſoutint pluſieurs ſieges. Mais les fortifications en ont été entierement raſées.

Ces deux dernieres petites villes ſont, pour ainſi dire, ſur la ligne qui ſépare l'Agenois du Bazadois, que je vais, Madame, vous faire connoître, avant de terminer cette lettre, parceque mes obſervations ſur ce pays ſeront très courtes.

Le *Bazadois*, borné à l'eſt par l'Agénois, au nord par la Dordogne, qui le ſépare du Bordelois, à l'oueſt par le Bordelois même & par les grandes Landes, & au ſud par la Chaloſſe & le Condomois, peut avoir quatorze lieues de longueur ſur douze dans ſa plus grande largeur. Diviſé par la Garonne en deux parties, l'une septentrionale & l'autre méridionale, il est arrosé de plusieurs autres rivieres, telles que le Drot, la Dordogne, l'Avance, &c. Le climat y est sain & tempéré, & la terre fertile en bleds, en vins & en fruits, excepté dans la partie la plus méridionale où le sol est sabloneux. Le commerce qui s'y fait consiste principalement en eaux de-vie & en chanvres. Ce pays dépend du parlement de Bordeaux.

Du temps de César, le Bazadois étoit habité par les *Vasates*. Sous Honorius il fut compris dans la Novempopulanie ou troisieme Aquitaine. De la domination des romains il passa sous celle des goths, & tomba ensuite, après la bâtaille de Rouillé, au pouvoir des français, devenus maîtres de tout le pays qui s'étend au sud de la Garonne jusqu'aux Pyrenées. Depuis ce temps, il suivit le sort de la Gascogne.

La ville de *Bazas*, capitale de ce pays, étoit anciennement la cité des *Vasates*. C'est sans fondement que quelques auteurs ont paru en douter. En calculant les mesures & les distances des itinéraires, & en examinant quelle étoit la position des peuples limitrophes des vasates, on trouve que la ville nommée *Cossio Vasatum*, doit être la même que celle de Bazas qui subsiste actuellement. D'où il suit que cette ville est très-ancienne, puisqu'il en est fait mention dans les ouvrages de Ptolomée, dans ceux d'Ausonne & de plusieurs autres auteurs non moins anciens.

Cette ville est située sur un rocher, à plus de deux lieues de la Garonne, & ne renferme qu'environ deux mille cinq cents habitans. Elle a un évêché avec un présidial & une sénéchaussée. On connoît les évêques de Bazas depuis le prélat qui remplissoit ce siege en 506, & qui souscrivit au concile d'Agde de cette même année. Il a été un temps où les églises de la Gascogne ayant été détruites par les normands, & manquant de pasteurs, l'évêque de Bazas a été le seul dans ce pays : il prenoit alors le titre d'*évêque de Gascogne* (*Vasconensis episcopus*). La cathédrale de cette ville est dédiée à saint Jean-Baptiste.

Le

Le chapitre en eſt compoſé de trois archidiacres, d'un chantre, d'un ſacriſtain, d'un ouvrier & de dix-huit chanoines. Le ſéminaire & le collége ſont dirigés par les barnabites.

Voilà, Madame, tout ce que j'avois à vous dire de la ville de Bazas, qui n'offre abſolument rien de remarquable. Elle a été la patrie de *Jules Auſone*, célebre médecin, & pere de *Decius Magnus* Auſone, l'un des plus célebres poëtes du quatrieme ſiecle.

Les lieux de ce dioceſe qui méritent quelque attention, ne ſont pas en bien grand nombre. Au ſud-eſt de Bazas eſt *Caſtelgeloux*, petite ville aſſez jolie, qu'il ne faut pas confondre avec une autre du même nom dans l'Armagnac. Il y a une ſénéchauſſée & un petit chapitre.

En montant vers le nord, on trouve, ſur la Garonne, la petite ville de *Caumont*, d'où les ducs de la Force tirent leur nom & leur origine; & plus haut, vers le nord-eſt, ſur le même fleuve, le bourg de *Langon*, renommé pour ſes vins, les plus délicats de tous les vins blancs du

Tome XXXIV. D

Bordelois, que l'on appelle généralement *vins de Grave*. Le flux & le reflux de la mer montent jusqu'à cet endroit.

De l'autre côté de la Garonne, dans la partie septentrionale du Bazadois, est *la Réole*, très-jolie ville, qui a pris son nom d'un monastere de l'ordre de S. Benoît, qui étoit autrefois si régulier, qu'on l'appeloit par excellence *la regle*. Aujourd'hui ce n'est plus qu'un prieuré simple d'un bon revenu. Cette petite ville est assez commerçante. Le parlement de Bordeaux y a été transféré plusieurs fois, & en dernier lieu y a tenu ses séances pendant près de quinze ans.

Il y a dans ce même diocese un petit lieu nommé *Uzeste*, dans l'église duquel on voit le tombeau du pape Clément V, qui étoit né en Gascogne, & qui avoit été archevêque de Bordeaux.

Je suis, &c.

A Bazas, ce 6 Novembre 1761.

LETTRE CDLVI.

SUITE DE LA GUIENNE.

ME voici, Madame, depuis plusieurs jours à Bordeaux, d'où j'ai fait à mon ordinaire, des incursions dans le Bordelois, pour en visiter tous les lieux dignes de remarque. Cette contrée, qu'on appelle aussi la *Guienne propre* ou particuliere, bornée à l'ouest par la mer océane, au midi par les landes de Gascogne & le Bazadois, à l'est par ce même pays & le Périgord, & au nord par la Saintonge, a trente-huit lieues de longueur sur dix-neuf de largeur. Elle est arrosée de beaucoup de rivieres, dont les principales sont la Garonne, la Dordogne, Lille, la Jalle, &c. L'air y est sain & tempéré, quoique la continuité des pluies y soit souvent incommode, sur-tout à Bordeaux & dans ses environs. Le terroir y est en général plus fertile en vins qu'en blés. Ces vins sont durs : mais ils deviennent excellens, lorsqu'ils ont été transportés par mer. On fait grand cas sur-tout des vins de Grave ; & les Anglois, ainsi que les Hollandois, en chargent plusieurs vaisseaux tous les ans.

Ce pays étoit habité, du temps de César, par les *Garumni*, nom sous lequel furent compris dans la suite les *Bituriges - Vivisci*, les *Meduli*, les *Succasses*, les *Boii-Vivisci*, les *Belendi* & les *Aquitani*. L'histoire en est la même que celle de la province de Guienne en général. On le divise en quatre cantons, que je vous ferai connoître en détail, après vous avoir parlé de la ville de Bordeaux qui en est la capitale, & qui n'est pas comprise dans cette division.

Il seroit bien difficile de trouver l'étymologie du nom de *Bordeaux* ou *Bourdeaux*, en latin *Burdegala* ou *Burdigala*. Suivant plusieurs auteurs, il s'est formé des deux ruisseaux de *Bourde* & de *Jalle*. Suivant quelques autres, c'est un composé du mot espagnol *burgo*, qui signifie bourg, & de celui de *gala*, qui veut dire propreté & bonne grace. On a donc appelé cette ville *Burgo-de-Gala*, parce que les habitans étoient liés par le commerce avec les Espagnols, & qu'ils étoient propres & avoient bon air : dans la succession des temps, on a retranché la syllabe *go*, d'où est résulté le nom de *Burdega'a*. Enfin il y a des auteurs qui ont fait dériver le nom de cette ville, qui est sur la rive gauche de la Garonne, de sa situation dans une contrée où les pluies ne sont pas moins fréquentes qu'abondantes.

Mais quelle que soit l'étymologie du nom de *Bordeaux*, nous savons que cette ville étoit connue & considérable, lors même que les Romains entrerent dans les Gaules. Elle s'agrandit beaucoup sous le regne des empereurs : les antiquités que l'on y voit encore, en sont la preuve. De la domination des Romains, elle passa sous celle des Visigoths, à qui elle fut enlevée par Clovis, dont les descendans en resterent les maîtres. Au huitieme siecle, les Sarasins la ravagerent ; & au neuvieme, les Romains acheverent de la ruiner. Elle fut quelque temps abandonnée, eut ensuite des comtes particuliers, & fut sou-

D 3

mise aux ducs de Gascogne & aux ducs de Guienne. Enfin ces deux duchés ayant été réunis, elle suivit le sort de cette derniere province.

On peut compter Bordeaux au nombre des grandes villes du royaume. La forme en est triangulaire. La Garonne faisant un coude précisément vis-à-vis de la ville, le port forme un croissant, & présente un amphithéâtre magnifique. Ce port a toujours été excellent : c'est le lit même de la Garonne qui a six cents toises de largeur vis à vis de la ville, & une profondeur assez considérable pour recevoir de gros vaisseaux. Il y a encore dix-huit lieues de ce port à la pleine mer. Mais le fleuve va toujours en s'élargissant, & en conservant sa profondeur. Il se joint, au *Bec d'Ambez*, avec la Dordogne ; mais la marée se fait sentir dans les deux fleuves.

Cette ville n'est entourée que d'une vieille muraille, flanquée çà & là de quelques tours, soit rondes, soit carrées. On y entre par douze différentes portes. Toutes les rues étoient autrefois étroites & sombres : il n'y avoit que celle du *chapeau rouge* qui étoit belle. Aujourd'hui Bordeaux a bien des agrémens & des avantages qu'il n'avoit pas. Les places de l'hôtel de ville, du palais & du marché sont remarquables. Celle que l'on nomme la *place royale*, l'est encore davantage : elle est ornée de superbes édifices, & présente au milieu une très-belle statue érigée en l'honneur de Louis XV.

L'enceinte de Bordeaux est défendue par trois forts. Le premier est le château du *Haa*, du côté de l'archevêché, près d'un lieu appelé l'*Ormée*, parce qu'il étoit autrefois planté d'ormes. Il fut bâti par ordre du roi Charles VII en 1461, & conserve encore ses anciennes fortifications. La forme en est un carré long, flanqué aux quatre angles d'autant de tours rondes à l'antique. On y voit aussi deux tours carrées qui donnent du côté de la campagne pour la porte de secours, qui est couverte par un ouvrage en forme de fer à cheval, & une troisieme tour ronde dans laquelle on passe pour entrer dans la ville.

L'autre fort est le *Château-Trompette*, qui est à l'entrée du quai, & commande le port. Il sépare la ville du

D 4

faubourg des chartreux, que l'on nomme vulgairement à Bordeaux *les Chartrons*. C'est une citadelle qui fut bâtie en même temps que le château du *Haa*, mais qui fut réparée & fort augmentée sur les desseins du fameux maréchal de Vauban. Il y ajouta un chemin couvert, deux demi-lunes & une grande contre-garde. Cette citadelle, qu'on peut dire vraiment superbe, est d'ailleurs composée de six bastions, dont il y en a trois du côté de la riviere. Le logement du gouverneur est dans celui du milieu. Il est embelli d'un parterre, au milieu duquel est un cabinet qui est un réduit délicieux par sa propreté, son élévation, & la belle vue qu'on y a de tous les pays des environs. On croit être sur mer dans la chambre de poupe d'un vaisseau.

A l'autre extrémité du port, en remontant la Garonne, on voit le troisieme château, nommé le *fort Saint-Louis* ou de *Sainte-Croix*. Il fut bâti par ordre de Louis XIV en 1676. Ce château & celui du *Haa* ont chacun un commandant, & celui de *Château-Trompette* un gouverneur particulier.

Mais le gouvernement de la ville est toujours réuni au gouvernement général de la Guienne; & celui-ci est si important, qu'il a été souvent rempli par des princes du plus haut parage. En 1338, Jean de Luxembourg, roi de Boheme, étoit gouverneur de Guienne pour Philippe de Valois, & soutenoit la guerre dans cette province contre Edouard III, roi d'Angleterre. Jean, fils de Philippe de Valois, alors duc de Normandie, & depuis roi de France, étoit gendre de ce roi de Boheme. C'est sans doute ce qui attachoit celui-ci aux intérêts de la France: mais il faut convenir qu'un roi de Boheme, commandant en Guienne, devoit se trouver bien dépaysé. On ne sera pas si étonné de voir sur la liste de ces gouverneurs les noms de Louis XI étant encore dauphin, & de Charles d'Angoulême, pere de François I; ceux de Henri d'Albret & d'Antoine de Bourbon, rois de Navarre, & enfin celui de Henri IV, qui portoit le même titre avant de monter sur le trône de France. Le prince de Condé lui succéda dans ce gouvernement.

Je ne dois pas oublier de vous dire ici, Madame, que j'ai été enchanté des belles promenades qui font derriere le Château-Trompette. J'ai également admiré, dans un autre genre, le beau bâtiment de la bourfe; & je n'ai pas vu avec moins de plaifir la falle de fpectacle. Je ne parle pas de l'hôtel de ville : il n'a rien de fort remarquable. Mais je ne pafferai pas fous filence ce que les églifes offrent de curieux.

L'églife métropolitaine, dédiée à *Saint André*, eft regardée comme une des plus belles & des plus grandes qu'il y ait en France. La nef en eft fpacieufe; & au pourtour regne une large corniche. Cette églife met Charlemagne au rang de fes bienfaiteurs. Elle eft en effet nommée dans le teftament de ce monarque, & fe trouve au nombre de celles à qui il fit, en mourant, des legs pieux. Auffi voit-on dans la nef, qui eft la plus ancienne partie de l'édifice, le portrait de cet empereur, peint à frefque fur la muraille : on dit que cette peinture eft de fon temps; mais elle a été rafraîchie depuis. Les reliques que l'on conserve dans le trésor de cette église sont remarquables; car, indépendamment d'une infinité de corps de saints martyrs & confesseurs, on y montre des reliques des douze apôtres, du lait, des cheveux & des vêtemens de la Sainte Vierge, & un bras & une côte du grand S. Georges de Cappadoce, patron de la chevalerie.

L'église de *Saint-Severin*, que l'on appelle communément *Saint-Surin*, est hors de la ville. C'est avec raison que Bordeaux regarde ce saint comme un de ses patrons. Il y étoit né au milieu du quatrieme siecle, & alla prêcher l'évangile bien loin de-là, puisqu'il fut évêque de Cologne; mais il revint dans sa patrie en 399. S. Amand, qui en étoit alors évêque, étant informé de son arrivée par révélation, alla au devant de lui avec tout son clergé, & voulut absolument lui remettre l'administration de son diocese. S. Severin l'accepta; & ce ne fut qu'après sa mort que S. Amand la reprit. Cette église est paroissiale & collégiale. On y conserve le bâton de S. Martial de Limoges, que l'on croit avoir prêché l'évangile à Bordeaux dès le premier siecle de l'Eglise. Mais ce qu'il y a de plus remarquable, est le cimetiere qui est auprès. Nos auteurs du seizieme siecle rapportent une inscription qu'on lisoit sur ses murailles : elle est en latin, & porte que ce cimetiere fut consacré par Notre Seigneur lui-même, accompagné de sept saints évêques, fondateurs des principales églises des Gaules aquitannique & narbonnoise. On ne dit pas précisément dans quel temps se fit cette cérémonie miraculeuse. Il y a dans ce cimetiere un tombeau de pierre élevé sur quatre piliers, du haut duquel il découle des deux côtés des gouttes d'eau qui augmentent, dit-on, lorsque la lune est dans son plein, & diminuent dans son déclin.

Je ne nomme l'église de *Saint-Michel*, que parce qu'elle est remarquable par son clocher, d'où l'on découvre toute la ville & une très-belle campagne. Celle de *Sainte-Eulalie* a été, dit-on, bâtie du temps de Charlemagne, qui y plaça sept corps saints. On voit dans celle de l'abbaye de *Sainte-Croix*, un monument que l'on prétend représenter ce même empereur ou le roi Pepin son pere, tenant sous les pieds de son cheval un homme que l'on suppose être *Hunault*, duc de Guienne, ou *Gaiffre* son fils, ou *Loup-Centulle*, duc de Gascogne, avec lesquels ces monarques eurent de grandes guerres. Le peuple appelle ce monument le tombeau du *Caiffe* ou *Caiffa*, par corruption du nom de *Gaiffre*. On voit d'ailleurs dans la chartreuse de cette ville des os humains d'une grandeur énorme, que l'on prétend être ceux de *Gaiffre*; ce qui sembleroit prouver que ces anciens ducs des Gascons étoient des géants. Ce monastere est beau, & son église magnifique. L'autel est couvert de très-belles glaces & de beaux cristaux, sous lesquels on conserve un grand nombre de reliques. Cette maison est un monument de la munificence du cardinal de Sourdis, archevêque de Bordeaux, qui est enterré dans cette église.

Nos cosmographes disent avoir lu sur un pilier de l'église des carmes, de vieux vers françois, qui sont bien honorables pour une ancienne famille de Bordeaux, dont le nom est *la Lande*.

La famille de ce nom est effectivement fondatrice de ce couvent, & l'a même rétabli à plusieurs reprises. Suivant l'inscription, le premier établissement se fit l'an 1100, à l'occasion d'un grand exploit fait par un seigneur de *la Lande*. Voici les vers.

 L'an de grace environ mil cent,
  Fonda premier un seigneur de la Lande,
  Au carme vieil cette église & couvent,
  Pour ce qu'en ce lieu obtint victoire grande
  Contre un géant, qui conduisoit la bande
  Des Espagnols, pour Bordeaux assaillir.
  Le dessus dit lui fit payer l'amende;
  Car il lui fit sa tête à bas saillir.

Malheureusement l'auteur de ces vers est tombé dans quelque anachronisme, puisque les Espagnols n'assiégerent pas Bordeaux l'an 1100. Mais il paroît que ce couvent des carmes fut fondé dans le même temps par un de *la Lande*.

Il n'est pas besoin de vous dire, Madame, que les autres maisons religieuses sont en grand nombre à Bordeaux. Il y a aussi plusieurs séminaires, plusieurs colléges & plusieurs hôpitaux.

Un des couvens les mieux bâtis est celui des dominicains. Le collége des jésuites est très-beau & dans une agréable situation. J'aurai bientôt occasion de vous parler d'un autre qu'on appelle le *collége de Guienne*.

Les restes d'antiquités que l'on voit à Bordeaux, sont bien dignes de l'attention du voyageur curieux. La *porte basse* est un monument dont la construction solide ressent le siecle d'Auguste. Les Goths, les Vandales, les Sarasins & les Normands, lorsqu'ils ont porté le fer & le feu dans cette ville, n'ont point endommagé ce bel ouvrage. On n'en voit cependant que le haut de l'arcade, le terrein qui s'est fort élevé, l'ayant presque entiérement bouchée. C'est sans doute ce qui lui a fait donner le nom de *porte-basse*. Voici les vers qu'on a faits sur cet ouvrage antique.

Bordeaux, vante ton monument.
Tel de la vieille Rome étoit le fondement.
 Plus auguste est la *porte basse*,
 Que le haut portail d'un palais.
 Son antique & superbe masse
Voit les siecles couler sans s'ébranler jamais.

La fontaine de *Duge* ou d'*Audege* a été célébrée par le poëte Aufone; & fes vers latins, dont je vous fais grace, Madame, prouvent que du temps des Romains elle étoit belle, claire & très-abondante. Aujourd'hui l'eau en eft un peu bourbeufe; mais elle eft en fi grande quantité, qu'elle forme un ruiffeau fort utile aux tanneurs qui demeurent dans le faubourg par où il paffe.

Le palais *Gallien* fut bâti fous l'empereur du même nom, qui commença à régner l'an 200 de l'ere chrétienne. On croit que c'eft dans ce même temps que fut conftruit l'amphithéatre qui eft derriere Saint-Surin, & qu'on appelle encore à Bordeaux *les Arenes*. C'étoit un ovale qui avoit deux cent vingt-fept pieds de long fur cent quarante de large. Il y a deux cents an qu'il reftoit de ces monumens déjà ruinés un peu plus de traces qu'aujourd'hui.

Le palais de *Tutelle* étoit le plus beau refte d'antiquités qui exiftât à Bordeaux. Il confiftoit en plufieurs colonnes qui avoient appartenu à un temple dédié aux dieux tutélaires d'Auguste. Une inscription apprenoit qu'il avoit été élevé par un certain *Lascivus Canilius*. Les colonnes étoient cannelées, d'un ordre corinthien très-bien exécuté, surmonté d'un attique en arcades : sur chaque pilastre étoit appliquée une figure ou statue. Tous nos auteurs du seizieme siecle parlent encore de cette architecture comme existante. On ne l'a démolie en effet qu'au commencement de celui-ci, pour faire une esplanade devant le Château-Trompette. Les savans & les antiquaires de France en témoignerent leurs regrets, & les poëtes du siecle de Louis XIV les aiderent à les rendre publics. L'un de ces derniers s'exprime ainsi dans le mercure du mois de mars 1701.

Pourquoi démolit-on ces colonnes des dieux ?
Ouvrages des Césars, monument tutélaire,
Depuis plus de mille ans que le temps les révere,
 Elles s'élevoient jusqu'aux cieux.
Il faut que leur orgueil cede à la forteresse
 Où Mars pour nous veille sans cesse.
Son redoutable mur, édifice royal,
 Ne doit point souffrir de rival.

Il n'eſt pas douteux que le ſiége épiſcopal de Bordeaux ne ſoit un des plus anciens des Gaules, puiſqu'il étoit connu vers l'an 300. *Auriental*, évêque de cette ville, aſſiſta avec Favien, ſon diacre, au premier concile d'Arles, qui fut tenu contre les donatiſtes en 1314. Le premier qui occupa ce ſiége, eſt, dit-on, *S. Gilbert*. On ne ſait pas préciſément dans quel temps il fut érigé en archevêché. C'eſt ſur l'ancienneté de cette métropole que ſont fondées les diſputes que les archevêques de Bordeaux ont avec ceux de Bourges, prétendant les uns & les autres être primats d'Aquitaine & prenant ce titre. Le dioceſe de Bordeaux s'étend ſur quatre à cinq cents paroiſſes, parmi leſquelles il y a dix archiprêtrés, diviſés en trois archidiaconés. L'archevêque a un revenu conſidérable, & jouit de quatre belles terres ſituées dans le Périgord, qui ont été léguées à ſon ſiége, en 1307, par un archevêque, neveu du pape Clément V.

Le parlement de Bordeaux fut établi en vertu d'une capitulation que firent les Bordelois, en 1451, avec le lieutenant général du roi Charles

VII, & dans laquelle il fut dit qu'on leur donneroit un parlement. En effet, il commença à s'assembler en 1460, dans le château de *Lombriere*, ancienne habitation des ducs de Guienne, ainsi appelé de l'ombrage des arbres qui l'environnoient. Le ressort de ce parlement fut formé d'une partie de celui de Paris & d'une partie de celui de Toulouse. Peu de temps après, les habitans de Bordeaux ayant rappelé les Anglois, le roi cassa le parlement & le réunit à celui de Paris. Ce dernier se servit alors du prétexte de cette réunion, pour prétendre que tout le ressort du parlement de Bordeaux devoit lui appartenir. Mais le roi, par sa déclaration de 1461, ordonna que le pays de l'ancien ressort du parlement de Toulouse appartiendroit à celui-ci comme auparavant. Néanmoins ce dernier parlement ne jouit pas long-temps de cet avantage ; car, en 1462, le roi rétablit le parlement de Bordeaux avec le même ressort qu'il avoit eu lors de sa premiere institution. Ce même prince ayant donné la Guienne en apanage à son frere, en 1469, le parlement de Bordeaux fut transféré à

Poitiers, où il tint ses séances jusqu'en 1472, que Charles VII étant mort, cette cour fut rétablie à Bordeaux.

Outre la généralité de Bordeaux, le parlement de cette ville comprend dans son ressort divers districts qui dépendent, les uns de la généralité de Limoges, & les autres de celles d'Auch & de la Rochelle; de sorte que la jurisdiction de ce parlement s'étend sur le Bordelois, la Saintonge, le Limosin, le Périgord, l'Agénois, le Condomois, le Bazadois, les Landes & le Labourd. On y porte en conséquence les appels de la sénéchauffée de Bordeaux, qu'on appelle la *sénéchauffée de Guienne*, parce qu'elle étoit autrefois l'unique dans cette province.

La cour des aides fut établie par Henri II en 1551, & supprimée par le même prince en 1557. Louis XIII la rétablit. Louis XIV la transféra à Saintes, la rétablit à Bordeaux, la transféra ensuite à Libourne, & la rétablit enfin à Bordeaux, où elle est encore.

Le maire & les jurats, magistrats municipaux, exercent la justice civile

& la criminelle dans la ville de Bordeaux, concurremment avec la sénéchaussée. Cette mairie & les jurandes de Bordeaux furent établies, en 1378, par les rois d'Angleterre, ducs de Guienne, & réduites, en 1548, à un maire, un sous-maire & six jurats, dont deux sont gentilshommes.

L'université fut établie, l'an 1441, par le pape Eugene IV. Les priviléges qu'il lui accorda, furent ensuite confirmés par Louis XI. Il y a des professeurs pour la théologie, le droit & les arts.

Je ne crois pas qu'il y ait dans l'histoire littéraire, de collége plus fameux par son ancienneté, que celui qu'on nomme à Bordeaux *collége de Guienne*. Quelques-uns en font remonter l'établissement au temps des *Druïdes*, disant qu'il y avoit une secte de ces philosophes, qu'on nommoit les *Sarronides*, qui étoient chargés d'instruire la jeunesse, & qui avoient des écoles à Marseille, à Narbonne, à Lyon, à Chartres & à Bordeaux. D'autres prétendent que Jules-César étant venu à Bordeaux, y trouva une école très-célebre, à laquelle il accorda degrands priviléges. Ce qu'il y a de bien certain, c'est que ce collége étoit très-florissant dans le troisieme siecle. Le poëte Ausone qui, dans le suivant, avoit été précepteur de l'empereur Gratien, y enseigna les belles-lettres. En ce même temps la réputation des professeurs s'étoit répandue dans toutes les Gaules, jusqu'à Rome même & à Constantinople. Les siecles d'ignorance & de barbarie qui suivirent l'invasion des Goths, firent perdre à ce collége son ancienne splendeur. S. Louis la lui rendit en partie; & on le vit plus brillant encore sous le regne de François I, le restaurateur des lettres. Mais les jésuites s'étant établis en France, ce collége fut insensiblement abandonné; & l'on en vit même, quelque temps après, les murs tomber en ruine. En 1670, on proposa d'en faire une école de marine, pour y enseigner la *construction* & le *pilotage*. Henri d'Aguesseau, alors intendant en Guienne, sollicita vivement pour la conservation d'un collége autrefois si fameux. Il fut en effet réparé, & rétabli dans l'état où on le voit aujourd'hui. Il y a une chaire de mathématique, fondée par François de Foix-Candale.

En 1712, le roi établit à Bordeaux une académie des sciences & belles-lettres, composée de dix-neuf académiciens ordinaires, dont un est secrétaire perpétuel, de trente-six académiciens associés, & de dix correspondans. On y distribue tous les ans une médaille d'or du prix de trois cents livres, à celui qui a fait le système le plus probable sur un point de physique proposé par cette compagnie.

La population de cette ville est d'environ cent trente mille ames, y compris cent familles de juifs qui n'y ont point de synagogue. Nos auteurs du seizieme siecle assurent qu'il y avoit, de leur temps, de ces *Cagots* ou *Gahets*, dont j'ai parlé à l'occasion de ceux du Bigorre. Les anciens statuts de la ville de Bordeaux, du quinzieme siecle, leur défendent de fréquenter les cabarets, les boucheries & les panneteries, d'aller dans les rues nu-pieds, & même de sortir de leurs maisons sans porter une piece de drap rouge sur la poitrine, à peine de fouet & d'amende arbitraire. Ces ordonnances furent renouvelées en 1528 & 1561; ce qui prouve que l'on soupçonnoit les *Gahets* d'être lépreux. Mais deux cents ans après, on a pensé bien différemment; car en 1738, le parlement de Bordeaux, & en 1746, celui de Toulouse, ont rendu des arrêts pour défendre dans tout leur ressort d'insulter les prétendus *Gahets*, de les traiter de *Gezitains* ou descendans de Giezi le Lépreux, de les appeler *Cagots* ou *Bigots*, & de mettre aucune différence entre eux & les autres citoyens & habitans.

On a établi dans l'hôpital neuf qui est hors des murs, diverses manufactures, entre autres une de dentelles, dont le produit est très-considérable. Il se tient tous les ans dans cette ville deux foires qui durent chacune quinze jours. Elles furent accordées, en 1565, par Charles IX, & ont été confirmées par les rois ses successeurs. La premiere commence le 1 de mars, & la seconde, le 15 d'octobre.

La situation de Bordeaux, sur le bord d'une riviere navigable pour les plus gros vaisseaux, & dans un pays fertile en vins, invite les étrangers à s'y s'y rendre des principales parties de l'Europe. Les bâtimens des pays septentrionaux sur-tout y viennent faire des cargaisons très-considérables de vins & d'eaux-de-vie. Quand le commerce n'est point interrompu par la guerre, on y charge tous les ans environ cent mille tonneaux de vin que l'on transporte hors du royaume. Ces vins ne sont pas tous du crû de la généralité de Bordeaux : il en vient une très-grande quantité de celle de Montauban, & de la province de Languedoc.

Cette ville est la patrie de *S. Paulin*, évêque de Nole, & de *Decius Magnus Ausone*, son maître, l'un des plus célebres poëtes du quatrieme siecle. Il y enseigna, comme je l'ai dit plus haut, les belles-lettres avec tant de réputation, que l'empereur Valentinien le choisit pour être le précepteur de son fils Gratien. Cet emploi le conduisit aux premieres dignités de l'empire. Il fut questeur, préfet du prétoire, & consul en 379. L'empereur Gratien, en l'élevant à cette derniere charge, lui écrivit une lettre qui honore autant le disciple que le maître.

Tome XXXIV. E

» Lorsque je pensois, lui disoit-il, il
» y a quelque temps, à créer des
» consuls pour cette année, j'invoquai
» l'assistance de Dieu, comme vous
» savez que j'ai coutume de faire en
» tout ce que j'entreprends, & comme
» je sais que vous voulez que je
» fasse. J'ai cru que je devois vous
» nommer premier consul, & que
» Dieu demandoit de moi cette re-
» connoissance pour les bonnes ins-
» tructions que j'ai reçues de vous.
» Je vous rends donc ce que je vous
» dois ; & sachant qu'on ne peut
» jamais s'acquitter, ni envers ses
» peres ni ses maîtres, je confesse que
» je vous suis encore redevable de tout
» ce que je ne puis vous rendre «.
Il accompagna cette lettre de la robe
consulaire, la même que portoient les
empereurs le jour de leur triomphe.
Bel exemple de reconnoissance, digne
à jamais d'être suivi par tous les élè-
ves à l'égard de leurs instituteurs !

Un autre personnage, illustre tout à
la fois par sa science & ses malheurs,
a pris naissance à Bordeaux. C'est
Aymar de Ranconnet, très-habile dans
le droit romain, dans les mathémati-

ques & les antiquités, écrivant bien en grec & en latin, & jouissant, de son temps, de la plus haute réputation par sa capacité dans les affaires. De conseiller au parlement de Bordeaux, il devint président au parlement de Paris. Les Guises, qui le haïssoient, l'accuserent d'un crime horrible, & le firent renfermer à la Bastille, où il mourut de douleur en 1559, âgé de plus de soixante ans. Tous les maux à la fois l'avoient assailli, & avoient rempli ses jours d'amertume. La misere l'avoit réduit à être simple correcteur des imprimeurs Etienne. Il avoit vu mourir sa fille sur le fumier, exécuter son fils, & sa femme écrafée par le tonnerre. Nous avons de lui le *Tréfor de la Langue françoife, tant ancienne que moderne*, qui a beaucoup servi à *Nicot* & à *Monet* pour la composition de leurs Dictionnaires.

Des quatre cantons qui divisent le Bordelois, il y en a deux au midi, qui sont les *landes de Bordeaux*, le long de la mer, à l'occident, & le *pays d'entre deux mers*, à l'orient: deux aux nord, qui sont le *pays de Médoc*, le long de la mer, au cou-

E 2

chant, & le pays qui est par delà la Gironde & la Dordogne, au levant. C'est dans cet ordre, Madame, que je les ai parcourus, & que je vais vous en donner les notions les plus essentielles.

Le terrein des landes est stérile & inculte; la côte marécageuse & presque inabordable. On n'y trouve de remarquable que le bassin ou havre d'*Arcachon*, dont l'entrée est très-difficile. Les gros bâtimens ne peuvent y pénétrer : mais ceux qui y entrent, s'y trouvent fort en sûreté, & y chargent particuliérement du goudron & de la résine, que les pays des environs fournissent en abondance. Le principal, ou, pour mieux dire, le seul lieu de cette triste contrée, est au milieu du bassin d'Arcachon : c'est un bourg qu'on appelle *la Tête* ou *le Cap de Buch*. On prétend qu'il a pris son nom d'un ancien peuple qui l'habitoit du temps des Romains, & que l'on nommoit les *Boïates* : cependant on n'y voit aucune trace d'antiquité. Les anciens seigneurs portoient le titre de *Captal*. L'un d'eux, nommé *Archambault de Grailly*, avoit hérité par sa mere du comté de Foix, & en avoit pris le nom. Ce fut au commencement du quinzieme siecle. Il épousa une infante de Navarre; & son petit-fils monta sur ce trône. Le *Captalat de Buch* passa dans une branche cadette des Foix-Grailly, qui prit le nom de *Candale*, & dont l'héritiere épousa le premier duc d'Epernon.

On appelle *Pays d'entre deux mers*, celui qui est entre la Garonne & la Dordogne, depuis les limites du Bazadois jusqu'à la pointe que l'on nomme le *Bec d'Ambès*, où ces deux rivieres se joignent pour n'en former plus qu'une, qui porte le nom de *Gironde*. Le principal lieu de ce pays est *Rions*, situé sur la rive droite de la Garonne, & peuplé d'environ quatorze cents habitans. A quelque distance de là, & sur le même fleuve, on trouve *Cadillac*, chef-lieu du superbe comté de Benauges, & remarquable par le beau & magnifique château que le duc d'Epernon y fit bâtir. Il y a une église collégiale & un couvent de capucins.

Le troisieme canton du Bordelois s'appelle le *Pays de Médoc*. La plus grande partie en eſt mauvaiſe, & ſurtout la côte. Mais celle qui avoiſine la Gironde, produit de bons vins qui étoient en réputation dès le temps des Romains, qui connoiſſoient déjà le raiſin bordelois & le vin qu'il produiſoit : on en tranſportoit alors juſqu'à Rome. Les huîtres de Médoc étoient également fort eſtimées : le poëte Auſone en fait une mention auſſi honorable que du vin. Enfin on trouve dans le Médoc certains cailloux blancs, bleus & violets, qui ſont ſuſceptibles d'être brillantés, & peuvent paſſer pour des pierres précieuſes. On les ramaſſe dans un circuit d'environ dix à douze lieues, depuis *Soullac*, village tout-à-fait ſur la pointe du Médoc, à l'embouchure de la Gironde, juſqu'à celui de *Margaux*, fameux par ſes excellens vins. Je remarquerai ici qu'il eſt fort à craindre que dans peu de temps cette paroiſſe de Soullac ne ſoit ſubmergée, l'eau de la mer & les ſables allant juſqu'à l'égliſe. En 1700, cette égliſe étoit éloignée de la mer de plus de deux lieues.

Le principal bourg du Médoc eſt

Lesparre, à deux lieues de la rive gauche de la Garonne ou Gironde. La terre qui porte ce nom est très-belle, & appartient à MM. de Grammont, qui ont quelquefois pris le nom de ducs de Lesparre, quoique cette terre ne soit point érigée en duché.

A l'embouchure de la Gironde & à vingt-trois lieues de Bordeaux, on voit la *Tour de Cordouan* sur un rocher, qui est le reste d'une isle que la mer a abîmée. C'est un fanal qui a été bâti pour empêcher les vaisseaux de se perdre sur les bancs de sable. Il est de forme pyramidale, afin que les vents aient moins de prise. Ce phare fait l'admiration des navigateurs : ils le regardent dans son entier comme le plus beau de l'Europe ; & l'on n'en connoît point ailleurs de supérieur par la beauté de sa structure & la hardiesse de l'exécution. Il y a toujours quatre gardiens pour allumer le feu qui dure toute la nuit : ils ont des vivres pour six mois, & de l'eau en abondance par celle qui tombe sur toute la tour, & qui, au moyen des galeries du pourtour, pratiquées exprès à chaque étage, se rend dans de belles citernes.

On prétend, mais sans aucun fondement, que *Louis le Débonnaire* avoit fait bâtir au même lieu une tour fort basse, & qu'au lieu de feu, des hommes sonnoient du cornet nuit & jour, pour avertir les navigateurs des dangers. La vérité est que lorsqu'on a bâti la tour qui existe aujourd'hui, il y en avoit aux environs une vieille fort inférieure en hauteur & en ornement : c'est sans doute celle-ci qu'on prétend avoir été bâtie par Cordoue, qui a donné le nom de *Cordouan*. Tout nous porte à croire que la tour dont il est ici question, fut commencée par *Louis de Foix* en 1584, & achevée en 1611. Louis XIV la fit rebâtir, & Louis XV y ajouta de nouveaux ouvrages pour la rendre plus solide. Ainsi le porte l'inscription latine qu'on lit au dessous de leurs bustes placés dans la chapelle. On y voit aussi celui de *Louis de Foix*, & sur le fronteau du premier étage, dans des niches, ceux de Henri II & de Henri IV.

Dans le pays qui est par-delà la

Gironde & la Dordogne, on trouve, sur la rive droite de la premiere, à deux lieues au deſſous du Bec d'Ambès, la ville de *Blaye*, bâtie ſur un rocher, & peuplée d'environ dix-huit mille habitans. Elle avoit donné ſon nom à un petit pays appelé *le Blaignez*, qui avoit le titre de comté, & qui appartenoit aux cadets de la maiſon d'Angoulême. C'eſt une place qui a toujours été regardée comme importante : elle eſt bien fortifiée, & a une bonne citadelle dans le quartier qu'on appelle *la ville haute*. L'autre quartier, qui en eſt ſéparé par une petite riviere où la marée remonte, eſt la ville baſſe ou le faubourg. Les marchands y demeurent & y ont leurs magaſins.

Cette ville étoit connue du temps des Romains, & les légions s'y tenoient en garniſon. Dans la ſuite des temps, elle fit ſouvent un ſujet de querelle entre les premiers ducs de Guienne & les ducs de Gaſcogne. On y remarque deux abbayes, dont l'une eſt de l'ordre de S. Benoît, & l'autre de S. Auguſtin, dédiée à S. Romain. C'eſt dans celle-ci que fut, dit-on, enterré un prince de la race de Clovis, nommé *Caribert*, que quelques auteurs ont confondu avec Caribert, fils de Clotaire II, & roi d'une partie de l'Aquitaine, que son frere Dagobert fit mourir à Toulouse, pour rester seul maître de toute la monarchie françoise. Les Calvinistes ayant surpris cette ville en 1568, ruinerent toutes les églises, & n'épargnerent point le tombeau de ce Prince. Les ligueurs s'en étant rendus maîtres quelque temps après, le maréchal de Matignon l'assiégea pour le roi en 1593; mais il fut obligé d'en lever le siége. Au reste, les vaisseaux qui vont à Bordeaux, sont obligés de laisser ici leur canon & leurs armes, suivant l'ordonnance de Louis XI, de l'an 1475.

A un quart de lieue au dessus du Bec d'Ambès, est la petite ville de *Bourg*, sur la Dordogne. C'est un petit port où quelques vaisseaux viennent charger des vins des environs, qui sont assez bons, & qui se conservent bien à la mer.

En remontant la Dordogne, on trouve la jolie ville de *Libourne*, agréablement située au confluent de la riviere de l'Isle. Elle fut bâtie en 1286, par Edouard I, roi d'Angleterre, sur les ruines de *Condates Portus*, dont Ausone parle si souvent dans ses Epîtres Il y a un présidial & plusieurs couvens. La cour des aides y a plusieurs fois tenu ses séances. Le principal commerce qu'on y fait, est pour les sels qu'on envoie par la Dordogne en Périgord & en Quercy.

Tout auprès est la petite ville de *Fronsac*, où l'on prétend que Charlemagne fit bâtir, l'an 770, un château qui ne subsiste plus : mais il y en a un autre dont la vue est très-belle. Ce n'est qu'au commencement du dix-septieme siecle que cette ville fut érigée en duché, d'abord pour un comte de Saint-Paul, de la maison d'Orléans-Longueville, & après la mort de celui-ci, pour le fameux cardinal de Richelieu, qui l'a fait passer à ses neveux.

Belleforêt prétend que c'est auprès de Fronsac qu'étoit le château de Montauban, qui appartenoit au comte Aymon, & au fameux Renaud de Montauban, un de ses fils. Cet auteur remarque avec raison que ce ne peut pas être le Montauban en Quercy, puisque

E 6

cette ville, affez moderne, eft dans un pays plat, fur la riviere de Tarn, & que l'on fait que le vieux Montauban étoit fur une hauteur, près de la Dordogne.

Si l'on remonte la riviere de l'Ifle, on verra, au confluent de la Drome, la petite ville de *Coutras*, dépendante du duché de Fronfac. A ce nom, vous vous rappelez fans doute, Madame, la bataille que gagna dans la plaine des environs, Henri IV, n'étant encore que roi de Navarre, contre l'armée de Henri III.

Je fuis, &c.

A Bordeaux, ce 28 novembre 1761.

LETTRE CDLVII.

Suite de la Guienne.

Non loin de la petite ville de Coutras, vers l'orient, commence le Périgord, le dernier pays de la Guienne, qu'il me reste, Madame, à vous décrire. Il a pour frontieres, au sud, l'Agenois; à l'est, le Quercy & le Limosin; au nord & à l'ouest, l'Angoumois, la Saintonge & le Bordelois. On compte trente-trois lieues dans sa plus grande longueur, & vingt-quatre dans sa largeur.

Ce pays est arrosé de la Dordogne, de la Vezere, de l'Isle, de la Dromme & d'autres rivieres moins considérables. Le climat y est pur & sain, mais un peu froid. Quoique cette contrée soit montagneuse, elle a cependant quelques plaines & de belles vallées. Les terres qui avoisinent la Dordogne & l'Isle, sont très-fertiles en grains de toute espece: il y a aussi des vignobles dans plusieurs cantons. Mais en général, le blé n'y est pas fort abondant : les noyers & les châtaigniers pourvoient à la subsistance du peuple. Il y a dans ce pays beaucoup de bois, des mines de fer de très-bonne qualité, & des eaux minérales qui ont quelque réputation. La volaille, le gibier & le poisson y abondent.

Les habitans du Périgord étoient, du temps de César, les *Petricorii* ou *Petricordii*, d'où l'on a fait le nom de *Périgord*. Nos rois de la premiere race en chasserent les Visigoths, qui l'avoient conquis sur les Romains. Ceux de la seconde y établirent des comtes, qui se rendirent indépendans vers l'an 900. L'un d'eux, hommé *Guillaume*, qui vivoit à cette époque, étoit fils d'un comte d'Angoulême, & avoit eu en partage le Périgord & l'Agenois : mais ce dernier pays lui fut enlevé par un duc de Gascogne.

La petite-fille de Guillaume épousa Boson, comte de la Marche, qui réunit à ce comté celui de Périgord. Il prit le surnom de *Talerand* ou *Taleyrand*, qu'il transmit à sa postérité, & mourut en 950. Son second fils fut la souche de l'illustre maison qui posséda le Périgord depuis cette époque jusqu'à la fin du quatorzieme siecle. Il y a eu cinq de ces comtes du nom de baptême d'*Archambaud*, sept du nom d'*Elie*, & trois de celui d'*Adalbert* ou *Audebert*.

Ces comtes de Périgord étoient, à quelques égards, indépendans. Cependant, du temps que les rois d'Angleterre possédoient la Guienne, ils s'en reconnoissoient les vassaux. Mais comme ces ducs de Guienne étoient eux-mêmes vassaux des rois de France, les comtes de Périgord devoient l'être aussi, du moins en arriere-fief. Cependant Archambaud V, l'un d'eux, voulut se souftraire à l'hommage sous le regne du roi Charles VI. Il osa même soutenir la guerre contre ce monarque. Mais vaincu par le Maréchal de Boucicaut, il fut fait prisonnier, & dépouillé de ses états en 1399.

Le roi Charles VI donna le comté de Périgord au duc d'Orléans son oncle. Celui-ci le laissa à Charles son fils, qui étant prisonnier en Angleterre, le vendit, en 1437, à Jean de Bretagne, comte de Penthievre. Ce dernier eut pour héritier Guillaume, son frere, qui ne laissa que trois filles, dont l'aînée épousa Alain, sire d'Albret, dont le fils fut roi de Navarre. La petite-fille de celui-ci apporta en dot le Périgord avec ses autres états, à Antoine de Bourbon, pere de Henri IV. Ainsi ce comté faisoit partie des domaines de ce monarque, lorsqu'il monta sur le trône de France, & fut alors réuni à la couronne.

Ce pays fut pendant long-temps le théatre de la guerre entre les François & les Anglois. Ces derniers, qui possédoient alors la Guienne, forcerent la France à le lui céder, tantôt à titre de conquête, tantôt comme une mouvance du duché d'Aquitaine ou de Guienne. Mais enfin il nous resta pour toujours, en même temps que la province entiere.

On divise le Périgord en deux parties, dont chacune a un évêché; le haut ou blanc, qui comprend la plus grande étendue de ce pays, & le bas ou noir qui en est à l'extrémité orientale : ce nom lui a été donné, parce qu'il est plus couvert de bois.

Le premier lieu que j'ai vu, en

entrant dans le Périgord, est la petite ville de *Castillon*, qui est dans le haut, & située sur la Dordogne. Elle n'est connue que par la sanglante bataille que les François y gagnerent sur les Anglois en 1451. Le brave Talbot & son fils y furent tués.

En suivant la même riviere vers l'orient, on trouve la petite ville de *la Force*, érigée en duché-pairie, l'an 1637, en faveur de Jacques Nompar de Caumont, Maréchal de France.

Plus loin encore, & du même côté, est la ville de *Bergerac*, dans une situation avantageuse pour le commerce. Le passage de la Dordogne la rendoit autrefois importante. Les Anglois la fortifierent dans le quatorzieme siecle : mais Louis, duc d'Anjou, frere du roi Charles V, les en chassa l'an 1371. Les habitans ayant embrassé les erreurs de Calvin, se révolterent en 1561, & en firent un de leurs boulevarts. Elle fut prise & reprise plusieurs fois : enfin Louis XIII s'en étant rendu le maître, en fit raser les fortifications.

Cette ville est l'entrepôt du commerce de Lyon & de l'Auvergne à

Bordeaux. Elle étoit très-peuplée & très-marchande avant la révocation de l'édit de Nantes. Depuis cette époque, elle est réduite à peu près à huit mille habitans. Il y a deux paroisses, dont l'une est du diocese de Périgueux, & l'autre de celui de Sarlat. Elle a des statuts & des coutumes particulieres, qui s'observent dans toute l'étendue de sa sénéchauffée. Ils furent imprimés, l'an 1598, en latin & en françois, mêlés d'un peu de gascon. Mais ils avoient été composés bien plus anciennement, puisque l'on voit qu'ils sont de l'an 1327, *régnant Charles le Bel, roi de France & de Navarre*, & que ce fut *Edouard, fils aîné du roi d'Angleterre, prince de Guienne & de Galles*, qui les publia sous le bon plaisir du roi de France, dont il se reconnoissoit vassal. Il paroît que le Roi Henri IV ordonna qu'on s'y conformeroit dans tout le Périgord. Il faut observer que l'on écrivoit alors *Bragerac* & non pas *Bergerac*.

J'ai lu dans le Mercure de France de l'année 1745, un passage concernant une singularité d'Histoire naturelle, que je ne crois pas hors de

propos, Madame, de vous rapporter ici. » Feu M. *Raoul*, conseiller au
» parlement de Bordeaux, apprit à
» M. de *Réaumur*, par une lettre du
» mois de Juillet 1740, qu'il y avoit
» dans le prieuré de Trémolac, de
» l'ordre de Cluni, à cinq lieues de
» Bergerac, un ruisseau inflammable
» & brûlant; ce qui fut découvert, il
» y a huit ans, par un voleur d'écre-
» visses, qui, pour mieux appercevoir
» les trous où elles se cachent, se
» servoit de torches de paille allumées.
» Tant que cet homme marchoit sur
» le gravier du lit presque horizontal
» de ce ruisseau, le feu ne prit point
» à l'eau de la superficie. Mais étant
» arrivé à des endroits plus inégaux
» & parsemés de creux, il fut bien
» étonné de voir que l'eau s'enflamma,
» au point qu'il en eut sa chemise
» brûlée : c'étoit une flamme bleuâtre.
» M. l'abbé *d'Aleme*, alors prieur de
» Trémolac, en fit répéter l'expérience
» deux ou trois fois, & elle réussit
» toujours de même. On peut croire,
» avec beaucoup de vraisemblance,
» qu'il est tombé & qu'il s'est assemblé
» dans ces endroits creux, quelque li-

» n. n. chargé d'une matiere sulfureuse,
» assez en mouvement pour s'exhaler
» au travers & au dessus de l'eau, &
» pour y prendre feu à la moindre
» approche d'une flamme étrangere «.

A mon départ de Bergerac, je suis monté vers le nord, & j'ai trouvé sur ma route la petite ville de *Mucidan*, située près de la riviere de l'Isle. Au seizieme siecle, c'étoit une place très-forte, qui fut plusieurs fois assiégée & prise pendant les guerres de religion. Mais dans le siecle suivant, elle fut tout-à-fait rasée.

J'ai suivi les bords de cette même riviere, en montant toujours vers le nord, & je suis arrivé à *Périgueux*, capitale du Haut-Périgord & de tout le pays. L'ancienneté de cette ville n'est pas douteuse. La tour de *Vesune* ou de *la Visone*, le reste d'un amphithéatre, & quelques autres monumens en sont des preuves trop sensibles. Du temps des Romains, elle étoit connue sous le nom de *Vesunna*, & avoit une enceinte très-considérable : elle fut ruinée en divers temps par les Barbares. Celle qu'on voit aujourd'hui, bâtie à l'orient de l'ancienne ville, est divisée, pour ainsi dire, en deux parties, par la riviere de l'Isle, & fermée d'épaisses & fortes murailles. On y voit encore la tour *Vesune*, édifice très-solide, qui a plus de cent pieds de hauteur: les murs ont une toise d'épaisseur. Mais il n'y a ni portes ni fenêtres, & l'on entre par deux souterrains. On prétend que c'étoit un temple consacré à Vénus.

L'évêché de Périgueux, suffragant de Bordeaux, est très-ancien. Nos auteurs prétendent, d'après les vieilles Chroniques ou Légendes, que S. Front fut un des premiers disciples de Jésus-Christ, prêcha l'Evangile d'abord à Rome, & vint ensuite en Périgord, où il fut envoyé par S. Pierre. Il fit des prosélytes qui souffrirent le martyre, entre autres S. Silvain, qui étoit *bateleur* de profession. S. Front mourut tranquillement, fut enterré à Périgueux, & eut pour successeur dans ce siége *S. Anien*, depuis lequel on comptoit, jusqu'en 1600, cinquante-quatre évêques. Ces prélats sont co-seigneurs de la ville avec le roi. Il y avoit autrefois une cathédrale dédiée à S. Etienne. Les Calvinistes l'ayant détruite, l'évêque & le chapitre se réfugierent dans l'abbaye de Saint-Front, qui sert à présent de cathédrale. Elle est remarquable par une haute pyramide élevée sur une tour carrée en maniere de clocher.

Cette ville, peuplée d'environ six mille habitans, a plusieurs communautés religieuses, un collége, un hôpital & un présidial. Elle est franche & ne paye point de taille : la banlieue même, qui est d'une assez grande étendue, est exempte d'impositions. Ce fut non loin de ses murs que le roi Pepin remporta une célebre victoire sur Vaiffre, duc d'Aquitaine. Le pays des environs est d'ailleurs plus fertile que tout le reste de cette contrée. Le gibier y est excellent, sur-tout les perdrix ; les truffes sont les meilleures du royaume, & le lard d'un très-bon goût : c'est ce qui fait que les pâtés de Périgueux sont depuis long-temps si estimés & si recherchés.

Près de cette ville, est le château d'*Antoniat*, où naquit, en 1676, *Joseph de Chancel de la Grange*, auteur de plusieurs tragédies, opéra & cantates. A l'âge de neuf ans, il compoſa, au collége des jéſuites de Bordeaux, où il faiſoit ſes études, une petite comédie en trois actes, qui fut repréſentée pluſieurs fois de ſuite par les écoliers du collége. Sa mere le mena à Paris; & il y donna ſur le théatre, n'étant âgé que de ſeize ans, ſa tragédie de *Jugurtha*. Malheureuſement il s'acquit dans la ſuite un genre de célébrité bien odieux par ſes *Philippiques*, libelle affreux contre Philippe, duc d'Orléans, régent du royaume. On trouve dans ces odes des ſtances admirables; mais ce n'eſt qu'à travers pluſieurs morceaux proſaïques & un grand nombre de vers lâches. Ses tragédies ſont en général froides, ſans force dans les caracteres, ſans coloris dans la verſification: mais il y a de l'invention dans le plan, de l'entente dans les ſcenes, de l'intelligence & de la juſteſſe dans le dialogue. Son *Amaſis* eſt une des pieces de théatre les mieux intriguées que nous ayons.

Je viens de faire mes courſes dans le reſte du Haut-Périgord & dans le Bas. Voici, Madame, les lieux les plus remarquables que j'y ai vus.

A une lieue & demie de Périgueux, est le bourg & l'abbaye de *Chancelade*, chef-lieu d'une congrégation de chanoines réguliers de ce nom. Dans la petite ville de *Saint-Aſtier*, qui eſt à trois lieues de la ville épiſcopale, il y a auſſi une abbaye & une collégiale.

La petite ville de *Bourdeille*, avec titre de baronnie & de comté, eſt à la même diſtance ſur la riviere de Drome. Elle a été ſi long-temps dans la maiſon de ce nom, que tous nos auteurs conviennent qu'il eſt bien difficile de ſavoir laquelle des deux a donné ſon nom à l'autre. Cette maiſon étoit déjà connue dans le dixieme ſiecle, & s'eſt diviſée en pluſieurs branches, dont quelques-unes ſubſiſtent encore. Elle a produit l'auteur des Vies des grands capitaines, hommes & dames illuſtres de France, connues ſous le titre de *Mémoires de Brantome*. Il avoit pris ce ſurnom, parce que, quoique militaire, brave & galant, il poſſédoit en commende l'abbaye de ce nom, ſituée aſſez près des terres de ſa famille. On prétend qu'elle fut fondée par Charlemagne même, ſous l'invocation

cation de saint Pierre. L'abbé est seigneur du bourg, qui a près de mille habitans.

La ville épiscopale de *Sarlat* est la seule remarquable de tout le Bas-Périgord. Elle est très-mal située, dans un fond, environnée de montagnes, sur un ruisseau dont elle porte le nom, & qui va se jeter dans la Dordogne, à une lieue & demie vers le midi. Cette ville a souvent servi de retraite aux Calvinistes, qui lui attirèrent deux siéges dans le seizieme siecle : elle en soutint encore un en 1652, contre l'armée du roi. Il y avoit autrefois une abbaye de l'ordre de saint Benoît, fondée par Louis *le Débonnaire*, qui y fit transporter les reliques de *saint Sacerdos*, un des premiers évêques de Limoges. Le pape Jean XXII la convertit en cathédrale en y érigeant un évêché. Quoiqu'il y ait encore à Sarlat une sénéchaussée & un présidial, des habitans n'en sont pas riches, parce que le pays est mauvais, & que d'ailleurs il ne s'y fait aucun commerce.

On peut remarquer dans ce diocese le bourg & l'abbaye de *Cadouin*, à

Tome XXXIV. F

cause d'un saint suaire qui est encore conservé dans l'église de ce monastere, & qui fut apporté de la terre sainte par Raymond, comte de Toulouse. C'est peut-être de tous ceux qu'on montre dans différentes villes du monde, celui qui a le plus d'authenticité : les bulles de plusieurs papes le déclarent véritable. Il a été à différentes reprises transporté de Toulouse à Cadouin, & enfin est resté dans ce dernier lieu.

C'est aussi dans ce diocese qu'est située la terre de *Biron*, qui étoit autrefois une des anciennes baronnies du Périgord. Elle fut érigée en duché-pairie, l'an 1598, par Charles de Gontaut, second maréchal de Biron. Ce titre s'éteignit par la condamnation de ce seigneur en 1602, & ne fut recréé qu'en 1723, pour son arriere petit-neveu, maréchal de France. Vous savez, Madame, que la maison de Gontaut est très-ancienne & très-illustre en Guienne. Celle de Hautefort en est une branche : Elie de Gontaut ayant épousé, l'an 1388, Marthe de Born de Hautefort, en prit le nom & les armes.

Je suis, &c.

A Périgueux, ce 10 Décembre 1761.

LETTRE CDLVIII.

LE LIMOSIN.

LE Limosin, Madame, est borné, au nord, par la Marche; au sud, par le Querci; à l'est, par l'Auvergne; & à l'ouest, par le Périgord & une partie du Poitou. Cette province, qui peut avoir environ vingt-huit lieues dans sa plus grande longueur, & dix-huit dans sa largeur moyenne, est divisée en Haut & Bas-Limosin. Le haut s'étend entre les rivieres de Vezere & de Vienne, & forme toute l'élection de Limoges; & le bas est composé de l'étendue des élections de Tulles & de Brives.

Cette province, plus célebre par l'activité de ses habitans, par les grands hommes qu'elle a produits, que par la fertilité de son sol, n'a joué dans l'histoire qu'un rôle secondaire.

César, Strabon, Pline, Ptolomée, font mention des Limosins, appelés *Lemovices*. Lorsque Jules-César vint pour faire la conquête de la Gaule, ce peuple étoit alors soumis aux Romains, puisqu'il se trouve au rang de ceux qui fournirent leur contingent de troupes destinées à marcher au secours de la ville d'Alise, que ce général Romain tenoit investie. Les Limosins furent alors obligés de fournir dix mille hommes armés.

Cette province resta sous la domination Romaine, & fit partie de l'Aquitaine premiere. *Euric*, roi des Visigoths, fit, au cinquieme siecle, la conquête de l'Aquitaine premiere, & par conséquent du Limosin. Les habitans virent bientôt succéder le regne des Francs ou des François à celui des Visigoths. Les ducs d'Aquitaine, qui descendoient du roi Charibert, fils de Clotaire, furent souverains de ce pays. *Waifre*, fils d'*Hunold*, fut le dernier de ces ducs, Pepin *le Bref*, premier roi de la seconde race, le poursuivit avec acharnement, le battit à plusieurs reprises, & finit par lui enlever ses états & sa vie.

Le Limosin rentra alors sous la domination immédiate des rois de France. Charlemagne y établit un gouverneur ou comte, appelé *Roger*, dont les successeurs rendirent héréditaire dans leur famille, une charge qu'ils ne possédoient qu'à vie ; & par cette usurpation, le Limosin fut gouverné par des comtes, qui bientôt releverent des ducs d'Aquitaine, & ne prirent plus que la qualité de *Vicomtes de Limoges*.

Eléonore, fille de Guillaume IX, dernier duc d'Aquitaine, après avoir été répudiée par le roi de France, Louis le jeune, épousa, en 1152, le duc d'Anjou, qui devint roi d'Angleterre sous le nom de *Henri II*. Elle lui porta en dot les états de son pere, dont le Limosin faisoit partie. Cette répudiation, ce second mariage, & l'élévation du duc d'Anjou au trône d'Angleterre, firent passer le Limosin & toute l'Aquitaine sous la domination Angloise. Elle y resta jusqu'en 1203, époque où Philippe Auguste s'en empara, sous *Jean Sans-Terre*, prince Anglois, qui fut condamné par les pairs de France à perdre toutes les terres qu'il avoit en France ; & c'est de cette spoliation que lui est venu le nom de Jean *Sans-Terre*.

Enfin les différens traités, les différentes conquêtes des deux puissances rivales, firent passer le Limosin alternativement de la domination des rois de France à celle des rois d'Angleterre. Sous le regne de Charles-VII, elle fut définitivement rendue à la France.

Les Limosins, pendant ces révolutions, furent toujours soumis à l'autorité féodale de leurs vicomtes. Gui VI, dix-huitieme vicomte de Limoges, donna en mariage sa fille unique *Marie* à *Artus II*, duc de Bretagne, & la vicomté de Limoges passa ainsi dans la maison de Bretagne. *Françoise de Bretagne* ayant épousé *Alain d'Albret*, elle lui porta en dot cette vicomté, qui resta dans la maison d'Albret jusqu'à ce que *Jeanne d'Albret*, reine de Navarre, la donna à son fils, qui devint roi de France, sous le nom de Henri *IV*.

Ce prince, dont les Limosins doivent s'honorer d'avoir été les sujets avant le reste de la France, aliéna tous les fonds de terre qu'il possédoit dans cette province, pour aider aux dépenses d'une guerre aussi légitime que ruineuſe. Enfin, s'étant affermi ſur le trône de France, il déclara, par un édit, qu'il vouloit tenir ce domaine, auſſi bien que les autres de ſon patrimoine, ſéparément de celui de la couronne ; il confirma même cet édit par une déclaration du 27 juillet 1602 ; mais il ne put avoir ſon exécution, parce que, ſuivant la conſtitution du royaume, le patrimoine de nos rois eſt tellement uni de fait au domaine de la couronne, lors de leur avénement au trône de France, qu'ils ne doivent pas en diſpoſer autrement que ſuivant les loix du domaine, c'eſt-à-dire, avec les facultés du rachat perpétuel.

Le Limoſin renferme trois grands fiefs titrés, celui de *Ventadour*, celui de *Noailles*, & celui de *Turenne*. Je vous en entretiendrai, Madame, en parlant de leur chef-lieu.

Le climat & le ſol de cette province ne ſont pas les mêmes dans le Haut-Limoſin que dans le Bas. Dans la partie haute, la température eſt plus froide que chaude. Le ſol eſt en général compoſé de montagnes peu élevées, mais peu fertiles en grains ;

la terre est maigre, légere & sablonneuse; on y recueille très-peu de froment, & encore moins de vin; on y trouve beaucoup de bois, & surtout des châtaigniers, qui offrent une des récoltes les plus considérables de cette partie de la province.

Le Bas-Limosin est mieux favorisé de la nature. Le sol est plus fertile, le climat plus chaud; dans les environs de *Brives*, on recueille sur-tout des fruits excellens & des vins estimés; mais en général cette province est une des plus stériles du royaume. Les gelées blanches, & les orages mêlés de grêle, qui ne s'y manifestent que trop fréquemment, enlevent souvent aux habitans le seul espoir d'une récolte que la stérilité du terrein & les efforts des cultivateurs rendoient plus précieuse.

Le pays étant fort arrosé, les prairies étant moins dépendantes des événemens de la température, offrent une production plus certaine. Les pâturages y sont très-nombreux; le foin est d'une bonne qualité, & nourrit une grande quantité de bestiaux, & des bœufs qui servent à approvisionner les marchés de Paris, & des chevaux dont l'espece est fort estimée.

Les principales rivieres qui arrosent cette province, sont la *Vienne*, qui prend sa source au pied de la montagne de Millevaches, passe à *Lilemoutier*, à *Saint-Léonard*, à *Limoges*, à *Aixe*, à *Saint-Junien*, puis à *Confolent*, entre dans le Poitou, & se jette dans la Loire près de Chinon en Touraine.

La *Vezere*, qui prend aussi sa source au pied de la même montagne de Millevaches, & suit une route opposée à celle de la Vienne, passe à *Treignac*, à *Userche*, au *Saillant*, puis à *Terrasson*, dans le Haut-Périgord, où elle commence à porter bateau, & enfin se jette dans la Dordogne.

La *Dordogne*, qui prend sa source en Auvergne, au bas du groupe du Mont-d'Or, sépare, dans une longue étendue, l'Auvergne du Limosin, pénetre dans une partie de cette derniere province, en passant à *Argentac* & à *Beaulieu*.

Cette province contient encore plusieurs autres rivieres, moins considérables, & donne naissance à quelques-unes qui méritent d'être nommées, comme la *Charente*, l'*Isle* & la grande *Creuse*.

Il semble, Madame, que la nature, avare à plusieurs égards dans le Limosin, ait voulu dédommager en quelque sorte les habitans de cette province par des présens particuliers. Les richesses minéralogiques qu'elle a cachées dans les entrailles de la terre, compensent un peu celles que la surface du sol semblent leur refuser. On trouve dans ce pays des mines de plomb, de cuivre, d'antimoine, de fer & de charbon de terre. On y trouve aussi une terre blanche qu'on emploie à la fabrication de la porcelaine, & dont la propriété précieuse vient d'être nouvellement découverte.

Plusieurs mines de plomb y sont exploitées avec fruit ; telles sont celles de *Glanges*, de *Vic* & de *Saint-Hilaire-Bonneval*. Celles de *Glanges* passent pour les plus considérables. On trouve aussi dans le Bas-Limosin, proche de *Ventadour*, plusieurs mines de plomb.

Les mines de cuivre exploitées sont celles de *Saint-Yriex* & celles d'*Ayen*, dans le Bas-Limosin.

Les mines d'antimoine se trouvent dans la forêt de *Binis*, proche du château de ce nom, à trois lieues de *Saint-Yriex*. Je vous parlerai, Madame, plus particuliérement de l'exploitation de ces dernieres mines à l'article de cette ville.

Quant aux mines de fer, il en existe au village de *Plaudeix*, paroisse de *Saint-Bonnet-la-Riviere*, & dans plusieurs autres lieux du Limosin, dont il seroit trop long de vous donner la dénomination.

Les mines de charbon de terre ne sont pas moins abondantes; il en est plusieurs qui sont en exploitation ; on en trouve sur-tout à *Maimac* en Bas-Limosin, dont le filon est considérable.

A la *Roche-l'Abeille* on trouve une carriere de serpentine dont je me propose de vous parler en détail. A *Traversac*, près Donzenac, à trois lieues de Brives, il y a plusieurs carrieres d'ardoises. Dans un village de la paroisse d'*Eybouleuf*, à deux lieues de *Saint-Léonard*, on voit une ocriere dont l'ocre est d'une bonne qualité.

Une singularité, Madame, plus

utile au système de l'histoire naturelle de cette province qu'à son commerce, se découvre à *Suffac*, près de *Châteauneuf*, & à six lieues de Limoges: c'est une masse isolée de roche calcaire, placée dans un pays qui n'offre par-tout que de la roche granitique. Ce phénomene minéralogique ne sera pas facile à expliquer. Quelques naturalistes du pays ne m'ont donné à cet égard que des solutions peu satisfaisantes, que je ne vous rapporterai pas plus que les foibles conjectures qu'il m'a fait naître. Quoiqu'il en soit, cette espece d'isle calcaire au milieu d'un sol granitique, est éloignée de plus de dix lieues des contrées calcaires. On en tire des pierres dont on fait de la chaux.

Le commerce de cette province consiste en étoffes de laine ou de soie, fabriquées à Limoges, en papiers, dont quelques-uns sont bons pour l'impression, & dont quelques autres, de l'espece appelée *papier-lombard*, sont d'une qualité très-inférieure & d'un prix très-modique. On fait aussi dans cette province un commerce très-considérable de chevaux très-estimés & sie bœufs, qui, comme je vous l'ai dit, Madame, forment une des principales richesses du Limosin.

Les Limosins, qui ne sont connus à Paris que par les maçons & les *Pourceaugnac*, méritent cependant plus de considération par les grands hommes qui sont nés parmi eux. Ils ont donné plusieurs papes à l'église, plusieurs hommes célebres dans la magistrature & dans les lettres, les *Dorat*, les *Saint-Aulaire*, les *Baluze*, les *Daguesseau*, & plusieurs autres qui doivent effacer, par leurs talens ou leur illustration, l'espece de ridicule que Moliere a jeté sur la noblesse Limosine & sur l'esprit des habitans de cette province. Il est vrai que le peuple, pauvre & malheureux, obligé de suppléer par une vie dure, par des travaux continuels, à la stérilité du sol, n'a guere cultivé les facultés intellectuelles, & n'a point suivi les progrès de son siecle. La misere n'est point favorable à l'instruction.

Le besoin a, chez les Limosins, fait naître l'industrie, l'activité, la sobriété, & une économie qui, aux yeux des peuples plus heureux, passe pour de la parcimonie. On leur reproche d'être méfians, processifs, & sur-tout superstitieux. Cette derniere qualité, que je ne leur conteste pas, est toujours la compagne de la pauvreté & de l'ignorance; c'est une vérité, Madame, que m'a démontré ma propre expérience, que les pays où les communications sont fréquentes & le sol fertile, nourrissent des habitans plus instruits & plus raisonnables.

Voilà, Madame, d'après ce que j'ai vu, d'après les instructions que j'ai prises sur les lieux, tout ce qu'il m'a été possible de recueillir de l'ensemble de cette province, sur laquelle on a très-peu écrit. J'ai cru nécessaire de vous offrir ces idées générales avant que d'entrer dans les détails particuliers des villes que j'ai parcourues, qui doivent faire la matiere des lettres suivantes que je vous prépare, & qui ne tarderont pas à vous parvenir.

Je suis, &c.

En Limosin, ce 1762.

LETTRE CDLIX.

SUITE DU LIMOSIN.

LE Bas-Limosin, Madame, est la premiere partie de cette province que j'ai parcourue après avoir quitté le Périgord. La ville de *Brives* prétend à l'honneur d'en être la capitale, & en cela elle le dispute à la ville de *Tulles*. Cette grande querelle n'a pas été décidée encore, & je n'entreprendrai pas de le faire.

Brives, surnommée *la Gaillarde* à cause de son heureuse situation, est bâtie près du confluent des rivieres de la Correze & de la Vezere, à dix-huit lieues de Limoges & à cinq lieues de Tulles. Cette ville est fort ancienne. Son nom, qui, suivant l'opinion des savans, est commun à plusieurs autres villes anciennes de France, & vient du mot celtique *Briva* ou *Brivas*, qui signifie pont ou passage sur une riviere, suffiroit seul pour le prouver. On sait qu'au commencement de la monarchie ce lieu étoit considérable. *Grégoire de Tours*, en parlant de *Gondebaud*, qui s'y fit proclamer roi, l'appelle *Briva Correzia*, Brives sur Correze.

Cet événement, Madame, est assez considérable pour mériter quelques détails.

Gondebaud, fils naturel de Clotaire I, & de la femme d'un boulanger, fut nourri par sa mere à la maniere des enfans des rois ; & pour lui conserver la marque d'une origine royale, elle lui laissa, suivant l'usage de ce temps-là, croître ses cheveux qui lui flottoient sur ses épaules. Elle présenta cet enfant à Childebert, en lui disant qu'il étoit fils de *Clotaire*. Childebert n'ayant point de fils, le prit chez lui, & l'éleva comme son neveu.

Clotaire en étant instruit, demanda à voir le jeune homme, déclara qu'il n'étoit pas son fils, & lui fit couper sa longue chevelure. Après la mort de Clotaire, *Cherebert* prit avec lui cet enfant, & lui laissa croître sa chevelure. *Sigebert* s'en saisit, lui fit pour la seconde fois couper ses cheveux, & l'envoya à Cologne.

LE LIMOSIN. 137

Gondebaud, deux fois chevelu & deux fois tondu, s'échappa de Cologne, & laissa encore croître ses cheveux, la seule marque alors de noblesse du sang royal. Il alla trouver *Narsès*, qui commandoit en Italie, s'y maria, eut des enfans; puis se retira à Constantinople.

Long-temps après, le duc *Boson* lui persuada de repasser dans les Gaules. Il y vint en effet, débarqua à Marseille; mais il éprouva une infinité d'obstacles de la part du roi *Gontran* & du roi *Childebert*. Pendant la durée de plusieurs querelles que son arrivée avoit fait naître, il se retira dans une isle auprès d'Avignon, où Mommole, fameux général de ce temps-là, qui y commandoit, l'avoit reconnu pour fils de Clotaire.

Gondebaud, fort du secours de *Mommole* & de *Didier*, qui l'accompagnoient avec des troupes, marcha vers le Limosin, & s'arrêta à *Brives*, où il se fit proclamer roi de France.

Grégoire de Tours, qui décrit la cérémonie de cette inauguration, rapporte que le prince fut élevé sur une espece de bouclier, appelé *Parme*. Ceux qui le portoient firent trois tours en le tenant ainsi élevé; mais au troisieme tour il tomba, & cette chute fut regardée comme un mauvais augure, que la suite sembla justifier.

Trahi par ses propres généraux, Gondebaud se vit obligé de se retirer à Comminges, où il fut assiégé par *Gontran*. Etant sorti de la place pour capituler, un seigneur le poussa dans un précipice, en criant aux habitans : *Voilà votre prétendu roi*. En même temps il lui porta un coup de lance, mais les anneaux de sa cuirasse en arrêterent l'effet. Gondebaud se releva aussi tôt; comme il s'efforçoit de regagner sa forteresse, il fut atteint par une grosse pierre qui lui écrasa la tête. Après cet attentat, on se permit mille insultes sur son cadavre, & on le priva de la sépulture.

Je me suis étendu sur cette anecdote, qui offre un des événemens singuliers des commencemens de l'histoire de la monarchie, & le fait le plus intéressant dont Brives ait été le théatre.

C'étoit l'usage, Madame, des Germains & des peuples septentrionaux d'élever sur des boucliers ceux qu'ils vouloient proclamer roi. Les soldats & le peuple, voyant leur souverain ainsi élevé au dessus d'eux, lui témoignoient leur joie par des acclamations & des bénédictions. C'est ainsi que, suivant Tacite, les Bataves proclamerent *Brinion* pour leur roi. Cet usage passa même à Constantinople, où plusieurs empereurs furent élevés sur des boucliers; mais on remarque qu'ils s'y tenoient assis & non pas debout.

Cette cérémonie présente un emblème très-expressif, fait pour annoncer aux rois que leur élévation n'est que l'ouvrage des peuples, & qu'ils tiennent d'eux toute leur puissance.

Brives, à qui son heureuse situation a valu le surnom de *Gaillarde*, est bâti dans un vallon fertile, bordé de côteaux couverts de vignes & de châtaigniers. Cette ville, qui passe pour la plus jolie du Limosin, doit plutôt ce titre au local qu'à la maniere dont elle est construite.

Elle est le siége d'un présidial, qui lui a été long-temps contesté par les habitans de Tulles, & qui est devenu, pour les habitans de ces deux villes un nouvel aliment à leur ancienne animosité.

On trouve dans cette ville une église collégiale, sous l'invocation de *Saint-Martin*, ancienne abbaye qui, depuis quelques siecles, a été sécularisée; elle est composée d'un prieur, de dix chanoines & de huit titulaires; une communauté de *Récollets*, établie dans cette ville en 1613; des *Jacobins*, fondés en 1261, & des *Cordeliers*, fondés en 1227.

Ces derniers religieux, les plus anciens de la ville, ont un monastère bien bâti. Leur église étoit riche en argenteries, en reliquaires; ces richesses furent enlevées, au mois de juin 1735, par des voleurs.

C'est dans l'église de ce monastère que sont les tombeaux de plusieurs vicomtes de Turenne. *Agne* ou *Annet de la Tour*, quatrieme du nom, seigneur d'*Oliergues*, comte de *Beaufort*, vicomte de *Turenne*, mort le 26 janvier 1489, & *Anne de Beaufort*, sa femme, y furent enterrés dans le même tombeau.

Antoine de la Tour, vicomte de

Turenne, quatrieme enfant mâle d'*Annet IV* & d'*Anne de Beaufort*, est enterré dans le même tombeau. Il mourut le 14 Février 1527. Son pere l'avoit destiné à la vie eccléfiastique; mais sa conduite postérieure prouva qu'il n'étoit point doué des qualités convenables pour remplir dignement cet état. Il mena une vie si dissolue, qu'Antoinette de *Pons*, sa femme, se vit obligée de se séparer de lui. Son testament offre des marques bien authentiques de son incontinence; il y fait des legs à quatorze bâtards qu'il avoit eu de ses servantes.

François de la Tour, deuxieme du nom, fils du précédent, vicomte de Turenne, chevalier de l'ordre du roi, capitaine de cent gentilshommes de sa maison, gouverneur de Gênes, de l'isle de France, du château de Beauté-sur-Marne, & du bois de Vincennes, lieutenant général du roi en son armée d'Italie, fut aussi enterré dans cette église. » Il réunit en sa personne, dit
» *Baluze*, les deux sortes de noblesse
» qui ont été remarquées par les an-
» ciens, c'est-à-dire, celle du sang &
» la personnelle, qui est fille de la

» vertu, car il s'acquit une grande
» réputation en son temps, eut de
» grands emplois & de grandes charges,
» & fut employé en diverses négocia-
» tions importantes, le tout en con-
» sidération de son mérite & de son
» savoir-faire. Il ajouta à ces grandes
» qualités une vie sans reproche. De
» sorte qu'on peut lui appliquer avec
» beaucoup de raison ce qu'un ancien
» auteur de l'histoire d'Auguste dit du
» jeune *Valérien*, Empereur, qu'il
» étoit fort sage, & tenoit une con-
» duite fort éloignée de la dissolution
» de son pere «.

On rapporte que ce seigneur n'ayant pas encore dix ans accomplis, en suivant la cour du roi, dont il étoit enfant d'honneur, & délaissant les amusemens de son âge, entreprit de copier un livre sérieux, intitulé l'*Instruction d'un jeune prince pour se bien gouverner envers Dieu & le monde*, & qu'il l'acheva avant d'avoir atteint sa onzieme année. Baluze, qui rapporte cette circonstance, assure que l'on conserve encore à Turenne ce livre, écrit & signé de la main de ce jeune seigneur.

Ce seigneur rendit plusieurs services au roi François premier, non seulement dans ses armées, mais encore dans différentes négociations où il fut employé. Il mourut le 12 juillet 1532, à Villocher en Bretagne, où se trouvoit François premier, qui y étoit venu pour y faire recevoir le Dauphin en qualité de duc de Bretagne.

La magnificence de sa pompe funebre ne peut être surpassée que par celle des plus grands rois. Le long de la route de Villocher à Brives fut marqué par des honneurs de toutes especes rendus à son convoi. Tout étoit préparé à Brives pour le recevoir. » Il y avoit, dit Baluze, au devant » du corps, cinquante pauvres ha- » billés de deuil, avec chacun une » torche à la main, aux armes du dé- » funt, & marchoient devant les » serviteurs. Après marchoit le fils de » la *Bertrandie*, portant les éperons » dorés, monté sur un grand cheval » houssé de drap noir, jusqu'aux pa- » turons des pieds, avec une croix de » futaine blanche, & le chaperon sur » la tête dudit cheval, en sorte qu'on

» ne lui voyoit que les yeux. Après
» marchoit le fils du seigneur de *Mi-*
» *ramont*, portant les gantelets, monté
» sur un autre grand cheval accoustré de
» même. Après marchoit le jeune *Cornil*
» du Quercy, portant le panon, monté
» sur un grand cheval houssé de
» même. Après marchoit le seigneur
» de *Ligonnes*, portant le guidon.
» Après marchoit l'officier d'armes,
» portant l'écu dudit seigneur, sa
» cotte d'armes vêtue. Après marchoit
» le corps, & l'ordre du roi sur un
» carreau de velours noir sur le corps.
» Il y avoit sur chaque mulet de la
» litière un page habillé de deuil ; c'est
» assavoir le baron de *Durfort* & le
» petit-fils de la Bertrandie, une
» gaule noire à la main, couchée sur
» le bras gauche, le chaperon en la
» tête renversé, & autour quatre la-
» quais habillés de même. Ils marche-
» rent en cet ordre jusqu'à Brives, où
» ils furent rencontrés par les syndics
» de Turenne, avec vingt-quatre pau-
» vres habillés de deuil, ayant chacun
» une torche à la main, aux armes de
» Turenne ; & quand ils furent au
» bout du pont, ils mirent le corps
du

» du défunt à terre, & là se trou-
» verent les seigneurs du grand deuil,
» c'est-à-dire, M. de *Pompadour*,
» mené par M. l'évêque de Tulles,
» M. de *Ribeyrac*, mené par M.
» l'évêque de Sarlat, M. de *Miram-*
» *beau*, mené par l'abbé de Saint-
» Chamans, accompagné de tous les
» parens & gentilshommes. Pareille-
» ment se trouva au bout du pont
» M. l'évêque de Périgueux, accom-
» pagné des abbés, qui étoient tous
» habillés en pontifical, avec les
» églises de Brives marchant en pro-
» cession, ensemble tous les consuls
» & syndics de la vicomté, marchant
» en son rang «.

Je ne rapporterai pas la suite de la description, sans doute trop longue & fastidieuse de ce magnifique convoi. Ce que je cite & ce que je vais ajouter doit suffire pour vous donner une idée juste de cette pompe funebre. » Il se
» trouva, dit le même auteur, à cet
» enterrement dix-neuf cents prêtres
» qu'on avoit fait venir de toutes
» parts, lesquels furent récompensés
» comme ils le méritoient. Il y eut
» aussi quatre mille neuf cent soixante

Tome XXXIV. G

« six pauvres, auxquels on fit l'aumône «. On peut ajouter plus de mille gentilshommes ou prélats, & six cents hommes de cavalerie qui avoient accompagné le fils du défunt.

Je me suis un peu étendu sur ces détails, Madame. Mais outre qu'ils nous peignent la magnificence des anciens seigneurs, ils ont rapport à un grand homme qui doit encore plus intéresser, comme un des aïeux d'un des plus grands héros & des plus habiles guerriers dont le plus beau siecle de la France puisse se glorifier. Le grand Turenne descendoit directement de ce François de la Tour.

On trouve dans cette petite ville un collége dont les bâtimens méritent d'être distingués. Le frontispice est surtout chargé de sculptures. Depuis 1707, ce collége est dirigé par des Doctrinaires, qui enseignent les humanités, la rhétorique & la philosophie.

On a dans cette ville, pour se promener, des places charmantes, où l'art a bien moins fait que la nature. Tels sont les remparts, la chaussée qui borde la riviere, & l'isle qui est plantée d'arbres.

Brives est la patrie du fameux cardinal *Dubois*, homme dont l'existence & les succès doivent imprimer une marque d'infamie à son siecle & au théatre de ses prospérités. Je craindrois, Madame, de souiller cet ouvrage, si je vous entretenois des actions de cet homme.

Les environs de Brives sont fertiles en vins & en fruits excellens. La campagne y est belle & riante; j'ai eu beaucoup de plaisir dans les promenades que j'ai faites dans quelques maisons de campagne du voisinage.

Turenne a plus intéressé mon imagination que mes yeux; l'illustration des seigneurs, & ce nom de *Turenne* devenu si grand dans le siecle dernier, ont exercé ma mémoire, & embelli ou plutôt anobli des objets moins considérables par eux-mêmes que par leur nom & par les souvenirs qu'ils font naître.

Turenne, nommé en latin *Torina*, ou *Turena Castrum*, existoit comme forteresse dès les commencemens de la monarchie. Elle dépendoit, ainsi que tout le Limosin, des premiers ducs d'Aquitaine. *Waiffre*, dernier de ces ducs, poursuivi par les rois de France de la seconde race, & particuliérement par *Pepin* le Bref, épuisé par une longue & malheureuse guerre, dépouillé de presque tous ses états, n'avoit conservé que quelques forteresses dans les montagnes de l'Auvergne & du Limosin, où il se retiroit alternativement pour soustraire sa personne à la fureur du roi. Pepin le poursuivit jusque dans ces derniers asiles. Il vint en Auvergne en 767, assiégea & prit les châteaux de *Peyrusse* & d'*Escorailles* : puis il mit le siége devant *Turenne*, & parvint enfin, après plusieurs jours, à s'en rendre maître.

En 839, ce château, qui passoit pour un poste important, fut encore assiégé par Louis *le Débonnaire*. Ce roi vouloit faire reconnoître le jeune *Charles*, son fils, roi d'Aquitaine, & désarmer *Pepin II*, qui avoit voulu usurper ce titre, & qui s'étoit révolté contre le monarque. A l'arrivée de Louis *le Débonnaire* auprès de Turenne, les partisans de Pepin abandonnerent la place, & la laisserent sans défense. Le monarque s'en rendit maître, & par cette expédition termina la campagne.

On croit que ce fut à cette époque

que Louis *le Débonnaire* donna le gouvernement du château de Turenne & des pays en dépendans à *Rodolphe*, ou *Raoul*, abbé laïque de Saint-Martin de Tulles ; & l'on croit que ce *Raoul* fut la souche de la première race connue des seigneurs de Turenne, qui avoit alors le titre de *comté*.

Raoul eut pour successeur son fils aîné *Godefroi*, dont la postérité jouit de cette seigneurie jusqu'au milieu du dixieme siecle, époque où *Adémar* ou *Aimar*, dernier de cette race, & qui est, dans les titres de son temps, qualifié de *vicomte de Turenne*, mourut sans postérité. Sa sœur, nommée *Sulpicie*, épousa *Archambaud de Comborn*, qui devint, par ce mariage, vicomte de Turenne, mais qui cependant (on ignore par quel motif) n'en prit jamais la qualité. Ce ne fut que son petit-fils, *Guillaume de Comborn*, le premier de la maison, que l'on voit dans les actes porter ce titre. Raimond VIII fut le dernier vicomte de Turenne de sa race ; il n'eut pour enfant qu'une fille, nommée *Marguerite*, qui porta la vicomté de Turenne dans celle de Comminges, en épousant *Bernard*, sixieme du nom, comte de Comminges.

Jean, comte de Comminges, succéda à son pere dans la vicomté de Turenne, & mourut peu de temps après, sans postérité. Sa sœur, *Cécile de Comminges*, fut vicomtesse de Turenne, & en se mariant, vers l'an 1336, à Jacques d'Aragon, *comte d'Urgel*, elle lui apporta cette seigneurie en dot. *Aliénor de Comminges*, sœur de Cécile, épousa, en 1349, *Guillaume Roger*, comte de Beaufort, lequel acquit la vicomté de Turenne de son beau-frere le *comte Urgel*. La postérité de Guillaume Roger jouit de cette seigneurie jusqu'à Raimond, comte de Beaufort & vicomte de Turenne, qui n'eut qu'une fille unique, nommée *Antoinette de Beaufort*.

Antoinette de Beaufort épousa, du vivant de son pere, *Jean le Maingre*, dit *Boucicaut*, maréchal de France, un des plus célebres guerriers de son temps. Il ne naquit de ce mariage qu'un seul fils, mort en bas âge. La vicomté de Turenne revint à la maison de Beaufort.

Eléonore de Beaufort, dame de

Beaujeu, devint vicomtesse de Turenne; elle fit hommage de cette seigneurie à Charles VII, l'an 1417.

Pierre de Beaufort devint comte de Beaufort & vicomte de Turenne, en vertu de la disposition faite en sa faveur par Éléonore de Beaufort, qui l'institua son héritier dans ces seigneuries. Il épousa, en 1431, Blanche de *Gimel*, dont il étoit devenu éperdument amoureux. Cette dame, quoique d'une noblesse distinguée, étoit cependant, par sa naissance, d'un rang fort inférieur à celui de son amant, qui refusa des partis considérables pour satisfaire sa passion, & qui sacrifia avec courage la fortune à son amour.

Pierre de Beaufort n'eut de ce mariage que deux filles. *Anne*, sa fille aînée, fut mariée à *Anne de la Tour d'Oliergues*; & comme héritiere de son pere, elle apporta à son mari le comté de Beaufort & la vicomté de Turenne. Depuis cette époque, c'est-à-dire, depuis 1454, la vicomté de Turenne resta dans la maison de *la Tour d'Oliergues*, en Auvergne, jusqu'en 1552, que le duc de Bouillon la vendit au roi.

Les vicomtes de Turenne possédoient cette terre en toute souveraineté; ils levoient la taille sur les habitans de la vicomté, faisoient battre monnoie, accordoient la grace aux criminels, donnoient des sauve-gardes; enfin, ils exerçoient, jusqu'à ces derniers temps, tous les droits de souverains, droits qu'ils ne prétendoient tenir que de Dieu & de *Saint-Marcel*, dont le corps repose dans la chapelle du château de Turenne.

La ville de Turenne est située sur le penchant d'une colline, sur la cime de laquelle s'élevent les restes de l'ancien château des vicomtes. L'enceinte en est très-vaste; & par les parties qui subsistent encore, on peut juger qu'il étoit magnifique.

L'ancienne chapelle du château existe dans l'église *collégiale & royale de Notre-Dame & de Saint-Pantaléon*; elle fut fondée en 1459; elle est composée de cinq chanoines & d'un dignitaire, qui prend le titre de prieur.

On trouve aussi dans cette petite ville quelques communautés ou associations religieuses, comme des *Capucins*, qui furent établis en 1643, par les derniers vicomtes de Turenne

& des Pénitens blancs, fondés en 1713.

L'hôtel-dieu est un établissement fort ancien que l'on ne doit point aux seigneurs, mais aux habitans de la ville de Turenne. Il fut fondé par la commune dès l'an 1100.

La vicomté de Turenne, qui formoit un petit état particulier en France, a environ huit lieues dans sa plus grande longueur, & sept lieues dans sa largeur moyenne. Outre la capitale, dont je viens de parler, on y compte cinq autres villes & quatre-vingt-dix bourgs ou villages.

Le château de *Noailles*, qui a donné son nom à une maison très-connue, & qui depuis long-temps jouit de la faveur de la cour, est situé dans l'étendue de la vicomté de Turenne. C'est pourquoi Louis XIV, voulant, en 1663, ériger cette terre en duché-pairie, fut obligé d'attribuer ce titre à la terre & châtellenie d'*Ayen*, qui est située hors de la vicomté, & de lui donner le nom de *Noailles*.

Beaulieu est une petite ville située à six lieues de Brives & à quatre lieues de Turenne, sur la rive droite de la Dordogne, & près des limites du

Quercy. Elle doit son origine à un ancien monastere d'hommes de l'ordre de Saint-Benoît, fondé par *Rodolphe*, ou *Raoul de Turenne*, archevêque de Bourges, vers l'an 860. En 870, *Frotaire*, qui succéda à Raoul dans l'archevêché de Bourges, donna à cette abbaye naissante le village d'*Orbassac*, situé dans le même pays & sur la riviere de Vezere. Cet archevêque, qui avoit acquis ce village du comte *Eudes*, fit cette donation pour le repos de l'ame de *Raimond*, comte de Toulouse, & de sa postérité.

Les comtes de Toulouse furent quelque temps les bienfaiteurs de l'abbaye de Beaulieu, & en conséquence s'en regarderent comme les propriétaires. C'étoit, Madame, un usage fort ordinaire dans ces temps de barbarie & d'usurpations, de voir les seigneurs disposer à leur gré des biens de l'église, en percevoir tous les revenus, & même prendre le titre d'abbé ou de prieur. Guillaume, comte de Toulouse, surnommé *Taille-fer*, qui dominoit sur le Quercy & sur le Bas-Limosin, s'empara, en 983, de l'abbaye de Beaulieu, & en usa comme de sa propriété. Il la donna en fief au comte de Périgord, qui, à son tour, en gratifia le vicomte de Comborn. Ce dernier seigneur y plaça pour abbé un laïc de ses parens, appelé *Hugues de Comborn*, qui exerça sur ce monastere toutes les vexations dont les seigneurs de ce temps-là étoient capables. Les moines ne purent long-temps supporter un joug si rigoureux, & ils attendirent l'occasion favorable pour s'en délivrer; elle ne tarda pas à se présenter. Le concile assemblé à Limoges leur fournit un moyen sûr de manifester leurs plaintes; ils y envoyerent des députés, qui porterent le vœu des moines, qui y détaillerent tous les excès auxquels l'abbé laïc s'étoit livré contre eux, & demanderent que cet abbé, qu'on avoit nommé malgré leur volonté, fût chassé de l'abbaye, & qu'on leur donnât un abbé régulier.

Les peres du concile prêterent une oreille favorable aux plaintes des moines de Beaulieu, ajournerent à comparoître à l'assemblée *Hugues de Comborn*, qui se présenta à genoux, s'avoua coupable de tous les excès dont il étoit accusé, & donna volontairement sa démission de la dignité d'abbé de Beaulieu.

Les peres du concile, sans doute touché de la sincérité de son aveu & du repentir qu'il témoignoit, lui conserverent la charge de défenseur ou d'*avoué* de l'abbaye de Beaulieu ; & l'oppresseur de ce monastere, par ce décret du concile, en devint le protecteur.

Depuis cette époque, les moines ont joui assez tranquillement des biens considérables dont ils furent, en différens temps, comblés par la piété des riches seigneurs. Cette abbaye a été, comme beaucoup d'autres, mise en commende, & en 1663, on y introduisit des bénédictins de la congrégation de Saint-Maur. La maison est vaste & commode, & l'église est d'une belle construction gothique.

La ville, qui est située dans l'étendue de la vicomté de Turenne, n'offre rien de curieux à voir. On y trouve une seule église paroissiale, quelques maisons religieuses, comme des *Ursulines*, établies en 1632, des sœurs *Hospitalieres* de Saint-Alexis, & un hôpital.

Tulle est une ville épiscopale, & prétend au titre de capitale du Bas-

Limosin, qu'elle difpute à la ville de Brives; titre abfolument illufoire, qui ne porte avec lui aucun avantage réel, & qui ne fert qu'à maintenir entre les deux villes prétendantes une nuifible animofité.

Tulle, outre le fiége d'un évêché, eft auffi celui d'une fénéchauffée, d'un préfidial & d'une élection, & a le titre de *vicomté*; elle eft fituée dans la vicomté de Turenne, au confluent des deux petites rivieres de Correze & de Solan. Elle étoit nommée autrefois *Tutela Lemovicum*. Ce nom antique eft le feul monument qui femble attefter fon origine romaine; *Tutela*, comme vous le favez, Madame, eft le nom que les Romains attribuoient à la divinité protectrice d'un pays ou d'une ville: plufieurs villes des Gaules avoient érigé des autels à la déeffe *Tutelle*; les habitans de Bordeaux, notamment, lui avoient élevé un temple magnifique, dont on voyoit encore de précieux reftes dans le fiecle dernier.

On trouve à trois quarts de lieue de Tulle des reftes d'antiquités qui indiquent fuffifamment l'exiftence d'une grande ville. Mais l'on ne peut dire que ce lieu, appelé *Tintiniac*, & dont je me propose de vous parler à la suite de cet article, soit l'ancienne *Tutela*. Comme je n'aurois à cet égard que de vagues conjectures à faire, j'aime mieux garder le silence, & attendre que de nouveaux monumens éclaircissent cette difficulté historique. Je me bornerai donc à décrire ce qui existe, & à citer des faits.

Tutela, depuis nommée *Tuelle*, & enfin *Tulle*, étoit, au neuvieme siecle, un monastere de l'ordre de Saint-Benoît, qui fut détruit en 846, & entiérement rétabli vers l'an 930. Enfin il fut érigé en siége épiscopal, & son église devint cathédrale.

Les abbés de ce monastere avoient depuis long-temps la seigneurie de la ville. Les évêques qui les ont remplacés se sont maintenus dans ce droit.

Cette ville n'est point belle, & quoique plus peuplée que Brives, elle lui est bien inférieure pour la situation: une partie est bâtie dans le fond d'un vallon étroit; l'autre partie sur le penchant d'une colline, dont la cime est hérissée de rochers.

Figurez-vous, Madame, une ville

mal située, mal bâtie, peuplée d'ouvriers, d'écoliers, & de suppôts de la justice, & vous n'aurez encore qu'une foible idée de cet ennuyeux séjour, que je quitterai le plus promptement qu'il me sera possible.

La cathédrale, qui est le principal édifice de la ville, étoit l'église de l'ancien monastere dont je vous ai parlé. Le pape *Jean XXII* l'érigea, au commencement du quatorzieme siecle, en abbaye; & *Arnaud de Saint-Astier*, qui en étoit alors abbé, fut élevé à la dignité épiscopale, & devint le premier évêque de ce petit diocese, formé par un démembrement de celui de Limoges. Malgré cette érection, le monastere fut toujours occupé par des religieux Bénédictins, qui conserverent leur regle jusqu'en 1516, époque de leur sécularisation : ils sont aujourd'hui des chanoines.

L'église, Madame, m'a paru digne de l'observation des connoisseurs. La forme & la hauteur de son clocher m'ont frappé. Elle fut détruite au neuvieme siecle par les Normands, & rétablie quelques années après. Guillaume, abbé de ce monastere, la fit de nouveau réparer en 1103.

La principale entrée offre une tour carrée qui forme le clocher. Cette tour est admirable par la solidité de sa construction, par sa hauteur, & en même temps par son élégance. Son rez de chaussée présente un porche percé de quatre portes; trois qui s'ouvrent en dehors, & la quatrieme dans l'église. A une certaine hauteur, les quatre angles de cette tour sont occupés par quatre petites tours, qui se terminent en aiguille. Le corps principal de la tour s'éleve beaucoup plus haut, & se termine également en forme de pyramide.

Dans un angle du porche qui est au dessous de la tour, à l'entrée de l'église, on voyoit autrefois le tombeau de plusieurs vicomtes de Turenne. Comme il tomboit de vétusté, le cardinal de Bouillon le fit détruire, & fit placer, en cet endroit, une table de marbre, qui porte une inscription latine, dont voici la traduction :

» Sous ce caveau sont renfermés les
» corps des anciens vicomtes de Tu-
» renne, dont les tombeaux mena-
» çoient ruine, & gênoient l'entrée de
» l'église. Le sérénissime prince Em-

» manuel *Théodose*, cardinal de *Bouil-*
» *lon*, pour conferver la mémoire de
» fes aïeux, a fait placer ici cette
» infcription «.

L'églife, dont la conftruction porte un caractere évident de folidité, a la forme d'une croix; mais fa longueur eft extraordinaire, & n'eft point du tout proportionnée à fa largeur.

On voit encore, près de cette églife, les reftes du cloître de l'ancien monaftere, & une chapelle qui fervoit de chapitre.

Le palais où l'on rend la juftice eft proche de l'églife; il occupe l'emplacement du réfectoire de ce même monaftere.

Il y avoit autrefois dans cette ville un couvent de Cordeliers, fondé en 1491. Ces moines, dont la conduite n'étoit pas bien réguliere, furent remplacés, en 1601, par des peres *Récollets*, dont la communauté fe glorifie d'être la premiere qui ait été établie dans le royaume.

Vous trouverez, Madame, à Tulle, un couvent de *Feuillans*, dont l'églife eft une des mieux conftruites de la ville, & plufieurs autres communautés religieufes, tant d'hommes que de filles, fur lefquels je n'ai abfolument rien à vous dire.

L'hôpital, qui eft fitué hors de la ville, au delà de la riviere de Correze, fut bâti, en 1670, fur l'emplacement d'un ancien monaftere, habité par des moines de *Clugny*.

Il y a à Tulle un collége, fitué dans le vallon, fur les bords de la Correze; il eft occupé par des Théatins; & c'eft la feconde maifon de cet ordre qu'il y ait en France, après celle de Paris.

Je n'ai point voulu quitter Tulle fans aller dans les environs vifiter le lieu de *Tintiniac*, où fe voient encore quelques antiquités remarquables. Ce lieu eft à la diftance de trois quarts de lieue de Tulle, dans la paroiffe de Naves. Ces antiquités confiftent dans les ruines de quelques édifices romains, parmi lefquels on diftingue encore, mais après beaucoup d'attention, les reftes d'un amphithéatre de forme elliptique. Le célebre Baluze, dans fon hiftoire latine de Tulle, en a donné les deffins, & en a mefuré exactement les différentes proportions. Le plus grand diametre de l'arene a deux cents pieds, & le petit, cent cinquante pieds. On a trouvé dans ce lieu des médailles impériales, des urnes en pierre, en terre & en verre, des lacrymatoires, & plusieurs vases propres aux sacrifices. On y a également découvert plusieurs tuyaux en terre, qui sembloient appartenir à un aqueduc, un puits très-profond, deux têtes d'hommes en pierre, & une de femme en marbre.

Toutes ces antiquités, & plusieurs autres de moindre importance, dont il seroit trop long de vous donner le détail, prouvent, d'une maniere incontestable, qu'il existoit en ce lieu, du temps des Romains, une ville considérable. Cependant aucun des géographes anciens, aucun monument historique n'en font mention.

Il est impossible, Madame, de vous parler de Tulle sans vous rappeler le célebre *Etienne Baluze*, qui naquit dans cette ville en 1630, homme aussi modeste que savant, & à qui l'histoire de France a de si grandes obligations. Ses talens, & sur-tout une critique qu'il publia à l'âge de vingt-deux ans, contre le *Gallia purpurata* de *Frizon*, le firent connoître du célébre *Marca*, un des plus savans prélats de l'église Gallicane. Ce prélat l'attira à Paris, le présenta au grand Colbert, qui le fit son bibliothécaire; & c'est par ses soins que la bibliotheque de ce ministre acquit une si grande célébrité. Le roi érigea, en 1670, une chaire de droit canon au collége royal, en faveur de Baluze; il fut ensuite inspecteur du même collége, & obtint une pension.

Ce fut à cette époque que le cardinal de Bouillon le choisit pour faire *l'histoire généalogique de la maison d'Auvergne*. Baluze y prouva que la maison d'Auvergne, de laquelle étoient issus les ducs de Bouillon, descendoit directement des anciens ducs d'Aquitaine, qui eux-mêmes descendoient des rois de France de la premiere race. Cette descendance, établie dans cet ouvrage par une suite de preuves & de monumens dont on n'a pu contester l'authenticité, déplut infiniment au roi, dont l'origine ne paroissoit pas remonter à une si haute ancienneté. L'ouvrage fut défendu; Baluze fut cruellement dépouillé de ses places & de ses pensions, & exilé successivement à Rouen, à Tours & à Orléans. Ce ne fut qu'après la paix d'Utrecht qu'il obtint son rappel. Baluze, plus tranquille, s'occupa de plusieurs ouvrages dont l'histoire a été enrichie. Il mourut à Paris en 1718, à 88 ans.

Les gens de lettres, dit un de nos biographes, regretterent en lui un savant profond, & ses amis un homme doux & bienfaisant. Il ne ressembloit point à ces érudits avares de leurs lumieres ; il communiquoit volontiers les siennes, & aidoit ceux qui s'adressoient à lui de ses conseils & de sa plume. Il étoit né avec la facilité d'esprit & la mémoire qu'il falloit pour son travail. Peu de savans ont eu une connoissance plus étendue des manuscrits & des

Je suis, &c.

A Tulle, ce 4 janvier 1762.

LETTRE CDLX.

SUITE DU LIMOSIN.

JE me suis arrêté quelques instans, Madame, dans la petite ville d'*Ussel*, pour vous faire connoître le duché de *Ventadour*, dont elle est le chef-lieu. Cette seigneurie, qui pendant long-temps a eu le titre de *vicomté*, fut érigée, l'an 1350, en *comté*, l'an 1578 en *duché* simple, & l'an 1589 en *duché-pairie*. Les lettres de cette derniere érection furent enregistrées le 24 janvier 1594. Plusieurs seigneuries en dépendent.

Les vicomtes de Ventadour tirent leur origine des vicomtes de *Comborn*, en Limosin, dont la maison, dit *Baluze*, étoit si noble & si grande, qu'on peut dire d'elle ce que *Diodore de Sicile* dit des *Atlantides*, qu'à cause de sa grandeur, beaucoup de maisons, même des pays éloignés, ont tiré & tirent encore de-là leur origine. *Archambaud*, deuxieme du nom, vicomte de **Comborn**,

LE LIMOSIN.

eut de *Rotberge de Rochechouart*, sa femme, trois enfans mâles & une fille; desquels *Ebles* fut le premier vicomte de Ventadour; son fils *Ebles I* lui succéda. *Bernard*, frere d'*Ebles I*, après avoir tué Ebles II, son neveu, de sa propre main, en 1111, devint vicomte de Ventadour. Pour expier ce crime, il se fit moine à Clugny; mais avant d'embrasser l'état monastique, il s'empara de la succession de son neveu, en jouit long-temps, & eut d'*Almodie*, sa femme, un fils, qui fut de son temps surnommé *Ebles le Chanteur*. Ce seigneur mérita ce surnom, parce qu'il aima passionnément la poésie, & composa plusieurs chansons en langue Provençale, genre de littérature si à la mode dans les douzieme & treizieme siecles, qu'il faisoit la plus douce occupation des princes & des rois.

Ebles le Chanteur, non seulement composa des poésies Provençales, mais encore il fut le protecteur des poëtes de son temps. On rapporte qu'il prit en grande amitié un nommé *Bernard*, poëte Provençal, fils d'un pauvre homme de Ventadour, & le combla d'honneurs, à cause de *ses belles & riches inven-*

tions en poésie, dit un ancien auteur. Ainsi, vous voyez, Madame, que de tout temps les talens ont réuni les hommes, même les plus éloignés par leur condition.

Ebles, dit *le Chanteur*, épousa Agnès, fille de Guillaume de *Mont-Luçon*, & mourut au Mont-Cassin en 1170, au retour de son voyage de Jérusalem. Il laissa un fils appelé *Ebles III* du nom, qui fut marié deux fois. Il n'eut qu'une fille de son premier mariage avec Marguerite de Turenne, veuve d'Aimar IV, vicomte de Limoges, laquelle il répudia sous prétexte de parenté; prétexte ordinaire à tous les maris puissans, lorsqu'ils vouloient se séparer de leurs femmes. Il épousa en secondes noces *Alix* de Montpellier, fille de Guillaume de Montpellier, premier du nom; il eut, de ce second mariage, plusieurs enfans, dont l'aîné, surnommé *Ebles IV*, lui succéda dans la vicomté de Ventadour.

Ce dernier épousa, vers l'an 1174, *Sibylle de la Faye*, fille de *Raoul de la Faye*, seigneur de grande considération à la cour des rois d'Angleterre, ducs de Guienne. *Ebles IV* eut d'elle un fils, nommé *Ebles V*, qui devint vicomte de Ventadour.

Il épousa, en premieres noces, *Marie de Limoges*, fille d'*Aimar V*, vicomte de Limoges, & n'en eut point d'enfans. En secondes noces il épousa *Marie*, sœur de *Boson II*, vicomte de Turenne. De ce mariage naquit *Ebles VI*, vicomte de Ventadour, qui épousa *Dauphine* de la Tour d'Auvergne, & fit le voyage d'outremer avec Alphonse, comte de Poitiers, frere du roi Saint Louis.

Ebles VII, vicomte de Ventadour, fils d'*Ebles VI*, & de *Dauphine* d'Auvergne, fut un des seigneurs les plus distingués de son temps; il accompagna Saint Louis dans le voyage que ce roi fit en Barbarie, & eut l'honneur d'être fait chevalier devant Tunis, par *Edouard* premier, roi d'Angleterre. Il épousa, environ l'an 1263, *Blanche de Châteauneuf*, dont il eut plusieurs enfans. L'aîné, *Ebles VIII* du nom, fut vicomte de Ventadour, & épousa Marguerite de Beaujeu, fille de Louis de Beaujeu, seigneur de Montferrand; il en eut huit enfans, dont *Bernard* fut vicomte de Ventadour.

Ce fut en faveur de *Bernard* que Philippe de Valois, en confidération des fervices que lui & fes prédéceffeurs avoient rendus à l'état, & de la nobleffe dont il étoit iffue, érigea la vicomté de Ventadour, en 1350, en *Comté*. Ce feigneur combattoit à côté du roi à la bataille de Poitiers, & fut fait prifonnier avec fon fils par les Anglois.

Bernard fut marié le 17 mai 1338, à *Marguerite de Beaumont*, fille de Robert de Brienne.

Ce fut pendant la vieilleffe de *Bernard*, & en 1379, que *Geoffroi Tête-noire* fe rendit maître du château de Ventadour, comme l'apprend Froiffart, qui dit que le comte *étoit ancien & fimple prud'homme, qui plus ne s'armoit, mais fe tenoit tout quoy en fon chaftel.*

Ce vieux feigneur, incapable de réfifter à *Geoffroi Tête-noire*, efpece de brigand qui tenoit pour le parti des Anglois, & long-temps célebre par fes ravages, fut obligé de fe retirer avec fa femme & fes enfans au château de Montpenfier en Auvergne, qui lui appartenoit.

Je ne puis mieux, Madame, vous

peindre le caractere de ce redoutable capitaine que par le singulier testament qu'il fit avant sa mort, au château même de Ventadour, & qu'il adressa à ses compagnons d'armes ; il est conçu en ces termes :

« Premiérement, je laisse à la cha-
» pelle de Saint-Georges qui sied au
» clos de céans, pour les réparations
» & les réédifications, mille & cinq
» cens francs ».

» En après, à m'amie, qui loya-
» lement m'a servi, deux mille cinq
» cens francs ».

» *Item.* Aux valets de ma chambre
» cinq cens francs ».

» En après, à Alain Roux, votre
» capitaine, quatre mille francs ».

» *Item.* Le surplus je laisse & donne,
» ainsi que je vous dirai ».

» Vous êtes tous, comme il me sem-
» ble, environ trente compagnons d'un
» fait & d'une entreprise, & devez
» être freres & d'une même alliance,
» sans débats ni riotte, n'estrif entre
» vous. Tout ce que je vous ai dit
» vous trouverez en l'arche (coffre).
» Si départirez le surplus entre vous
» bellement; & si ne pouvez être d'ac-

» cord, & que le diable se mette
» entre vous, voilà une hache, bonne
» & forte, & bien tranchante; rom-
» pez l'arche, & puis en ait qui avoir
» pourra ».

Bernard, comte de Ventadour, eut, de son mariage avec Marguerite de Beaumont, un fils nommé *Robert*, qui lui succéda, & qui épousa, en 1393, *Isabeau de Vendac*, fille d'Oudin de Vendac, & en eut *Jacques & Charles*, qui furent successivement comtes de Ventadour. *Jacques*, qui étoit l'aîné, fut fait prisonnier à la bataille d'Azincourt, & fut marié à une fille de Jean de Torsay, seigneur de Lezay, grand arbalétrier de France; il mourut vers l'an 1422, sans postérité. Son frere *Charles*, qui lui succéda, fut pere de *Louis*, lequel fut marié, en 1445, à *Catherine de Beaufort*, fille de Pierre de Beaufort, vicomte de Turenne. Il n'eut de ce mariage qu'une fille unique, appelée *Blanche*, qui fut mariée, en 1472, à Louis de *Levis*, seigneur de la Voute, qui devint par ce mariage comte de Ventadour, & qui a commencé la seconde race des seigneurs de ce nom.

Louis de Levis. eut quatre enfans de Blanche de Ventadour, dont l'aîné, *Gilbert de Levis*, premier du nom, lui succéda, & eut pour successeur *Gilbert II*, son fils. Gilbert III, fils de Gilbert II, fut marié à Catherine de Montmorenci, fille d'*Anne*, Connétable de France. Ce fut sous la seigneurie de Gilbert III que le comté de Ventadour fut érigé en duché. Sa postérité, qui depuis a joué un rôle distingué dans l'histoire & à la cour, jouit encore de cette seigneurie. Les environs du vieux château de Ventadour, principal manoir d'une seigneurie si illustrée, n'offrent rien d'intéressant. Le pays est stérile, & d'un aspect un peu triste. La noblesse n'a ni embelli, ni fertilisé ce canton. Quant à la ville d'*Ussel*, qui est voisine de ce château, & qui maintenant est le chef-lieu & le siége de la justice du duché de Ventadour, je n'ai absolument rien à vous en dire.

Je suis, &c.

A Ussel, ce 10 janvier 1762.

LETTRE CDLXI.

Suite du Limosin.

La premiere ville confidérable que j'ai vue, Madame, dans le Haut-Limosin, est *Userche*, siége d'une ancienne sénéchauffée, & située à onze lieues de Limoges, sur la grande route de cette capitale à Tulle. Elle exiftoit fous le regne de Louis le *Débonnaire*. On la nomme, dans les titres du moyen âge, *Userca*; & elle a mérité depuis le furnom d'*Userche la Pucelle*, à caufe des marques conftantes de fidélité qu'elle a données aux rois de France, & parce que les Anglois étant maîtres de la Guienne, ne purent jamais s'en emparer.

Cette ville eft bâtie fur le penchant d'une colline efcarpée, au fond de laquelle coule la Vezere, qui en cet endroit forme une finuofité très-marquée. Sur la colline oppofée eft le fauxbourg de Sainte-Eulalie, qui ne dépend point, pour la juftice, de la fénéchauffée d'Uferche, mais de celle de Limoges.

Cette ville, quoique mal percée, & peu agréable à parcourir, se présente cependant de loin d'une maniere avantageuse, & offre un aspect très-pittoresque. L'église collégiale de Saint-Pierre, & quelques autres constructions éminentes, donnent de la variété à cette vue. D'ailleurs, toutes les maisons sont couvertes en ardoises. C'est sans doute cette derniere circonstance, & l'agréable situation de cette ville qui ont fait naître cet ancien proverbe: *Qui a maison à Uferche a château en Limosin.*

L'église collégiale de *Saint-Pierre* appartenoit autrefois à un ancien monastere, qui fut fondé au cinquieme siecle. *Saint Rorice*, qui écrivoit vers l'an 507, parle, dans une de ses lettres, du monastere d'Uferche & de son église. L'un & l'autre furent consumés, en 1028, par un affreux incendie, & ils furent rétablis, deux ans après, par les soins & les libéralités d'un abbé de cette maison, nommé *Richard*. Hildegaire, évêque de Limoges, contribua aussi à cette restauration, &, en 1037, il introduisit dans ce monastere la regle de Saint Benoît.

L'églife fut rebâtie au commencement du quatorzieme fiecle, par le pape *Clément V*, qui mourut à Roquemaure le 20 avril 1313, & voulut être enterré dans cette églife, où on lui éleva un magnifique maufolée, qui a exifté jufqu'en 1568, époque où il fut détruit par les Proteftans.

Un ancien écrivain, qui a vu & décrit ce tombeau, dit *qu'il fut dreffé de jafpe, d'albâtre & de marbre blanc richement élabouré*.

Ce pape, qui le premier fixa fon féjour à Avignon, indifpofa fortement le peuple Romain contre lui. On lui fit plufieurs reproches qui n'étoient que trop fondés. On dit qu'il avoit établi le faint Siége en France pour ne pas fe féparer de la comteffe de *Périgord*, qu'il menoit toujours avec lui. On l'accufoit de faire un honteux trafic des chofes facrées, de vendre publiquement les bénéfices, de s'approprier tous les revenus de la premiere année de ceux qui devoient vaquer en Angleterre, &, dans fon voyage de Lyon à Bordeaux, d'avoir pillé tous les monafteres & toutes les églifes qui fe trouvoient fur fa route.

Cette maison, qui étoit le chef-lieu de la congrégation des *Exempts*, fut, en 1740, sécularisée & érigée en collégiale, qui est aujourd'hui composée d'un abbé, d'un doyen & de treize chanoines. L'abbé est seigneur de la ville.

Outre la collégiale de Saint-Pierre, Userche contient trois églises paroissiales, *Saint-Nicolas*, *Notre-Dame*, *Sainte-Eulalie*.

La sénéchaussée passe pour la plus ancienne du Limosin ; on en attribue l'établissement à Pepin *le Bref*.

Pompadour est un bourg considérable, célebre par son ancien château, dont la seigneurie a le titre d'ancienne baronnie. Il est situé à trois lieues d'Userche.

On rapporte que le château fut bâti par *Gui de Lastour*, surnommé le *Noir*, vers l'an 1026, & qu'il le fit fortifier afin de s'y défendre contre le vicomte de Segur. Ce château, après avoir été long-temps possédé par les seigneurs de la maison de *Lastour*, fut réuni à la couronne. Louis XV l'érigea en marquisat, & en fit don à la fameuse *Jeanne-Antoinette de*

Poisson, sa favorite, plus connue sous le nom de *Marquise de Pompadour*.

Près de Pompadour est le village du *Mont*, paroisse de *Bessac*, où naquit le pape *Innocent VI*, vers la fin du treizième siecle. Son nom étoit *Etienne d'Albert*. Protégé par son prédécesseur, *Clément VI*, qui étoit comme lui Limosin, & sur-tout aidé par son propre talent, qu'il manifesta de bonne heure, il parvint successivement, par une infinité de grades, au suprême pontificat, qui étoit le dernier période où l'ambition & les talens pouvoient alors atteindre. Ses premiers talens éclaterent au barreau de Limoges, où il exerça quelque temps l'état de Jurisconsulte. Il fut ensuite attiré à Toulouse, où on lui confia la charge de professeur en droit. Les lumieres dont il fit preuve dans cette place, lui valurent la plus grande considération de la part des habitans de Toulouse, qui bientôt l'éleverent à la dignité de juge-mage de cette ville. Ce fut vers ce temps qu'il embrassa l'état ecclésiastique, qui lui ouvrit la route d'une fortune bien plus brillante. Il ne tarda pas à obtenir l'évêché de Noyon, puis celui de Clermont. Le pape Clément VI lui donna l'évêché d'Ostie, & l'éleva en même temps à la dignité de cardinal. Enfin, en 1352, il succéda à son protecteur, & porta sur le saint Siége bien plus de vertus que Clément VI n'en avoit montré. Il diminua de beaucoup la dépense de la maison du pape, que son prédécesseur avoit portée jusqu'au luxe le plus excessif. Il renvoya les bénéficiers dans leurs bénéfices; fit une constitution contre les commendes. Il protégea les gens de lettres, & travailla avec ardeur à concilier les différens qui existoient entre les rois de France & d'Angleterre; & il mourut en 1362. Malgré ses vertus, il ne put se garantir de ce vice, si commun chez les papes, appelé *le Népotisme*, qui les porte naturellement à faire participer leurs parens à leur fortune; il enrichit plusieurs personnes de sa famille, & éleva à la pourpre un de ses neveux, nommé *Pierre de Selves*, qui fut appelé le cardinal de Pampelune, à cause qu'il étoit évêque de cette ville.

Saint-Yrieix, ville du Haut-Limosin, est située sur la riviere d'Isle, à sept lieues de Limoges. Elle doit son origine à un ancien monastere, qui fut, dit-on, fondé en cet endroit, vers la fin du sixieme siecle, par Saint Yrieix, natif de Limoges.

Les actions pieuses de ce solitaire, ses miracles & son tombeau, sont cause que son nom a été appliqué à ce monastere, & enfin à cette ville. Le monastere fut sécularisé, & a aujourd'hui le titre de *collégiale royale de Saint-Pierre*. Ce chapitre est composé d'un doyen, d'un grand chantre, de onze chanoines & de six semi-prébendés.

Cette ville renferme cinq églises paroissiales, plusieurs communautés religieuses, & un hôpital; ce qui annonce une population nombreuse. Le commerce y est fort en vigueur; on y trouve plusieurs manufactures, qui maintiennent l'aisance & l'activité parmi le peuple.

Le commerce d'antimoine, & les préparations qu'on en fait, occupent & enrichissent un grand nombre d'habitans. Cette substance métallique est tirée d'une mine située à trois lieues de Saint-Yrieix, dans la forêt de *Biais*,

& près du château de ce nom. Cet antimoine est, de Saint-Yrieix, transporté à Bordeaux, par Bergerac, où il est vendu aux Hollandois, qui nous le rapportent en verre ou autrement. On en envoie aussi à Orléans, où on le dégage de la partie sulfureuse qui lui est unie, pour en faire le régule. Cet antimoine a la réputation d'être d'une qualité supérieure à celui qu'on tire des autres provinces ; en conséquence il est un peu plus cher.

Cette ville soutint, pendant les guerres de la ligue, un long siége. Louis de *Pompadour* & Henri Desprez de *Montpezat*, qui étoient gouverneurs pour la ligue, dans le Limosin & dans les provinces voisines, vinrent, en 1591, à la tête d'une forte armée, mettre le siége devant la ville de Saint-Yrieix, qui tenoit pour le parti du roi, & qui étoit commandée par *Louis*, fils de *Pierre Buffiere* de *Chambaret*, jeune homme qui, au rapport de M. de Thou, possédoit toutes les belles qualités du corps & de l'esprit, & joignoit à un grand courage beaucoup d'habileté & de politesse.

Ce jeune guerrier, à la vue des

troupes nombreuses qui menaçoient Saint-Yrieix, n'abandonna point cette ville pour se retirer dans la citadelle, comme ses ennemis l'espéroient. Quoique dépourvu de munitions & dans une place mal fortifiée, il fit bonne contenance, & donna promptement connoissance de sa situation à *Charles Turquant*, que le roi avoit envoyé auprès d'*Anne de Lévis de Ventadour*, gouverneur du Limosin, pour calmer les troubles de la province. *Turquant* rassembla à la hâte plusieurs gentilshommes du parti du roi, qui se rendirent dans le voisinage, chacun avec un certain nombre de troupes, dont l'ensemble formoit à peu-près quatre cents hommes de cavalerie, & six cents d'infanterie. Cette petite armée auroit pu suffire pour forcer les ligueurs à lever le siége de Saint-Yrieix; mais la division qui se répandit parmi les chefs, fit échouer leur entreprise.

De jeunes gentilshommes, se vantant d'une très-ancienne noblesse, mais étant dépourvus d'expérience & de connoissances militaires, disputoient à d'anciens capitaines, un peu moins nobles, mais beaucoup plus expérimentés, le droit de commander; tout comme si l'ancienneté des titres supposoit la prudence, l'instruction & l'habileté d'un capitaine vieilli dans le métier de la guerre. La noblesse l'emporta sur les talens, & le sens commun n'eut pas sur les nobles Limosins le même pouvoir qu'une vieille chimere.

Ce ne furent pas les hommes les plus habiles, mais en quelque sorte les titres les plus vieux qui commanderent cette armée. Elle fut bien mal dirigée, & fut inconsidérément rangée en bataille sous le canon de l'ennemi. Bientôt les ligueurs, profitant de la situation désavantageuse des royalistes, chercherent à les envelopper. *Pompadour* & *Montpezat* s'étant joints à *Fourou* & à *Taillefer*, attaquerent vigoureusement de front l'armée royale ; puis un détachement vint la prendre par le flanc.

Les Limosins qui commandoient l'armée royale, & qui n'avoient que leur noblesse pour eux, furent bien étonnés de se voir chargés si brusquement. Ils lâcherent le pied, &, en reculant, se laisserent pousser dans des marais bourbeux & profonds, d'où ils ne purent se retirer. Les ligueurs, les voyant ainsi plongés d'eux-mêmes dans ces bourbiers, dédaignerent de les y poursuivre; ils se contenterent d'y envoyer les goujats de l'armée, qui les massacrerent de sang-froid dans ces marais. Parmi les personnes d'un nom illustre qui furent tuées en cette malheureuse affaire, on compte *Châteauneuf*, *Rochefort*, pere & fils, *Gabriel de Rié*, *de la Coste de Mesiere*, gouverneur de la Marche, le comte de la *Rochefoucauld*, & une infinité d'autres gentilshommes moins connus.

Le jeune *Chambaret*, fermé dans Saint-Yrieix, se conduisit avec plus de fermeté & de sagesse; il avoit d'abord fondé toutes ses espérances sur la petite armée des royalistes qui marchoit à son secours; mais voyant l'entreprise manquée, il ne compta plus que sur lui-même. Ce malheureux événement sembla donner une nouvelle énergie à son génie & à son activité. Il fit tout disposer pour résister à l'ennemi, ajouta de nouvelles fortifications aux anciennes, & résolut d'opposer la plus vigoureuse résistance.

Les ennemis, glorieux de leur victoire, s'avancerent pour assiéger Saint-Yrieix, firent plusieurs tentatives inutiles, donnerent trois assauts successifs, qui furent chaque fois repoussés avec chaleur, & où les ligueurs firent de grandes pertes. Enfin, fatigués par de vains efforts, découragés par une si belle & si longue résistance, les assaillans, après vingt jours de siége réglé, furent forcés d'abandonner leur entreprise & de décamper. C'est ainsi que le jeune Chambaret, par une conduite aussi active que mesurée, sut résister à des ennemis dont les forces étoient infiniment supérieures aux siennes, qu'il conserva la ville au roi, & la sauva du pillage & du joug des ligueurs. Cette double affaire nous offre l'exemple de l'orgueil puni, & de la prudence jointe au courage, couronnée du plus brillant succès.

La Roche-l'Abeille n'est qu'un bourg. Je vous en parlerai cependant, Madame, préférablement à quelques villes sur lesquelles je n'aurois rien ou très-peu de chose à vous dire : c'est moins le titre & la grandeur du lieu, que les objets qu'il renferme, & les événemens dont il a été le théatre, qui doivent mériter une préférence dans mes lettres.

La Roche-l'Abeille mérite, à ce double titre, une mention particuliere. Ce lieu est recommandable par sa précieuse carriere de serpentine, & par le combat important qui s'y donna en 1569, entre l'armée du duc d'Anjou, frere du roi Charles IX, & celle des princes confédérés.

Le duc d'Anjou, instruit de l'arrivée des troupes allemandes qui venoient au secours de l'armée des princes confédérés, & qui devoient les joindre dans la Guienne, vint dans le Limosin à la tête d'une forte armée ; &, pour s'opposer à la réunion de ces deux armées, posa un détachement sur la Vienne, pour disputer aux Allemands le passage de cette riviere. Mais le duc des Deux-Ponts, qui conduisoit ces troupes étrangeres, ayant fait avancer quelques soldats pour sonder le gué, ces soldats rencontrerent le détachement posté par le duc d'Anjou, & le mirent en déroute. L'armée Allemande put alors traverser la Vienne sans obstacle, & se réunir à l'armée des princes confédérés, qui étoit commandée par l'amiral Coligny.

Ces deux armées réunies, composées de vingt mille combattans, passerent la

Vienne à Aix, le 26 mai 1569; & après avoir mis en fuite quelques détachemens des troupes royales, s'avancerent vers Saint-Yrieix. Le duc d'Anjou, dans cette circonstance, vint avec son armée camper, le 23 juin, à la Roche-l'Abeille, à un quart de lieue de ses ennemis, dont il ignoroit absolument l'approche. Il restoit dans la plus grande sécurité, lorsque l'arrivée imprévue de l'armée des confédérés vint porter, tout à coup, dans son camp, l'alarme & la confusion.

Les royalistes, plus surpris qu'épouvantés, opposerent bientôt, avec quelques succès, de la résistance aux troupes des confédérés; mais, combattant sans ordre, ils ne tarderent pas à sentir leur foiblesse & la nécessité de reculer.

L'armée du duc d'Anjou étoit presque en déroute, lorsque *Philippe de Strozzi*, colonel général de l'infanterie Françoise, arriva à la tête de trois cents soldats d'élite. Jaloux de se signaler par quelque action d'éclat, il met tout en œuvre pour rallier les fuyards, & ranimer les courages abattus; il invite les troupes au combat par ses prieres

& par son exemple, rétablit l'ordre dans la bataille, & parvient à mettre en fuite une partie de l'armée des confédérés.

Coligny s'apperçut de cet échec, & songea promptement à le réparer ; il envoie aussi-tôt des troupes fraîches pour soutenir celles qui commençoient à plier ; & en même temps il fait marcher un détachement le long d'un étang, avec charge d'attaquer les royalistes en flanc. Cette double opération eut le succès le plus décidé. L'armée des royalistes, attaquée en flanc & en queue, fut bientôt enveloppée ; & ne pouvant résister à cette double attaque, prit subitement la fuite dans le plus grand désordre.

Quatre cents hommes & deux officiers généraux de l'armée royale périrent dans ce combat. *Strozzi* fut fait prisonnier. Du côté des confédérés, il n'y eut que cinquante hommes de tués.

La carriere de serpentine, dont je vous ai parlé, Madame, se voit près du bourg de la Roche-l'Abeille, dans la plaine de Saint-Laurent. On en attribue la découverte à un seigneur de ce bourg, nommé *François Defcars*. Le château *Defcars*, fitué dans le Limofin, eft orné, à l'extérieur, de plufieurs tables de ferpentine, fur l'une defquelles eft cette infcription rimée, qui attefte la découverte de la carriere de ferpentine :

> François, feigneur comte Defcars,
> Fort amateur des arts,
> Fut le premier qui, par merveille,
> Inventa ce beau marbre en fa Roche-l'Abeille.

La ferpentine de la Roche-l'Abeille reffemble, à plufieurs égards, à la ferpentine d'Allemagne; elle en a la couleur, &, foumife à l'analyfe chimique, elle donne les mêmes réfultats.

Cette pierre, dont le grain eft auffi fin que celui du marbre, & qui reçoit le plus beau poli, eft d'une couleur verte obfcure, qui approche de celle du ferpent, & c'eft à caufe de cette reffemblance qu'elle a été nommée *ferpentine*. Elle eft facile à tailler, & on en fait des vafes au tour. On croit qu'elle eft de la même nature que la pierre nommée par les anciens *pierre ollaire*.

J'ai vu, Madame, la petite ville de *Pierre-Buffiere*, en paſſant; je vous en parlerai de même: elle eſt ſituée à trois lieues de Limoges, & prend le titre de premiere baronnie du Limoſin, titre que la ville de *Laſtours* lui diſpute. Cette baronnie étoit un ancien apanage des vicomtes de Limoges. Elle a été poſſédée, juſqu'en 1626, par des ſeigneurs du nom de Pierre Buffiere.

Le dernier ſeigneur, mort ſans enfans mâles, eut une fille nommée *Marguerite*, qui, en épouſant *Charles-Antoine de Ferriere*, marquis de *Sauvebeuf*, porta cette terre dans la maiſon de ce nom. Le petit-fils de ce marquis mourut ſans poſtérité, & ſa sœur, *Marie-Anne de Ferriere de Sauvebeuf*, lui ſuccéda, & épouſa *Charles de Vaſſan*.

Eymoutiers, ville ancienne, ſituée ſur la rive gauche de la Vienne, tire ſon nom de celui d'un ancien monaſtere auquel elle doit ſon origine. Ce monaſtere étoit anciennement nommé *Antimonaſterium*, ou *Actenſe monaſterium*; il fut ſécularisé & érigé en collégiale, ſous le titre de *Saint-*

Etienne. Le chapitre eſt compoſé d'un prévôt & de treize chanoines. On trouve encore dans cette ville un couvent d'*Urſulines* établi en 1629, & un hôpital deſſervi par des Hoſpitalieres de l'ordre de celles de Luſignan.

Cette ville, Madame, n'eſt remarquable que par ſon commerce & par l'activité & l'induſtrie de ſes habitans. Les chamoiſeries de peaux de chevreaux, les fabriques de tanneries, les manufactures de cire, forment les principales branches de ce commerce.

On y trouve auſſi des filatures de cotons qui occupent & font vivre un grand nombre d'habitans. Si jamais l'induſtrie n'eſt plus utile que dans un pays frappé de ſtérilité, jamais elle n'a été plus néceſſaire qu'à Eymoutiers.

Saint-Léonard eſt une ville ſituée ſur la rive droite de la Vienne, à quatre lieues de Limoges; elle doit ſon nom à un ſaint qui, après *Saint Martial*, eſt le plus en honneur dans le Limoſin. Preſque tous les habitans de la province ſe glorifient de porter le nom de *Saint Léonard*.

Ce ſaint floriſſoit vers l'an 1022. Il fit beaucoup de miracles pendant sa vie, mais il en fit encore davantage après sa mort. Il fut enterré en ce lieu, & une église élevée sur l'emplacement de son tombeau, fut bientôt remplie d'offrandes, d'*ex voto*, de dévots & même de miraculés ; car on assure que le don des miracles, que ce saint possédoit sans restriction, avoit acquis après sa mort & dans son tombeau un nouveau degré d'énergie.

Des moines s'établirent près d'un tombeau si renommé, & qui devint pour eux une source de richesses. Trop riches enfin pour supporter le poids de leurs regles, ils demanderent & obtinrent leur sécularisation ; & l'église du monastere fut érigée en collégiale, qui est aujourd'hui composée d'un prieur & de dix chanoines.

Les Récollets de cette ville furent fondés en 1598 ; les filles de Notre-Dame en 1652, & l'hôpital en 1390 ; depuis quelque temps il est desservi par des sœurs de Saint-Alexis.

Il y a dans cette ville plusieurs manufactures de papiers & d'étoffes.

Solignac est une petite ville avec une abbaye très-ancienne & très-riche, située sur la petite riviere de Biance, à
deux

deux lieues de Limoges. Elle doit son origine à une abbaye d'hommes de l'ordre de saint Benoît, qui, suivant l'opinion la plus commune, fut fondée vers le milieu du septieme siecle, par saint Eloy, natif de Limoges, évêque de Noyon, & ministre du roi Dagobert.

On rapporte que ce saint ministre, pour engager le roi à contribuer, en quelque chose, à la fondation de ce monastere, lui dit : » Mon prince, je » viens vous demander une grace ; donnez- » moi la terre de Solignac, afin que » j'en fasse une échelle par laquelle » vous & moi nous méritions de monter » au ciel «.

Dagobert accorda la terre de Solignac à saint Eloy, qui y bâtit un monastere, dont l'église fut dédiée le 9 mai de l'an 631. Cette dédicace, à laquelle vingt-deux prélats assisterent, fut célébrée avec beaucoup de pompe. Saint Eloy y rassembla cent cinquante-deux religieux, & les assujettit à la regle de saint Benoît, à laquelle il joignit les statuts de saint Colomban. Bientôt ce monastere, enrichi des bienfaits de plusieurs dévots seigneurs, devint la proie des Sarasins, qui le pillerent & le détruisirent de fond en comble. L'empereur Louis *le Pieux* le rétablit entiérement. L'abbaye est en commende, & les moines vivent sous la regle de la congrégation de Saint-Maur.

Je suis, &c.

A Solignac, ce 22 Janvier. 1762.

LETTRE CDLXII.

SUITE DU LIMOSIN.

JE viens de parcourir, Madame, avec un vrai plaisir, *Limoges*, capitale du Limosin. Puissiez-vous lire de même les détails que je vais vous en faire ! Cette ville porte, comme la plupart des villes des Gaules, le nom du peuple entier dont elle étoit la capitale. C'étoit le chef-lieu, la cité des *Lemovici*, qui habitoient le pays compris aujourd'hui dans les deux diocèses de Limoges & de Tulle.

C'est un tableau assez singulier, Madame, que l'histoire des différens états par où les villes capitales ont passé. D'abord, pour la plupart, elles ne sont connues que par le nom du peuple, ou de la province dont elles étoient le chef-lieu : ensuite conquises & embellies par les Romains, elles quittent leur premier nom pour en recevoir un qui a rapport à quelques-uns de leurs vainqueurs ou de leurs bienfaiteurs. Sous la domination Romaine, on les voit fleurir sous des noms Romains: puis, d'opulentes qu'elles étoient, elles retombent, sous le regne destructif de la féodalité, dans un état d'anéantissement & de barbarie, & reparoissent sous un nouveau régime & sous une nouvelle forme. Ce n'est plus qu'un bourg peuplé d'esclaves, dominé par une forteresse menaçante, habitée par un tyran imbécille. Tel fut le sort de la plupart des capitales de France; tel fut celui en particulier de la ville de Limoges.

D'abord, elle n'est connue que sous le nom de *Lemovica*, ou *Civitas Lemovicum*, cité des Limosins, puis sous la domination Romaine elle reçoit divers embellissemens. On y bâtit un capitole, des temples, des arênes, & un palais, où le proconsul d'Aquitaine fait ordinairement sa résidence; & elle porte le nom d'*Augustoritum*, composé de celui d'Auguste, son bienfaiteur; enfin, dans les commencemens de la monarchie, cette ville, détruite à plusieurs reprises, reprend le nom barbare de *Lemovix*, dont par corruption on a fait celui de Limoges.

On croit que le païs qu'habitaient

à Limoges les proconsuls d'Aquitaine, fut bâti par le proconsul *Duratius*, & qu'il existoit à l'endroit où est aujourd'hui l'église de *Sainte-Félicité*, où l'on en voit encore quelques restes. Le même proconsul fit aussi commencer la construction d'un amphithéatre, que son petit-fils *Lucius Capreolus* fit achever. L'emplacement de cet édifice porte encore le nom d'*Arènas*. *Lucius* fit aussi bâtir un prétoire, une forteresse, & un temple consacré à Jupiter, sur une éminence qui a conservé le nom de *Mont-Jovis*, nom qui est aujourd'hui celui d'une paroisse de cette ville. Il existoit un autre temple dédié aussi à Jupiter, à l'endroit où se trouve l'église de Saint-Etienne. *Lucius* fit encore élever un magnifique palais sur les bords de la Vienne, & près du lieu où est maintenant le pont de Saint-Martial; on en voyoit encore quelques restes dans le siecle dernier.

Ce fut en 471 que *Limoges* cessa de dépendre de la domination Romaine. *Euric*, prince des Visigoths, s'empara de cette ville, & de la province. Au commencement du sixieme siecle, les

François s'emparerent du Limosin, & en chasserent les Visigoths. Cette province, sous la domination des rois de France, fit partie du duché d'Aquitaine; & les ducs, qui descendoient des rois de la premiere race, en furent souverains.

Waifre, le dernier de ces ducs, fut long-temps en guerre avec Pepin, premier roi de la seconde race. Se voyant battu de tous les côtés, & ne pouvant garnir de troupes ses places principales, il prit le parti de les faire démanteler & de n'y laisser aucune fortification. Limoges fut de ce nombre ; l'enceinte qui la défendoit fut abattue, & la ville resta sans défense. Waifre ne tarda pas à se repentir de cette folle opération. Pepin, qui en fut instruit, vint à la tête d'une forte armée, s'empara, sans aucune résistance, d'une partie de l'Aquitaine & de la Gascogne. *Rémistan*, oncle du duc d'Aquitaine, qui avoit tourné ses armes contre lui, & s'étoit rangé sous les étendards de Pepin, rentra ensuite dans le parti de son neveu *Waifre*, & vint de nouveau, au nom de ce dernier, ravager la ville de Limoges, dont Pepin étoit le maître.

Tous les efforts de *Waifre* & de *Remiſtan* n'empêcherent pas les ſuccès de Pepin. Cet uſurpateur de la couronne de France, après pluſieurs années de ravages & de guerre, parvint enfin à ſe rendre maître de l'Aquitaine, à dépouiller le malheureux *Waifre* des états dont il étoit le légitime ſouverain, & enfin à le faire aſſaſſiner, dit-on, dans ſon lit par un de ſes domeſtiques, que le roi de France corrompit.

Les ravages des Normands, les guerres des Anglois, des fléaux particuliers, tels que des incendies, déſolerent pluſieurs fois Limoges, & firent diſparoître tout ce qui pouvoit reſter de ſon ancienne ſplendeur. Cette ville, reconſtruite ſucceſſivement dans des temps de malheurs & de barbarie, porte un caractere d'ancienneté qui n'eſt pas celui de la régularité ni de la magnificence.

Les maiſons ſont preſque toutes bâties en bois, les rues étroites & mal alignées, & il n'y a d'édifices remarquables que ceux qui ſont conſacrés à la religion. On diviſe cette ville en deux parties. La partie baſſe, qui étoit la cité Romaine, porte encore le nom de *Cité*; la partie haute, où étoit bâti le château des vicomtes, porte le nom de *Ville*.

L'église de *Saint-Martial*, autrefois *abbaye*, aujourd'hui *collégiale royale*, est très-célebre & très-vénérée dans le Limosin. Le saint dont elle porte le nom & dont elle contient les reliques, fut l'apôtre des Limosins, & le premier qui éclaira ces peuples du flambeau de la foi.

Les habitans & les moines, jaloux d'ajouter à la gloire de ce saint un nouveau degré d'illustration, prétendirent qu'il existoit du temps des douze apôtres, & qu'il avoit prêché la religion chrétienne en Limosin dès le premier siecle de l'Eglise. Les moines consignerent dans leur légende cette opinion populaire, qui causa dans le onzieme siecle de grandes & vives discussions. Trois conciles déciderent que saint Martial avoit existé dans le premier siecle de l'Eglise, qu'il avoit été baptisé par saint Pierre, & qu'il avoit même, le jour de la Pentecôte, reçu le Saint-Esprit qui descendit en langue de feu sur les autres apôtres. L'autorité des légendes monacales, &

celle même des conciles, n'ont point prévalu contre l'évidence; & tous les favans aujourd'hui, même les plus orthodoxes & les plus dévots à faint Martial, conviennent que les légendes & les conciles fe font trompés, & que le faint patron de Limoges n'a exifté qu'au troifieme fiecle.

L'églife de Saint-Martial, enrichie par les bienfaits des vicomtes & des évêques de Limoges, fut d'abord deffervie par des moines, auxquels fuccéderent, vers l'an 848, des religieux de faint Benoît. Elle porta, dans fon origine, le titre de *Saint-Sauveur*; mais après la levée du corps de *faint Martial*, qui fut célébrée en préfence de l'empereur Louis *le Débonnaire*, elle reçut le nom de ce Saint, qu'elle a confervé depuis. Le défordre & le relâchement s'étant introduit dans cette abbaye, on fut obligé de la réformer, d'en bannir les moines irréguliers, & de les remplacer par des religieux de Cluni, qui, alors, jouiffoient de la plus haute confidération. En 1537, cette abbaye fut fécularifée & érigée en collégiale, avec le titre de *royale*. Le premier dignitaire eft un abbé qui a le titre & les prérogatives d'abbé commendataire.

On attribue la fondation de cette église à *Louis le Débonnaire*. Ce prince, fondateur ou restaurateur d'un grand nombre d'églises, a bien pu être le fondateur de celle-ci, où il se rendit dans plusieurs grandes occasions. Quoi qu'il en soit, elle fut dévastée & réparée à plusieurs reprises, & elle porte encore, dans ses différentes parties, l'empreinte & le goût des différens siecles où ces réparations ont été faites.

L'extérieur de cette église est surtout remarquable par la forme pittoresque & singuliere, & par la hauteur de son clocher. Il s'éleve d'abord sur un plan carré, qui, au quatrieme étage, change, & devient octogone. Cette derniere construction forme l'amortissement de cette singuliere tour, qu'il faut voir pour en avoir une idée, & qu'il seroit difficile de décrire d'une maniere satisfaisante.

L'intérieur en est vaste, & présente un beau vaisseau formé sur un plan bien combiné, & qui produit de beaux effets. Les chapelles qui entourent la nef & le rond point, sont ornées avec plus de recherche que de goût. Celle de la Vierge, qui est construite à l'extrémité de l'église, est décorée de peintures qui représentent, en divers tableaux, différens sujets du nouveau testament & de l'histoire de la Vierge.

Le plafond, au milieu duquel on a peint l'assomption, a été, dit-on, exécuté d'après un tableau du Correge. On y voit aussi, aux quatre angles, les quatre évangélistes peints d'une manière fiere & vigoureuse.

Sous le chœur sont deux cryptes ou chapelles souterraines. On y descend par deux escaliers dont l'entrée est dans la croisée de l'église. Dans la première de ces chapelles est le tombeau de *saint Martial*. Ce tombeau est d'une architecture gothique très-moderne. Derriere l'autel de ce lieu souterrain est le tombeau d'un ancien seigneur de la ville, appelé *Etienne*.

La seconde chapelle souterraine s'étend vers un ancien cloître, dont elle faisoit partie, lorsque cette église appartenoit à l'ordre de saint Benoît. Des parties de ce cloître & même du chapitre subsistent encore.

Dans la seconde chapelle du rond point, à droite, on voit dix-huit cadres en émail qui renferment différens sujets tirés de la vie de saint Martial.

L'horloge de cette église est une de ces anciennes curiosités qui captivent sur-tout l'admiration du peuple. On y voit la figure affreuse de la *Mort*, représentée, comme à l'ordinaire, en squelette; lorsque l'heure est prête à se faire entendre, la Mort tourne la tête, ouvre la mâchoire, leve une faux dont elle est armée, & en frappe un timbre placé dans une sphere. On remarque aussi que cette figure hideuse est assise sur un panier de fleurs, d'où s'élance un serpent, ce qui, sans doute, Madame, est l'emblême d'une trompeuse espérance.

Parmi un grand nombre de reliques qui sont encore conservées dans cette église, on distinguoit autrefois la verge de saint Martial, qui, plus miraculeuse que celle de Moïse, n'avoit pas seulement la vertu de faire sortir l'eau d'un rocher, mais aussi de faire pleuvoir dans les temps de sécheresse. Une ancienne chronique de Limoges rapporte comment cette précieuse relique fut perdue pour les Limosins.

Les Bordelois éprouvoient depuis long-temps une sécheresse qui leur faisoit perdre l'espoir de leur récolte; ils résolurent, pour faire cesser cette calamité, d'emprunter la miraculeuse verge de saint Martial, & ils députèrent pour cet objet à Limoges; mais les habitans de cette ville étoient trop attachés à leur relique pour la céder facilement. Après de grandes difficultés, ils consentirent de prêter aux Bordelois, pour quelque temps seulement, la verge de saint Martial, à condition que les Bordelois enverroient à Limoges des otages, pour les garantir du prêt, & que ces otages seroient les jurats de Bordeaux, qui sont les premiers magistrats de cette ville.

Les Bordelois se soumirent à cette condition; les otages furent envoyés à Limoges, & la relique fut transportée à Bordeaux.

Quelques jours après le départ de ce gage précieux, les Limosins s'apperçurent que les jurats qu'ils gardoient en otages n'étoient point les véritables jurats, mais seulement des porte-faix, revêtus d'habits municipaux. Furieux d'avoir été si fortement trompés, le peuple de Limoges massacra les faux jurats, & les habitans de Bordeaux garderent la relique extorquée, & la conservent encore.

La cathédrale de Limoges, sous le titre de *Saint-Etienne*, est la plus considérable église de la ville, & même du diocese; sa construction est du plus beau gothique, mais elle n'est point achevée. Le clocher, dont la structure paroît beaucoup plus ancienne que celle du reste de l'église, est d'une élévation considérable, & a cent quatre-vingt-quatorze pieds de hauteur.

Le jubé, ouvrage du commencement du seizieme siecle, fut construit par M. de *Langeac*, évêque de Limoges. On y voit, tant en architecture qu'en sculpture, tout ce que le goût du temps avoit de plus délicat & de plus correct. Le genre grec y est mêlé avec le gothique; mais il semble dominer sur ce dernier. Il faut sur-tout admirer les sculptures & les bas-reliefs dont ce jubé est chargé. On y voit des contours pleins de grace, des détails d'un fini précieux. Mais en admirant ces beaux morceaux, où l'artiste semble avoir épuisé son talent, on ne peut s'empêcher de rire du choix de ses sujets. Il mêle sans scrupule les fables des dieux du paganisme aux mysteres de la religion ; & dans une cathédrale chrétienne, il ne craint pas de représenter les douze travaux d'*Hercule*.

Le tombeau du prélat qui a fait construire ce jubé, n'est pas moins curieux, & paroît avoir été exécuté par le même artiste ; il se voit dans la deuxieme chapelle du rond point, à gauche. Ce tombeau présente quatre colonnes corinthiennes cannelées, élevées sur leur piédestal, & supportant un entablement. Au milieu de ces quatre colonnes, sur un massif qui s'éleve à la hauteur des piédestaux, est la figure à genoux de M. de *Langeac*, qui mourut évêque de Limoges en 1541. Cette figure est de bronze, mais formée de pieces de rapport, comme on les faisoit dans ce temps-là ; comme on voit à Saint-Denis la figure de *Charles VIII*, & à Chantilli, la figure équestre d'Anne de Montmorenci.

Les trois faces du massif sur lequel cette figure est posée, offrent des bas-reliefs curieux par leur exécution, & dont les sujets sont tirés de l'apocalypse. La frise de l'entablement est également chargée de bas-reliefs. Au dessus de la corniche, & à l'aplomb des colonnes, s'élèvent deux génies qui tiennent chacun un écusson, aux armes de la maison de Langeac.

Dans la même chapelle, on voit un monument consacré à la mémoire d'un autre évêque de Limoges, de M. de l'*Aubespine*; on y voit le buste en bronze de ce prélat.

L'abbaye de *Saint-Augustin de Limoges*, située dans un des fauxbourgs, offre une des plus anciennes églises de cette ville. On rapporte que, dès les commencemens du christianisme, elle servoit de sépulture commune, & que saint Martial en fit la bénédiction. Suivant l'opinion de quelques savans, elle est la première église de France qui ait été dédiée à saint Augustin.

L'église de *Saint-Michel des Lions* est remarquable par sa construction & par l'étonnante hardiesse de son clocher, dont la forme, aussi variée que pittoresque, ressemble à celle de l'église cathédrale.

Voici, Madame, une inscription en vers qu'on lit dans cette église, qui vous instruira de l'époque de sa fondation, & de quelques autres circonstances :

A l'honneur souverain & la vifve mémoire,
Du grand Dieu tout puissant en son regne éternel,
De sa mere sacrée & du bon saint Michel,
Et des bienheureux saints de paradis en gloire,
L'an que l'on comptoit mil CCC LXIII,
Le vingt-cinquieme mai du premier fondement,
Le pied de cette église a prins commencement,
Que l'injure du temps jamais ne puisse abattre !
XIX ans après, pour embellir ce temple,
En l'an mil CCC & quatre-vingt & trois,
Par les dons du commun & libéraux octrois,
Fut bâti ce clocher que chef d'œuvre on contemple.
Louez donc ce bon Dieu qui a toute puissance,
Le premier s'employant à cet œuvre si beau,
Qu'il le conserve à soi, & son divin flambeau,

Sur tous les bienfaiteurs, laisse pour récompense.

C'étoit la mode au quatorzieme siecle d'écrire en vers, & d'en employer aux plus simples inscriptions. Les épitaphes furent alors presque toutes rimées. Les écrivains ou copistes du temps étoient chargés de cette espece de poésie. Hé quelle poésie ! vous allez en juger, Madame, par l'épitaphe suivante, qu'on lit aussi dans la même église :

 Cy gist maître Jordain Penot,
 Homme discret & bien dévot ;
 Aussi Geraud Penot son fils,
 Lequel fonda par son avis,
 Une chapelle ou vicairie
 A l'honneur de Dieu & Marie :
 Et pour ses parens trespassés,
 Il la dota de biens assés,
 Et voulsit céans estre servie,
 Et de ornemens bien garnie,
 A l'autel de Sainte-Croix ;
 Aussi ordonna messes trois
 Estre dictes la sepmaine,
 Avec l'absolution plaine
 Par son vicaire ou commis,

L'une le lundi *de mortuis*,
Du Saint-Esperit mercredy.
La présentation appartient
A son héritier plus prochain.
La collation & institution,
Et toute autre disposition,
Au recteur & curé de céans.
Dites tous, tant petits que grands,
Pater noster ou *Deprofundis*;
Leurs ames soient en paradis.

    Amen. 1545.

L'église paroissiale de *Saint-Pierre* est encore remarquable par sa construction gothique, & par la forme & la hauteur de son clocher, dont la tour ressemble beaucoup à celle de l'église de *Saint-Michel des Lions*, & à celle de la cathédrale.

Le maître autel de cette église offre un tableau dont le sujet est Saint Pierre, qui reçoit de N. S. le pouvoir des clefs ; il a été peint par un artiste Limosin, nommé *Maisonade*.

On voit encore, dans la même église, une autre production d'un peintre Limosin. C'est un tableau fermé avec des volets, peint en huil, par un nommé *Léonard*, célèbre peintre de Limoges,

& un des plus habiles peintres en émail de son siecle. François premier l'appela à sa cour, où il fit plusieurs tableaux de ce genre; on voit encore à Paris, dans la sainte chapelle du palais, deux grands morceaux en émail, peints par *Léonard*, qui annoncent un goût sûr & une grande correction de dessin.

Les émailleurs étoient autrefois très-nombreux à Limoges, & les ouvrages qui sortoient de leurs mains, jouissoient d'une grande réputation à la cour & chez les grands.

Les carmes déchaussés ont leur couvent bâti dans la partie de la ville appelée la *Cité*. Sur le maître autel de leur église, on voit un tableau qui représente le crucifiement de saint André. Ce tableau mérite bien de fixer les regards des connoisseurs. La composition en est savante, le dessin correct, les figures pleines d'expression, & le coloris vigoureux. On ignore quel est le peintre de ce beau morceau.

Dans l'église des jacobins, j'ai vu, sur le maître autel, un tableau très-bien peint, qui représente saint Dominique recevant à genoux le rosaire des mains de la Vierge.

On voit auſſi, dans cette même égliſe, le tombeau de la maiſon d'*Eſcars*. *Charles* d'*Eſcars* y eſt repréſenté avec ſa femme, tous les deux à genoux. Le mari tient dans ſa main le cœur de ſa femme, & la femme celui de ſon mari.

Après vous avoir parlé des principales égliſes de Limoges, je dois, Madame, vous dire un mot des colléges de cette ville; ils ſont au nombre de deux, le *collége royal* & celui des *Jacobins*. Dans le premier on profeſſe toutes les claſſes juſqu'à la philoſophie incluſivement, & dans le ſecond on ne profeſſe que la philoſophie & la théologie.

L'égliſe du *collége royal* renferme une des premieres & des plus intéreſſantes curioſités de la ville. Sur le maître autel eſt un tableau original du célebre *Rubens*. Le ſujet de peinture eſt l'aſſomption. La partie ſupérieure du tableau préſente la Vierge enlevée par un groupe d'anges, & la partie inférieure offre ſon tombeau ouvert, avec les linceuls jetés ſur le bord, & pluſieurs groupes de figures. Dans le fond, on apperçoit les ſaintes femmes.

Ce tableau, pour la beauté de la composition & pour le dessin, est digne du grand maître qui en est l'auteur; mais le coloris, qui est la principale partie de Rubens, ayant beaucoup perdu, le mérite de ce tableau se trouve par conséquent fort diminué.

Le collége royal de médecine fut établi à Limoges par lettres-patentes du mois de novembre 1646, avec union de la charge & titre de conseiller-médecin du roi. Les assemblées se tiennent dans une salle du couvent des Jacobins.

La société royale d'agriculture fut établie en 1759; l'intendant de la généralité est le président né de cette société. Elle est divisée en trois bureaux qui se correspondent. L'un est à Limoges, l'autre à Angoulême, & le troisieme à Brives. Cet établissement a pour objet les progrès de l'agriculture & du commerce.

Depuis long-temps les habitans de Limoges ont le droit de se garder eux-mêmes; ils forment une milice bourgeoise, divisée en neuf cantons qui composent autant de compagnies, dont chacune est commandée par un capiraine, un lieutenant & un porte-enseigne. Ce corps de troupes a un état-major, qui consiste en un colonel, un lieutenant-colonel, un major & deux aide-majors.

C'étoit à Limoges que se célébroit autrefois le couronnement des anciens souverains d'Aquitaine. Cette cérémonie se faisoit de la manière suivante : l'évêque de Limoges, revêtu de ses habits pontificaux, accompagné de tout son clergé, se présentoit à la petite porte de l'église cathédrale. Le prince, à qui, *par la grace de Dieu*, le duché d'Aquitaine étoit échu, à titre héréditaire, suivi de ses principaux barons & seigneurs, s'avançoit vers la même porte, la tête ceinte du cercle d'or qui formoit la couronne ducale. L'évêque lui levoit cette couronne, l'aspergeoit d'eau bénite, récitoit une priere, lui couvroit les épaules d'un manteau de soie, lui mettoit au doigt l'anneau de sainte Valerie, en signe d'investiture, puis replaçoit sur sa tête le cercle d'or ou couronne ducale qu'il lui avoit ôtée.

L'évêque alors présentoit au duc la banniere attachée à une lance, & le duc, la tenant à la main, faisoit son entrée dans l'église, s'avançoit vers le chœur, suivi de la procession générale, & s'approchoit de l'autel sur lequel étoit posée l'épée ducale nue. L'évêque la prenoit, & après avoir récité une prière, il la donnoit au duc, qui, en la recevant, faisoit serment de l'employer à la défense de l'église & à l'exaltation de la foi chrétienne, & juroit sur-tout de protéger les droits de l'église de Limoges.

Le doyen s'approchoit ensuite, tenant les éperons d'or, & les chaussoit au duc, afin de lui signifier, suivant les expressions du cérémonial, qu'il devoit se montrer prompt & actif à secourir ses sujets.

Puis on célébroit la messe, après laquelle le duc s'avançoit vers l'autel, & là, offroit, en grande humilité, son manteau, sa couronne ducale, sa lance & sa bannière.

Après ces cérémonies, dont chacune étoit suivie ou précédée d'une prière que récitoit l'évêque, le duc, avec toute sa suite, se retiroit dans le palais qui lui étoit destiné, où étoit préparé un festin magnifique, suivi de fêtes

fêtes & de réjouissances publiques.

La ville de Limoges est fort commerçante ; sa situation, sur la grande route de Paris à Bordeaux, & sur celle de Lyon à cette derniere ville, en fait un lieu de passage, & l'entrepôt de commerce de plusieurs grandes villes. On y a établi aussi plusieurs manufacture qui y maintiennent l'aisance & l'activité, & qui suppléent en quelque sorte à la stérilité du sol des environs.

La population de cette ville se monte à environ vingt-deux mille ames.

Les habitans de Limoges sont fort attachés aux pratiques superstitieuses. On y compte six sociétés de *Pénitens*, de plusieurs couleurs, & les reliques forment un des principaux objets de leur culte. Tous les sept ans, chaque église expose à la vénération des peuples, les reliques qu'elle contient. Cette cérémonie, qui s'exécute avec appareil & solennité, dure environ deux mois, & se nomme l'*Ostension*.

Voilà, Madame, à peu près tout ce que le séjour que j'ai fait à Limoges m'a permis d'y recueillir & d'y voir. Je

Tome XXXIV. K.

vous parlerai dans ma prochaine lettre des villes du Limosin qui me restent à décrire, & puis je continuerai ma route par l'Angoumois & la Saintonge.

Je suis, &c.

A Limoges, ce 30 janvier 1762.

LETTRE CDLXIII.

SUITE DU LIMOSIN.

JE me suis fait une loi, Madame, de ne rien négliger de ce qui peut vous intéresser dans mes voyages, & je me suis souvent écarté de ma route ordinaire, pour aller chercher des objets que je croyois dignes de fixer ma curiosité & la vôtre. C'est ce qui m'a déterminé, après avoir quitté Limoges, & après avoir vu la petite ville d'*Aixe*, dont je vais bientôt vous parler, de me détourner de ma route pour aller voir la ville de *Chalus*.

Chalus est une petite ville, avec le titre de comté, située sur la route de Paris à Bordeaux, à six lieues de Limoges, & à quatre lieues de Saint-Yrieix. On attribue son origine au proconsul *Lucius Capreolus*, qui, sous le regne d'Auguste, étoit chargé de gouvernement d'Aquitaine. Il fit bâtir en ce lieu un superbe château, entouré de fortifications, & il l'appela de son nom, *Castrum Lucii Capreoli*, dont on a fait par corruption *Châlus-Chabreol*, nom que cette ville conserve encore dans les anciens titres.

Sous le regne de la féodalité, ce château devint le chef-lieu d'une baronnie que *Charlotte d'Albret*, fille d'Alain, sire d'Albret, comte de Périgord, & de Françoise de Blois, dite de Bretagne, porta en dot à son mari, César de Borgia, duc de Valentinois. Louise de Borgia, leur fille unique, fut dame de Châlus, & épousa Philippe de Bourbon, comte de Busset, dont la postérité possede encore cette baronnie.

Cette ville, divisée en haute & basse, contient deux paroisses. C'est dans la partie haute de Châlus qu'on voit encore les restes de l'ancien château, & les ruines du palais bâti par le proconsul *Lucius Capreolus*. Ces ruines annoncent un édifice aussi vaste que magnifique. On y a découvert, à différentes époques, plusieurs especes d'antiquités dont on m'a beaucoup parlé, & dont je n'ai pu me procurer la vue. A ce défaut, Madame, je vous rapporterai l'histoire d'une riche découverte qui y fut faite vers la fin du douzieme siecle, & qui fut suivie d'un événement tragique.

Un gentilhomme découvrit, dans les souterrains du château de Châlus, un tréfor confidérable, dont depuis plusieurs siecles on foupçonnoit l'exiftence. Ce tréfor confiftoit en plusieurs figures massives d'or, affifes & placées autour d'une table ; elles repréfentoient un homme, une femme, & plusieurs enfans, tous vêtus à la romaine.

On peut conjecturer que ces figures antiques & fi précieufes par leur matiere, avoient été exécutées par quelque proconful d'Aquitaine, & que le groupe repréfentoit toute fa famille. Les richeffes immenfes que poffédoient les gouverneurs des provinces Romaines, & qu'ils acquéroient ordinairement par des exactions exceffives, les mettoient bien à même de fubvenir à de pareilles magnificences. Enfin, fi l'on vouloit poufer plus loin les conjectures, on pourroit hafarder de dire que ce groupe en or repréfentoit le proconful *Lucius Capreolus*, fa femme & fes enfans.

Aymar, vicomte de Limoges, & feigneur en particulier de Châlus, s'empara de ce trésor. *Richard Cœur-de-Lion*, roi d'Angleterre & duc d'Aquitaine, crut avoir seul le droit, comme seigneur suzerain du vicomte de Limoges, de s'approprier cet or; ou plutôt, entraîné par son besoin ou par son avarice, il résolut, à quelque prix que ce fût, de s'en rendre maître. Le vicomte de Limoges, informé de ses dispositions, lui proposa de partager avec lui ce trésor, & lui en fit offrir la moitié. *Richard* rejeta cette proposition, & voulut l'avoir tout entier.

Animé par l'appât de tant de richesses, il partit de l'abbaye de Grandmont, où il se trouvoit alors, rassembla des troupes, & marcha promptement vers le château de Châlus, où ce trésor étoit conservé.

Ce château n'étoit défendu que par trente-huit hommes, commandés par un gentilhomme, nommé *Bertrand Gordon*. Cette petite garnison refusa de se rendre, & opposa d'abord une vigoureuse résistance aux attaques de l'armée nombreuse du roi *Richard*; mais à la fin, ne pouvant repousser des forces si supérieures, elle offrit de capituler & de se rendre. *Richard*, irrité par la résistance qu'il venoit d'éprouver, ne voulut point entendre parler de capitulation; il déclara qu'il emporteroit la place par force, & feroit pendre tous ceux qui la défendoient.

Cette conduite féroce & insensée ne produisit pas l'effet que ce roi devoit s'en promettre. La garnison, n'ayant plus d'espoir, ne songea qu'à se défendre jusqu'à la derniere goutte de son sang; & chacun se disposa à vendre sa vie bien cher. Richard, déterminé à donner un dernier assaut, s'approcha de la place, accompagné du duc de Brabant, pour en examiner les endroits foibles. *Bertrand de Gordon* l'apperçut du haut du rempart, & lui décocha une flèche qui atteignit le roi au bras. Le fer resta dans la blessure, qui n'étoit pas mortelle, mais qui le devint, dit-on, par la débauche du roi.

Richard, dans cette extrémité, emporté par sa fureur, fit presser les assauts, & bientôt la place fut prise; il en fit massacrer tous les soldats, & se fit amener *Bertrand de Gordon*, le gentilhomme qui l'avoit blessé. *Que t'avois-je fait, malheureux,* lui dit-il, *pour m'arracher la vie ! — Ce que tu m'as* fait ! répondit Gordon ; tu as tué de ta propre main mon pere & mes freres ; je suis content, je les ai vengé ; tyran, fais-moi mourir, je brave ta colere.

Affoibli par sa blessure, épouvanté par les approches de la mort & par le châtiment qu'il attendoit dans l'autre monde, il ne put s'empêcher d'admirer l'intrépidité de Gordon, & il déclara qu'il lui pardonnoit. En même temps il ordonna que ses fers lui fussent ôtés, & que sa liberté lui fût accordée avec cent sous d'argent.

Cet acte de générosité fut sans effet. Richard étant mort, le 6 avril 1199, le malheureux Gordon, quoiqu'absous, fut arrêté par les ordres du duc de Brabant, qui le fit écorcher tout vif.

C'étoit un prince très-courageux, Madame, que ce roi Richard, & ce fut à cette qualité qu'il dut le surnom un peu brutal de Cœur-de-Lion. Cette qualité, si funeste au bonheur des hommes, fut à peu près la seule dont il fut doué. Tous les historiens s'accordent à le peindre comme un être entiérement livré à ses passions, qui étoient excessives. Avare, débauché, cruel jusqu'à la férocité, ne respectant ni la vie, ni les propriétés de personne; sans foi, sans probité; il ne respecta pas même les biens de l'église, qui étoient alors les objets les plus sacrés pour les princes & les brigands de ce temps-là. Il vendoit tout pour satisfaire ses passions, & il vendoit même ce qui ne lui appartenoit pas. Il étoit prêt, disoit-il lui-même, à vendre Londres, s'il trouvoit un acheteur. Sa lubricité ne connoissoit ni bornes ni bienséances. Un ecclésiastique lui représentoit un jour qu'il devoit se défaire incessamment de trois méchantes filles qu'il entretenoit, l'*ambition*, l'*avarice* & la *luxure*. Richard ne fit que tourner ses exhortations en plaisanteries. *Vous avez entendu*, dit-il à ses courtisans, *ce que m'a dit cet hypocrite. Eh bien, je veux suivre ses avis : je donne mon AMBITION aux TEMPLIERS, mon AVARICE aux MOINES, & ma LUXURE aux PRÉLATS.*

Aixe est une petite ville, avec titre de baronnie, située sur la grande route de Bordeaux, sur la Vienne, & à deux lieues de Limoges.

La baronnie d'Aixe a long-temps appartenu aux vicomtes de Limoges. Le château étoit un des plus forts du Limosin. Au douzieme siecle il servit de retraite au roi d'Angleterre Henri II, qui étoit poursuivi par ses fils. *Henri le Jeune*, fils de ce roi, l'assiégea & le prit en 1180, & quelques jours après, *Richard Cœur-de-Lion*, son frere, vint encore en faire le siége, qu'il abandonna bientôt. En 1206, le vicomte de Limoges, Gui III, le fit reconstruire & fortifier pour s'y défendre contre les troupes de *Jean-Sans-Terre*. Il fut dans la suite pris par les Anglois, qui le conserverent jusqu'en 1444, époque où ils furent entiérement chassés du Limosin. Du temps des guerres de religion, en 1569, cette place fut prise par l'amiral de Coligni, & bientôt le parti des catholiques, commandé par le duc d'Anjou, s'en rendit maître.

Le château, qui fut autrefois considérable, & un des plus puissans boulevarts de la feodalité, a été presque entiérement détruit. On y voit encore quelques tours & murailles qui s'élevent sur le sommet du rocher où il étoit bâti.

Ce château dominoit sur ceux de cinq fiefs qui en relevent. Le fief du *Bary*, dont jouit aujourd'hui la maison de *Saint-Aulaire*, étoit de ce nombre. Il avoit appartenu à *Jean de Bary*, sieur de la *Renaudie*, second chef de la fameuse conjuration d'Amboise, formée en 1560, contre les Guises. Il fut tué le 16 mars de la même année, dans la forêt d'Amboise, comme il étoit sur le point de mettre son projet à exécution. Son corps fut porté à Amboise, & pendu sur le pont ; on attacha sur son front un écriteau qui portoit ces mots : *Chef des rebelles.*

Une chose remarquable, Madame, c'est que ce conspirateur sembloit avoir prévu le funeste succès de son entreprise. Avant d'en commencer l'exécution, il avoit vendu toutes ses terres, avoit fait passer ses enfans & sa fortune en Angleterre, où leur postérité existe encore sous le nom de *Bary-Mor*, nom qui vient de celui du fief de *Bary*, relevant du château d'*Aixe*.

La maison de *Saint-Aulaire*, qui possede aujourd'hui ce fief, est la même que celle d'un littérateur distingué dans le siecle dernier. François - Joseph de

Beaupoil, marquis de *Saint-Aulaire*, naquit au château de *Bury*. Après avoir porté les armes pendant sa jeunesse, il se livra, dans un âge plus avancé, à la littérature; il passa quarante ans à la cour de la duchesse du Maine, dont il fit les délices, & pour laquelle il composa plusieurs poésies. Lors de son admission à l'académie, Boileau lui refusa son suffrage; & il répondit à ceux qui lui représentoient qu'il falloit avoir des égards pour un homme de cette condition : *Je ne lui dispute pas ses lettres de noblesse ; mais je lui dispute ses titres du Parnasse*. Malgré l'opinion du célèbre satyrique, *Saint-Aulaire* passe aujourd'hui pour un des plus aimables poëtes de son temps. On a remarqué qu'*Anacréon*, moins vieux, fit de moins jolies choses; en effet, les vers les plus délicats qu'on ait de lui ont été faits pendant qu'il étoit plus que nonagénaire. Il mourut à Paris le 17 décembre 1742, à quatre-vingt dix-huit ans.

Saint-Junien est une petite ville située sur les frontières du Limosin & de l'Angoumois, sur la route d'Angoulême à Limoges, & à six lieues de cette derniere ville.

Ce lieu étoit, avant le fixieme fiecle, nommé *Comodoliac*. Saint Junien, folitaire recommandable par fa vie auftere & par fes miracles, mourut en 587, & fut enterré dans ce lieu. La réputation du défunt, les miracles qui s'opéroient auprès de fon tombeau, y attirerent un grand nombre de pélerins. Une églife & un monaftere y furent conftruits pour honorer le tombeau du faint, dont l'églife & la ville reçurent le nom.

Ce monaftere a été fécularifé & érigé en collégiale, qui eft compofée aujourd'hui d'un prévôt & de dix-huit chanoines.

Dans les archives de cette collégiale on conferve le manufcrit de la vie de faint Junien. Ce que contient ce manufcrit n'eft pas ce qui le rend précieux ; mais c'eft fa couverture qui en fait le plus grand prix. Cette couverture eft compofée de deux tablettes d'ivoire, dont chacune eft ce qu'on appelle un *Dyptique confulaire*, monumens du moyen âge, intéreffans pour l'hiftoire, & d'autant plus recherchés, qu'ils font très-rares. On en connoît à peine fept à huit en France.

Un dyptique est ordinairement formé de deux tablettes d'ivoire, que les consuls Romains, du temps du bas empire, distribuoient lorsqu'ils commençoient à entrer en charge. Ces tablettes étoient aussi nommées *fastes*; elles représentoient le plus souvent, en bas-relief, la figure, les noms & les dignités des consuls, & quelquefois les différentes especes de jeux qu'ils faisoient célébrer lorsqu'ils entroient en exercice de leurs fonctions.

Le dyptique qui se trouve dans le chapitre de Saint-Junien porte l'inscription suivante :

FL. FELICIS. V. C. COM. AC. MAG UTRQ. MIL. PATR. ET COS. ORD.

qui signifie, suivant l'explication qu'en a donnée le pere Mabillon, *Flavius Felicis vir clarissimus, comes ac magister utriusque militiæ, patricius & consul ordinarius*. C'est-à-dire :

» *Flavius Felix*, homme d'une
» naissance illustre, commandant &
» chef de l'une & de l'autre milice,
» patrice & consul ordinaire «.

On croit que ce *Flavius Felix* est

le même que le Patrice dont parle Sidoine Apollinaire, qui, vers l'an 484, de concert avec *Rurire*, seigneur de Comodoliac, vint au secours de l'évêque de Riez, nommé *Fauste*, qui étoit en exil. On croit aussi que ce Patrice fut nommé consul l'an 511, avec Secundinus. Sans doute que Flavius Felix étant élevé à la dignité du consulat, fit présent à Saint Junien de ce dyptique, dans lequel on aura dans la suite placé le manuscrit de la vie de ce saint. C'étoit l'usage des consuls Romains de ce temps-là d'envoyer, après avoir été nommés, les dyptiques qui attestoient leur élévation au consulat.

Je suis, &c.

A Saint-Junien, ce 4 février 1762.

LETTRE CDLXIV.

L'ANGOUMOIS.

L'ANGOUMOIS, Madame, que j'ai parcouru en grande partie, est une des deux provinces que comprend le gouvernement de Saintonge. Borné au nord par le Poitou, au sud & à l'ouest par la Saintonge, & à l'est & au sud-est par le Périgord, elle a environ vingt lieues de longueur dans une direction du nord-est au sud-ouest, & douze lieues environ dans sa moyenne largeur.

Cette province est arrosée par la *Vienne*, qui sort du Limosin, entre dans l'Angoumois, au dessous de Saint-Junien, passe à Chabanois & à Confolens, puis parcoure le Poitou; & par la *Charente*, qui la traverse en deux endroits, passe à Pont-Sigoulent, entre dans le Poitou, rentre dans l'Angumois, où elle baigne les murs de Verneuil, d'Angoulême & de Bourg-Charente, puis traverse la Saintonge.

Le climat de ce pays est un peu

froid ; mais l'air y est très-sain. Les montagnes y sont en grand nombre, mais peu élevées. Le sol est sillonné de collines, dont la plupart sont très-fertiles en blé, froment & seigle. On y recueille du vin, du maïs & du safran, & toutes sortes de menus fruits qui sont excellens. On y trouve aussi des mines de fer, dont celles de Rancogne & de Plancheminiere sont les plus renommées.

Le commerce de l'Angoumois est sur-tout considérable en vins & en eaux-de-vie. Ceux de *Cognac* jouissent d'une réputation fort étendue, & forment une des principales branches du commerce de cette province. On y trouve aussi plusieurs manufactures en étoffes de laines de diverses qualités, qui sont établies à Angoulême ou ailleurs. Les fabriques de papier y sont aussi fort nombreuses & fort estimées: Il en sort des papiers très-précieux pour l'impression.

Les peuples qui habitoient l'Angoumois étoient connus, du temps des Romains, sous le nom d'*Agesinates*; c'est au moins l'opinion commune. Cette province fut appelée *Angoumois*, du nom d'*Angoulême*, fa capitale. Elle fuivit le fort des provinces voifines. De la domination Romaine elle paffa fous celle des Vifigoths, & enfin fous celle des rois de France; elle fit long-temps partie du duché d'Aquitaine, fut foumife aux Anglois; enfin, fous le regne de Charles VII, elle rentra fous la domination Françoife. Ce pays fut dans la fuite donné en apanage à la feconde branche de Valois, dont étoit iffu François premier, qui porta le titre de comte d'Angoulême, avant d'être roi de France. En 1515, ce prince l'érigea en duché en faveur de fa mere, *Louife de Savoie*. Le duché d'Angoulême, après la mort de cette princeffe, arrivée en 1531, fut réuni à la couronne. En 1552, le roi Henri II le donna à fa fille *Diane*, légitimée de France, & mariée d'abord à Horace de Farnefe, puis à François de Montmorency. Cette princeffe étant morte fans poftérité, en 1619, Charles de Valois, fils naturel de Charles IX, qui portoit le titre de comte d'Auvergne, obtint le duché d'Angoulême, qui revint à la couronne après fa mort, arrivée en 1650.

En quittant le Limofin, & avant

d'entrer dans l'Angoumois, on trouve la petite ville de *Rochechouart*, qui dépend du Poitou, mais qui est du diocese de Limoges. Je m'y suis arrêté quelques heures, & le nom seul qu'elle porte, m'engage à vous en dire ici quelque chose.

Cette petite ville, située sur la riviere de Graine, à sept lieues de Limoges, tire son nom des rochers sur lesquels son château est construit ; il est appelé en latin *Rupes Cavardi*, rochers creux. Le château est bâti sur la hauteur, & la ville sur la pente de la montagne. Quoique d'une construction ancienne, cet édifice porte encore un caractere de magnificence qui convient à son illustration. Les jardins sont beaux, & sur-tout en belle situation. A la hauteur du rez-de-chaussée du château, est une longue allée d'arbres, plantée sur une terrasse qui forme une promenade très-agréable. Derriere le château, il en est une autre qui ne l'est pas moins ; c'est une esplanade soutenue par un fort mur de terrasse, plantée d'arbres, & de laquelle on jouit d'une vue aussi variée qu'étendue.

La ville de Rochechouart a donné son nom à une des plus illustres & des plus anciennes maisons de France, issue des anciens comtes de Limoges. *Aimeri* de Rochechouart, premier du nom, surnommé *Ostofrancus*, étoit le cinquieme fils de *Geraud*, vicomte de Limoges; il fut le premier vicomte de *Rochechouart*, & en prit le nom vers l'an 1018; dès l'an 1073, les armes de cette maison étoient fascées, ondées d'argent & de gueule, de six pieces.

Les premiers seigneurs de Rochechouart ont porté le nom d'*Aimeri*. Le septieme de ce nom épousa, vers l'an 1245, *Alix*, dame de Mortemart, fille de Guillaume, seigneur de *Mortemart*, de la province de la Marche. Il devint, par ce mariage, seigneur de Mortemart. Aimeri IX épousa, en 1251, *Jeanne*, dame de Tonnay-Charente. Jean premier, un de ses descendans, conseiller & chambellan du roi, fut tué, en 1356, à la bataille de Poitiers.

Louis, vicomte de Rochechouart, son fils, rendit hommage, en 1363, à Edouard, fils aîné du roi d'Angleterre; il étoit chevalier banneret en 1368. Pendant les guerres des Anglois, le vicomte Louis de Rochechouart, qui penchoit beaucoup pour le parti de la France, devint suspect au prince de Galles, qui le fit venir à Angoulême, & le fit arrêter ; mais à la priere de quelques Poitevins de ses amis, ce prince lui rendit la liberté. Le vicomte en fit usage pour servir le roi de France, Charles V; il mit une bonne garnison dans la forteresse de Rochechouart, & envoya défier le prince de Galles.

Les Anglois ne tarderent pas à venir ravager les terres de la vicomté de Rochechouart ; mais ils ne purent jamais se rendre maîtres de la forteresse ni de la ville. Louis de Rochechouart travailla aussi de tout son pouvoir pour faire rentrer les seigneurs du Poitou dans le parti de la France ; il réussit en grande partie. Charles V, pour le récompenser des services qu'il lui avoit rendus, le fit son chambellan, & le nomma gouverneur du Limosin: il ne se borna pas à ce bienfait, il y ajouta celui d'exempter sa vicomté de Rochechouart & ses sujets de tous impôts, à l'exception de ceux qui seroient levés pour les guerres & pour les dépenses communes de cette vicomté.

Il y a eu plusieurs branches de cette maison. Celle des *Bourdet*, qui eut pour chef Jean de Rochechouart, second fils de Jean II du nom, vivant en 1388. Celle de *Pontville*, issue de Foucaut, vicomte de Rochechouart, chambellan du roi en 1446. Sa fille unique *Jeanne* épousa, en 1470, Jean de *Pontville*, vicomte de Breuillez, conseiller & chambellan de Charles de France, duc de Guienne. Ce duc fit ce mariage, à condition que les enfans qui naîtroient prendroient le nom & les armes de Rochechouart. La branche de *Chamdeniers*, issue du second fils de Jean de Rochechouart, seigneur de Bourdet, vivant en 1444. Cette branche est éteinte. Celle de *Clermont* ou de *Faudoas* est actuellement l'aînée : celle de *Jars Montigni* est aussi subsistante. La branche de *Saint-Amand* & de Faudoas, commencée par *Antoine*, second fils de François, seigneur de Chamdeniers, qui vivoit en 1529. Celle des seigneurs de *Clermont*, descendus du troisieme fils de Jacques de Rochechouart & Faudoas, vivant en 1616. Celle des seigneurs de *Jars*, issus de Jean de Rochechouart, second fils de Jean de Rochechouart de Chamdeniers, vivant en 1497. Celle des seigneurs de *Montigny* & de *la Brosse*, issus de Louis de Rochechouart, fils aîné du second fils de François de Rochechouart, deuxième du nom, seigneur de *Jars*, né en 1569. Celle des seigneurs de la *Brosse* & de la *Faussay*, issus d'un fils puîné de Louis de Rochechouart, seigneur de la Brosse, vivant en 1645. Celle des seigneurs de *Chatillon-le-Roi*, issus de Guillaume de Rochechouart, seigneur de Jars, mort en 1568. Les seigneurs de *la Mothe*, issus de François de Rochechouart, fils naturel de François de Rochechouart, deuxieme du nom, seigneur de Jars, mort en 1596.

La branche des seigneurs de *Mortemart* a eu pour chef, *Guillaume de Rochechouart*, second fils d'Aimeri VII, mort en 1245, & de Marguerite, fille de Guy, vicomte de Limoges; Guillaume de Rochechouart fut seigneur de Mortemart & Saint-Victurnien.

Aimeri de Rochechouart, seigneur de Mortemart, étoit, en 1353, sénéchal de Toulouse & d'Albigeois, &

capitaine souverain pour le roi en Poitou, Limosin & Saintonge.

Aimeri II, son fils, fut conseiller & chambellan du roi ; il suivit d'abord le parti des Anglois ; puis, étant rentré au service du roi de France, il aida à les chasser du Poitou & de la Guienne. En 1392, il fut capitaine général en Poitou & Saintonge. Jeanne d'*Archiac*, sa premiere femme, lui ayant donné des soupçons sur sa fidélité, il la tint prisonniere dans le château de *Verac*, où elle mourut en 1378. Il obtint des lettres de rémission pour cet emprisonnement, en 1379, & se remaria avec Jeanne *Langue*, dame de Montpipeau.

Par son testament, fait en 1393, il voulut être inhumé dans l'église des cordeliers de Poitiers, & ordonna qu'il fût élevé une chapelle sur son tombeau. Il donna pour cette dépense cinq cents francs d'or, & il y fonda trois messes par semaine, pour deux cents francs d'or.

Son fils, Jean de Rochechouart, du second lit, seigneur de Mortemart, Vivonne & Saint-Germain, fut chambellan du roi Charles VII, & mourut en 1444.

Cette

Cette dame fut l'héroïne d'une aventure bien étrange, que je ne puis, Madame, vous passer sous silence. Elle tomba en léthargie, & passa pour morte, & comme telle fut enterrée. Un de ses domestiques sachant qu'elle avoit été inhumée avec un anneau précieux au doigt, se détermina à pénétrer dans le caveau où son corps étoit déposé, & à lui enlever ce bijou qui tentoit sa cupidité. Il y arrive à la faveur de la nuit, parvient jusqu'au lieu où étoit le corps, fait des efforts considérables pour arracher l'anneau du doigt. Ces efforts raniment la dame; elle recouvre le mouvement, sort de son tombeau, & se rend chez elle. Elle eut depuis plusieurs enfans, & elle fut la souche maternelle de la branche aînée de Rochechouart.

Cette aventure singuliere donna lieu à une opinion populaire qui ne l'étoit pas moins. Le peuple, persuadé que cette dame étoit réellement morte, s'imagina que ce n'étoit point elle qui avoit survécu, mais un démon succube qui avoit pris la forme d'une femme & sa figure.

Je ne vous entretiendrai pas plus long-temps de cette famille illustre; il suffit de vous dire que la fameuse ma-

Tome XXXIV.   L

dame de *Montespan* en descendoit. Vous savez quelles furent les causes de sa célébrité, de sa faveur & de sa disgrace; vous savez aussi que sa conduite & son caractere ne firent honneur ni à son cœur, ni à sa famille.

Je suis, &c.

En Angoumois, ce   1762.

LETTRE CDLXV.

SUITE DE L'ANGOUMOIS.

LA premiere ville, Madame, que j'ai trouvée en entrant dans l'Angoumois, est *Chabanois*, située sur la route de Limoges à Angoulême, & sur la rive droite de la Vienne. Elle est peu considérable, quoiqu'elle soit décorée du titre de principauté. La terre & seigneurie de ce nom étoit, dans les premiers temps de la féodalité, possédée par *Aymar*, qui prenoit le titre de *Sire de Chabanois*. Il eut pour fils *Jourdain*, qui fut à la croisade en 1099.

Ce *Jourdain* se rendit célebre dans son temps par les guerres qu'il fit à ses voisins, & par ses querelles avec les évêques de Limoges. *Aldouin*, évêque de Limoges, & frere de la duchesse de Guienne, pour faire plus à son aise la guerre au sire de Chabanois, fit construire, près de Saint-Junien, la forteresse de Beaujeu. Ce prélat profita de la présence du duc de Guienne, son beau-frere,

L 2

pour exercer ses brigandages avec plus d'impunité. *Jourdain* se disposa à résister aux attaques de l'évêque de Limoges ; il rassembla des troupes, fondit sur celles du prélat, les battit à plusieurs reprises, & demeura maître du champ de bataille. Après cette victoire, *Jourdain* se retiroit, lorsque, dans le moment qu'il y pensoit le moins, un soldat de l'évêque le saisit par derriere, & le tua. Les soldats du sire de Chabanois, indignés de cette lâche trahison, qu'ils crurent ordonnée par l'évêque de Limoges, fondirent en désespérés sur les nombreux prisonniers qu'ils avoient faits, & les passerent tous au fil de l'épée.

Jourdain ne laissa qu'une fille qui fut son unique héritiere : elle épousa Guillaume de *Mathas*, qui devint comte de Chabanois. Son petit-fils *Guillaume II*, aussi comte de Chabanois, vivoit vers l'an 1200. *Eschival II*, petit-fils de Guillaume II, mourut en 1283. *Laure*, sa sœur & son héritiere, épousa, en premieres noces, *Raimond*, vicomte de Turenne, &, en secondes noces, *Simon de Rochechouart*, seigneur de Tournay-Charente. Cette terre passa ensuite à la maison de *Thouars*, parce que Jean de Rochechouart, arriere-petit-fils de *Simon*, n'eut pour héritiere que sa sœur *Jeanne*, qui épousa *Miles de Thouars*, seigneur de Pouzangues.

Catherine de Thouars, sœur de *Miles II*, petit-fils de Miles premier, fut héritiere de Chabanois, Confolent & Pouzangues. Elle épousa Jean de Vendôme, vidame de Chartres, qui vivoit en 1460, & dont le fils Jean III étoit, en 1481, qualifié de *prince de Chabanois*.

François de Vendôme, arriere-petit-fils de Jean III, n'ayant point d'enfans, vendit Chabanois à *Joachim de Montesquiou*, dit *de Montluc*; il mourut en 1567. *Blaise de Montluc*, son frere, maréchal de France, si celebre par son courage & par ses cruautés, dont il se vante lui-même dans ses mémoires, intitulés *Commentaires*, lui succéda; il mourut en 1573. Son petit-fils *Adrien de Montluc*, comte de Carmaing, est qualifié de prince de Chabanois. Il mourut le 2 janvier 1646, & ne laissa qu'une fille, nommée *Jeanne*, qui, en épousant Charles d'Escoubleau, marquis de Sourdis, lui porta la terre de Chabanois. Angélique d'Escoubleau, leur petite-fille, héritiere de Chabanois, épousa, le 24 mars 1702, Gilbert *Colbert de Saint-Pouange*, qui se trouve seulement qualifié de *marquis de Chabanois*. Cette terre est depuis restée dans cette même maison.

Je vais encore vous parler, Madame, d'une ville qui a donné son nom à une maison très illustre ; c'est celle de *la Rochefoucault*.

Cette petite ville, située sur la grande route d'Angoulême à Limoges, & sur la rive droite de la Tardouere, a le titre de duché-pairie.

Cette ville, ou plutôt le château qui la domine, est nommée en latin *Rupes Fucaldi*. Depuis long-temps la terre de la Rochefoucault avoit le titre de baronnie, lorsqu'en 1515 elle fut érigée en comté, en faveur de *François I*, seigneur de la Rochefoucault.

François I de la Rochefoucault, qui fut chambellan des rois Charles VIII & Louis XII, se fit admirer à la cour par son caractere droit, sincere & généreux. Il tint, en 1494, sur les fonts baptismaux, *François I*, qui devint depuis roi de France. Ce prince étant monté sur le trône, conserva toujours beaucoup de considération pour son parrain. Ce fut pour lui marquer sa bienveillance qu'il érigea la baronnie de la Rochefoucault en comté. Dans les lettres d'érection on lit ces paroles : *En mémoire des grands, vertueux, très-bons & très-mémorables services qu'icelui François, son très-cher & amé cousin & parrain, avoit fait à ses prédécesseurs, à la couronne de France & à lui.* Ce seigneur mourut en 1517. C'est depuis lui que tous les aînés de sa maison ont pris constamment le nom de *François*. Son fils *François II* du nom, comte de la Rochefoucault, lui succéda. Il épousa, en 1528, *Anne de Polignac*, veuve du comte de Saniere. Il eut de ce mariage *François III*, tué au massacre de la Saint-Barthélemi. Il avoit épousé en secondes noces *Charlotte de Roye*, comtesse de Roucy, sœur puînée d'Eléonore de Roye, princesse de Condé. Cette dame mourut deux ans avant son mari, d'un mal de gorge qui l'empêchoit de prendre aucune nourriture. Un historien de son temps dit qu'en mourant elle s'écrioit, *que c'étoit grande pitié d'avoir soixante mille livres de* rente, & toutefois de mourir de faim.

François IV son fils, dont le frere Charles a fait la branche des comtes de *Roussi*. François V, fils de François IV, lui succéda. Ce fut en sa faveur que Louis XIII érigea le comté de la Rochefoucault en duché. Cette érection fut accordée par lettres-patentes du mois d'avril 1622, regiſtrées le 4 septembre 1631. Mais comme ce seigneur n'alla prendre sa premiere séance au parlement qu'en 1637, le duché de la Rochefoucault a été réduit à ce rang par l'édit de 1711.

François VI du nom, duc de la Rochefoucault, prince de Marsillac, est sans contredit le seigneur le plus renommé de cette illustre maison. Il naquit en 1613. Il fut de bonne heure lié avec la fameuse duchesse de Longueville, & ce fut à l'instigation de cette dame qu'il entra dans les querelles de la fronde. Il se signala dans cette guerre, & reçut au combat de Saint-Antoine un coup de mousquet, qui, pendant quelque temps, le priva de la vue. Ce fut à cette occasion qu'il dit ces vers si connus, tirés de la tragédie d'*Alcyonée*:

Pour mériter son cœur, pour plaire à ses beaux yeux,
J'ai fait la guerre aux rois, je l'aurois faite aux dieux.

Quelque temps après, s'étant brouillé avec Madame de Longueville, il parodia ainsi ces vers:

Pour ce cœur inconstant, qu'enfin je connois mieux,
J'ai fait la guerre au roi, j'en ai perdu les yeux.

La paix s'étant enfin rétablie dans le royaume, le duc de la Rochefoucault s'abandonna tout entier aux délices de la société & aux charmes de la littérature. Sa maison étoit le rendez-vous des *Racine*, des *Boileau*, des *Sévigné*. Il composa ses *Mémoires*, qui peignent les troubles de la fronde, les intrigues des grands, & où l'on retrouve quelquefois la précision & l'énergie de Tacite. Ses *Maximes* lui acquirent plus de célébrité. On y voit des résultats exprimés avec une concision & une clarté frappante. Cet ouvrage, imprimé plusieurs fois, semble faire plus d'honneur à son esprit qu'à son cœur.

Vous serez sans doute bien aise, Madame, que je joigne ici le portrait qu'en a tracé Madame de *Sévigné*, dans ses Lettres. » Il avoit, dit-elle, une phy-
» sionomie heureuse, l'air grand, beau-
» coup d'esprit & peu de savoir. Il
» étoit intrigant, souple, prévoyant;
» je n'ai pas connu d'ami plus solide,
» plus ouvert, ni de meilleur conseil.
» Il aimoit à régner. La bravoure per-
» sonnelle lui paroissoit une folie, & à
» peine s'en cachoit-il : il étoit pourtant
» fort brave. Il conserva jusqu'à la mort
» la vivacité de son esprit, qui étoit
» toujours fort agréable, quoique natu-
» rellement sérieux «.

Il eut plusieurs enfans de *Andrée de Vivonne*, dame de la Châtaigneraie. Le plus connu est l'aîné *François*, duc de la Rochefoucault, VIIe. du nom, prince de Marsillac, grand-veneur de France, grand-maître de la garderobe du roi, chevalier de ses ordres, né en 1634, & mort en 1714. Louis XIV avoit pour lui beaucoup de considération & d'amitié. Un jour ce monarque le vit inquiet, au sujet de ses dettes ; il lui dit : *Que n'en parlez vous à vos amis ?* & en même temps il lui fit don de cinquante mille écus. Une autre fois Louis XIV lui écrivit ce billet en lui annonçant une grace importante : *Je me réjouis, comme votre ami, de la charge de grand-maître de la garde-robe que je vous ai donnée comme votre roi.*

Quatre châtellenies dépendent du duché de la Rochefoucault. Il y a dans cette ville une église collégiale, un couvent de Carmes, & un hôpital de la Charité, fondé par le sieur de *Gourville*, dont je vous parlerai bientôt. Le roi donna pour cette fondation le temple qui servoit aux prêches des Protestans. Gourville y fit bâtir une chapelle, & y ajouta une maison voisine dont il fit l'acquisition. Ce fondateur, par son testament, ordonna que son cœur fût porté dans cette chapelle, & qu'on y plaçât son épitaphe sur un marbre.

A une lieue de la Rochefoucault est situé le village de *Rancogne*, renommé par ses mines de fer & ses forges, & sur-tout par ses profonds souterrains, appelés *Caves de Rancogne.* C'eſt, Madame, une des principales curioſités naturelles de l'Angoumois. Ce n'eſt pas ſans quelques craintes, & ſans beaucoup de dangers, que je me ſuis haſardé d'y pénétrer. La curioſité, & le déſir de vous faire part de mes obſervations, ont ſoutenu mon courage dans ce périlleux voyage.

Après avoir ſuivi, pendant un long eſpace, un chemin ſouterrain, très-étroit, très-incliné, dans une attitude ſouvent très-pénible, à la foible lueur d'un flambeau, je ſuis parvenu à une ſalle immenſe, qui offre une infinité d'objets curieux & bien faits, pour dédommager de la peine qu'il en coute pour les voir. Figurez-vous, Madame, les parois & la voûte de ce vaſte ſouterrain couverts & ornés d'albâtre qui ſe préſente ſous mille formes différentes, les unes plus ſingulieres, plus étonnantes que les autres. Ici la couleur eſt la même, mais les figures ſont variées à l'infini; là, c'eſt la couleur qui change, & qui, en divers endroits, eſt parfaitement tigrée : il ſemble qu'on voit des tentures de peaux de tigres. Ces eſpeces de congélations, ces ornemens que la nature a cachés dans le fein de la terre, font ce que les naturalistes nomment *staladites*.

L'eau, en filtrant à travers les pores du rocher, acquiert une qualité lapidifique, ou plutôt entraîne avec elle la matiere qui convient à la formation de ces pétrifications, la dépofe par couches fucceffives à l'endroit où elle prend fon iffue; & ce dépôt, après une révolution de plufieurs fiecles, acquiert un certain volume & de certaines figures, que le fuintement de l'eau, & que les circonftances du point de ce fuintement néceffitent de telle ou de telle maniere. Il y en a de très-bizarres; quelques-unes repréfentent des draperies, d'autres des fruits, d'autres enfin reffemblent, au premier abord, à des ouvrages de fculpture. Dans ces fouterrains on voit deux ruiffeaux. L'un peut avoir deux pieds de largeur. Son eau eft limpide, fans odeur; mais elle eft chaude. Le fecond ruiffeau coule entre des rochers à une profondeur prefque inacceffible. Il forme dans fon cours un bruit pareil au bourdonnement de groffes cloches. Ces fouterrains, Madame, s'étendent fort loin dans la montagne de Rancogne; ils fe prolongent en profondeur & en hauteur; ainsi, en les parcourant, on a beaucoup à monter & à descendre. L'air qu'on y respire est tempéré, mais un peu humide. C'est un lieu bien fait pour attirer les regards des naturalistes : plusieurs objets que je ne vous sçaurois décrire, m'y ont frappé d'étonnement. J'y ai éprouvé cette émotion que produit la vue des choses extraordinaires; mais, je vous l'avoue, après avoir passé près d'une heure dans ces cavernes ténébreuses, j'ai éprouvé un nouveau plaisir lorsque mes poumons ont respiré l'air atmosphérique, & que mes yeux ont été rendus à la lumiere du jour.

Les environs de la Rochefoucault, ou peut-être la ville même, ont vu naître, en 1625, *Jean Heraud*, sieur de *Gourville*. Le célebre duc de la Rochefoucault l'attacha à son service, en qualité, d'abord de valet de chambre, puis de secrétaire, enfin il en fit son confident & son ami. Gourville eut l'art de plaire, non seulement au duc son maître, mais au grand *Condé* & au surintendant *Fouquet*. Enveloppé dans la disgrace de ce dernier, il fut obligé de s'expatrier. Son talent l'avoit déjà fait considérer à la cour; on le chargea, quelque temps après son évasion, d'une commission importante en Allemagne, & il eut le titre d'*envoyé* du roi dans cette cour étrangere. C'est à propos de sa disgrace & de cette commission, qu'on a dit, pour faire une antithese, qu'il fut en même temps pendu en effigie à Paris, & envoyé du roi en Allemagne. Il mérita dans la suite d'être proposé pour succéder au grand Colbert. On a de lui des *Mémoires*, depuis 1642 jusqu'en 1698, en deux volumes. Ils sont écrits dans un style animé, naturel, simple, mais incorrect. On y voit les portraits des ministres, depuis Mazarin jusqu'à Colbert, & des anecdotes curieuses sur la plupart des personnages qui ont figuré à la cour de Louis XIV. On prétend que c'est de Gourville que Boileau entendoit parler dans cette épitaphe :

Ci gît, justement regretté,
Un savant homme sans science,
Un gentilhomme sans naissance,
Un très-bon homme sans bonté.

Ruffec, nommé en latin *Ruffiacum*, est une petite ville de l'Angoumois, située près des limites du Poitou, sur le ruisseau de Lien & sur la route d'Angoulême à Poitiers, à trois lieues de Verteuil, & à huit lieues d'Angoulême.

La terre & seigneurie de *Ruffec* est une des plus considérables de l'Angoumois. Son revenu se monte très haut; sa justice comprend trente-deux paroisses, & sa mouvance renferme plus de cinquante terres nobles. Près de la ville est un bois de haute-futaie d'un grand produit. La petite riviere de Lien, qui passe à Ruffec, & qui, à une lieue de là, va se jeter dans la Charente, est célebre par l'abondance des truites qu'on y pêche.

Cette terre avoit autrefois le titre de baronnie : elle étoit l'apanage des puînés des anciens comtes d'Angoulême. Eléonore, héritiere de cette terre, la porta dans la maison de *Voluire*, par son mariage, contracté, en 1336, avec *Hervet*, seigneur de *Voluire*, chevalier. En 1588, cette baronnie fut érigée en marquisat, en faveur de *Philippe de Voluire* & d'*Anne Daillon du Lude* sa mere. Eléonore de Voluire, marquise de Ruffec, fut la derniere de cette race. Elle épousa François de l'Aubespine, marquis de Châteauneuf, dont la fille *Charlotte* fut mariée, en 1672, à Claude de Rouvroy, duc de *Saint-Simon*. Elle eut *Ruffec* en dot. Ce marquisat a été acquis par Charles *de Broglie*, lieutenant-général des armées du roi, ci-devant ambassadeur de France auprès du roi & de la république de Pologne.

Verteuil est une petite ville, avec un château, située sur la rive droite de la Charente. Elle étoit nommée autrefois *Saint-Méard de Verteuil*. Cette ville, qui a le titre de baronnie, est dans une situation fort agréable. Le château est bien bâti, les jardins sont beaux ; la riviere de Charente, qui forme en cet endroit une courbure, entoure en partie le parc & les jardins du château. Il y a un couvent de *Cordeliers*, où se voient les tombeaux de plusieurs ducs de la Rochefoucault. Plusieurs seigneurs de cette maison y reposent depuis près de cinq cents ans.

Lorsque l'empereur Charles-Quint vint en France, il séjourna au château de Verteuil, où *Anne de Polignac*, veuve du comte de Sancerre, & femme, en secondes nœces, de *François II*, comte de la *Rochefoucault*, le reçut, en 1539. Ce prince fut tellement frappé de la dignité de ses manieres, qu'il dit hautement, *n'avoir jamais entré en maison qui mieux sentît sa grande vertu, honnêteté & seigneurie que celle là.*

Je suis, &c.

A Verteuil, ce 15 février 1762.

LETTRE CDLXVI.

Suite de l'Angoumois.

La ville d'Angoulême, où je suis arrivé depuis quelques jours, Madame, est la capitale de l'Angoumois. Elle est située sur la rive gauche de la Charente, à trente-trois lieues de Bordeaux, à quinze lieues de Saintes, & à vingt lieues de Limoges. Cette ville, siége d'un évêché suffragant de Bordeaux, & décorée du titre de duché, existoit du temps des Romains. Les antiquités & les nombreuses médailles qu'on y a découvertes en seroient une preuve suffisante, si l'on n'avoit pas encore, en faveur de cette vérité, l'autorité des anciens écrivains. Elle étoit nommée alors *Iculisna*, ou *Iculisma*, ou *civitas Ecolismensium*. Ausone, dans une de ses lettres, en parle comme d'une ville peu considérable, & éloignée des communications. Dans la notice des provinces de la Gaule, elle est regardée comme une *cité*. Dès le cinquieme siecle, cette ville étoit épiscopale, suivant le témoignage de Grégoire de Tours, qui parle d'un évêque d'Angoulême qui vivoit alors, & qu'il nomme *Dynamius*.

Cette ville, Madame, suivit le sort de l'Angoumois & de toute l'Aquitaine. De la domination des Romains elle passa sous celle des Visigoths, qui la conserverent jusqu'en 507. Cette même année, *Clovis*, roi des François, après la célebre bataille de *Vouillé*, s'en rendit maître. Les écrivains qui, dans ces temps d'ignorance, se plaisoient à ajouter des récits merveilleux aux faits les plus ordinaires, ajoutent que lorsque *Clovis* vint assiéger Angoulême, les murailles de cette ville tomboient au son des trompettes de son armée, par un miracle semblable à celui dont il est parlé dans la Bible. Clovis s'empara de la ville, extermina les Visigoths qui s'y trouvoient, en bannit l'évêque Arien, & en plaça un nouveau qui étoit Catholique.

Cette ville fut dans la suite gouvernée par des comtes, dont les charges étoient amovibles, & qui enfin devinrent héréditaires par usurpation.

L'ANGOUMOIS. 261

Turpion, fils d'Adaléme, comte de Laon, fut établi comte d'Angoulême, en 839. C'est le plus ancien des comtes de cette ville que l'on connoisse, il fut tué par les Normands, en 863.

Vulgrain I, que le roi Charles le Chauve, son parent, avoit établi comte d'Angoulême & de Périgord, commença, le dernier février 868, à faire rebâtir la ville d'Angoulême, que les Normands avoient entiérement détruite.

Vulgrain II, mort en 900, avoit épousé *Roselinde*, fille de Raimond, comte de Toulouse, de laquelle il eut deux fils appelés Guillaume. L'un fut comte d'Angoulême, sous le nom de *Guillaume I*. L'autre eut en partage le Périgord & l'Agénois.

Guillaume I du nom, comte d'Angoulême, petit-fils du comte *Vulgrain*, fut comte d'Angoulême vers l'an 906, & mourut en 956. Ce fut lui qui défit les Normands & tua leur chef, nommé *Stolius*. Il lui porta un si rude coup d'épée, qu'il lui fendit la tête couverte d'un casque jusqu'à la poitrine, & lui coupa du même coup une partie de sa cuirasse de fer. Par ce coup de force, le comte Guillaume mérita le surnom de *Taillefer*, que ses descendans se sont fait honneur de porter.

La postérité de Guillaume I a subsisté, pendant huit générations, jusqu'à *Aymar Taillefer*, mort en 1218, le même qui épousa *Alix de Courtenay*, fille de Pierre de France, qui étoit lui-même fils de Louis le Gros. De ce mariage naquit une fille unique, nommée *Isabeau d'Angoulême*, accordée par son pere à Hugues X, sire de Lusignan, & comte de la Marche. Le mariage étoit sur le point d'être célébré. On y avoit invité tous les princes du voisinage, & notamment *Jean-Sans-Terre*, roi d'Angleterre, qui lui seul troubla la fête, par un trait digne de la noblesse du douzieme siecle. Ce roi, le jour du mariage, l'an 1200, enleva la future épouse, & l'épousa lui-même.

Après sa mort, arrivée en 1216, *Isabeau*, reine d'Angleterre, épousa Hugues de Lusignan, auquel elle avoit été fiancée seize ans avant. De ce mariage naquit *Hugues XI*, dit *le Brun*, sire de Lusignan. Hugues III de Lusignan, petit-fils d'Hugues XI, comte d'Angoulême & de la Marche, mourut sans postérité en 1303. Son frere *Guy* ou *Gayard* prit alors le titre de comté d'Angoulême. S'étant rendu coupable de félonie, Philippe le Bel, roi de France, confisqua sur lui les comtés d'Angoulême & de la Marche, & les réunit à la couronne.

Philippe le Long, roi de France, donna le comté d'Angoulême à Jeanne de France & à Philippe d'Evreux, son mari. Charles leur fils s'étant rendu coupable de félonie, ce comté lui fut enlevé en 1351, & fut de nouveau réuni à la couronne.

Le roi *Jean* céda ce même comté à Charles d'Espagne, dit *de la Cerda*, connétable de France, qui fut assassiné en 1354.

Par le traité de Bretigny, conclu en 1360, entre l'Angleterre & la France, l'Angoumois fut cédé à l'Angleterre en toute souveraineté; mais, en 1372, les habitans d'Angoulême chasserent les Anglois de leur ville, & se donnerent, de leur propre mouvement, à Charles V, alors roi de France.

Dans la suite, ce comté fut donné en apanage à la seconde branche de Valois, de laquelle étoit François I, qui, comme je vous l'ai dit, Madame, portoit la qualité de comte d'Angoulême, avant d'être roi de France, & l'érigea en duché, en 1515, en faveur de *Louife de Savoie*, fa mere.

Henri II donna ce duché à Henri fon fils naturel. Ce jeune prince ayant vu à la fenêtre d'une hôtellerie, *Altovité*, contre qui il avoit du reffentiment, monta dans la chambre, & lui paffa fon épée au travers du corps. *Altovité* fe fentant mortellement bleffé, le perça de la fienne, & le tua fur la place, en 1586.

Le dernier duc d'Angoulême qui fe foit fait un nom dans l'hiftoire, eft *Charles de Valois*, fils naturel de Charles IX. Ce jeune prince, élevé à la cour de Henri III, y puifa de bonne heure tous les vices dont elle étoit le centre. Il fe trouva à la mort tragique de ce roi, & reçut fon dernier foupir. Avant d'expirer, Henri III le recommanda au roi de Navarre, fon fucceffeur, qui promit de lui tenir lieu de pere.

Charles, au commencement du regne de Henri IV, fe diftingua dans plufieurs batailles, & fur-tout à celle
d'Arques,

d'*Arques*, dont il rapporte les détails dans les mémoires précieux qu'il nous a laissé des premiers mois du regne de ce monarque. Il fut bientôt connu dans le monde sous le nom de *grand-prieur* de France. Les troubles de la ligue étant appaisés, Henri IV le nomma *comte d'Auvergne*; mais il fut assez ingrat pour entrer dans une trame contre sa patrie & contre le roi, & fut condamné à avoir la tête tranchée. Le duc de Biron son complice subit ce jugement.

Charles ne mourut point; Henri IV commua la peine en une prison perpétuelle. Pendant la minorité de Louis XIII, il obtint son élargissement & le duché d'Angoulême, qu'il conserva jusqu'à sa mort, arrivée en 1650. Il laissa un fils, nommé *Louis-Emmanuel*, comte d'*Alet*, qui fut aussi duc d'Angoulême, mais qui mourut, en 1653, sans postérité masculine. La jouissance du duché ayant été accordée à plusieurs seigneurs de la cour, il ne fut réuni à la couronne que sous le regne de Louis XIV, qui le donna, en 1710, en augmentation d'apanage, & à titre de pairie, à son petit-fils Charles, duc de Berri, qui mourut sans postérité en

1714, & ce duché fut de nouveau réuni à la couronne.

La ville d'Angoulême, Madame, est située sur une éminence, au bas de laquelle coule la Charente. Les maisons n'y sont pas bien bâties ; mais la situation est heureuse, l'air pur, & la vue fort étendue.

La cathédrale, dédiée à *St. Pierre*, est de construction moderne ; elle avoit été détruite pendant les guerres civiles du seizieme siecle. En 1628, on s'occupa de la reconstruire, & ce ne fut que plusieurs années après qu'on la vit entiérement achevée. Le chapitre est composé d'un doyen, d'un archidiacre, de trois autres dignités, & de vingt-quatre chanoines. L'évêque prend le titre d'archichapelain du roi.

L'abbaye de *Saint-Cybard*, située au bas de la ville, sur le bord de la riviere de Charente, fut fondée en 876. Elle a pris son nom d'un certain *Eparchius Cybard*, qui, après avoir embrassé le christianisme, vécut pendant quarante ans en solitaire, dans une cellule construite en cet endroit. Sa vie auftere & ses nombreux miracles lui firent une grande réputation de sainteté. Le peuple venoit en affluence le visiter, se recommander à ses prieres, & lui porter ses aumônes. Quelques disciples, animés de la même ferveur, se joignirent à lui, & il se forma dans ce lieu un petit couvent de solitaires. *Eparchius Cybard* mourut en 585, & a toujours été regardé dans le pays comme un saint.

Les comtes d'Angoulême donnerent des biens à ce monastere, le firent ériger en abbaye, & y choisirent leur sépulture, dont on voit encore quelques restes.

Pendant les guerres de la religion, ce monastere fut dévasté ; on y a depuis formé des logemens pour des religieux de l'ordre de Saint-Benoît.

L'abbaye de *Saint-Ausone* est un monastere de filles, de l'ordre de Saint-Benoît. Sa fondation remonte aux premiers temps du christianisme. On l'attribue à une sœur du gouverneur Romain qui commandoit dans ce canton, appelée *Caliagia*. Cette dame ayant été possédée du démon, en fut délivrée en faisant vœu de virginité. Les prieres d'*Ausone*, qui étoit alors, dit-on, un saint évêque d'Angoulême, contribuerent beaucoup à cette guérison ; il voulut lui-même donner une retraite à cette jeune fille. Elle fut bientôt suivie, dans cette pieuse résolution, de plusieurs autres filles de son âge, qui formerent ensuite une communauté de vierges. *Caliaga*, aidée des bienfaits de son frere, fit construire l'église de cette communauté.

Dans ce même temps, une autre jeune fille fort riche, & d'une famille illustre, qui vivoit encore dans les erreurs du paganisme, fut affligée d'une perte de sang qui l'avoit réduite à l'extrémité ; elle eut recours à l'évêque saint Ausone, qui la guérit radicalement. Alors, touchée de ce miracle, elle embrassa la religion chrétienne, & voulut vivre avec *Caliaga*. Ausone, content de la ferveur & de la constante piété de ces jeunes vierges, leur donna le voile.

Charlemagne étant à Angoulême, voulut être le bienfaiteur de cette communauté ; il lui donna des terres considérables & une autre église. Les princes, enfans de cet empereur, ajouterent encore à ces bienfaits. Plusieurs rois de France les imiterent dans cette pieuse générosité. Philippe I, Philippe II,

L'ANGOUMOIS.

François I, Jeanne, reine de Navarre, plusieurs comtes & comtesses d'Angoulême se montrerent successivement les bienfaiteurs de cette maison.

En 1345, les Anglois la ruinerent. *Jeanne* de Bourbon, femme du roi Charles V, la fit rétablir. Louise de Savoie, mere de François I, duchesse d'Angoulême, fit, avec beaucoup de dépenses, reconstruire la moitié des bâtimens.

Les guerres de la religion furent aussi funestes à cette maison, que lui avoient été celles des Anglois. Elle fut, en 1568, presque entiérement détruite, & les religieuses se virent forcées d'aller habiter une autre maison.

Enfin Louis XIII la fit entiérement reconstruire avec beaucoup de magnificence, telle qu'on la voit aujourd'hui.

On trouve dans cette ville un très-grand nombre d'églises & de communautés religieuses; douze églises paroissiales, des Jacobins, des Cordeliers, des Minimes, des Carmes Déchaussés, des Capucins, &c. Il y a aussi un collége renommé, & un hôpital général, desservi par des filles séculieres, où l'on reçoit les enfans, les vieillards,

& autres personnes hors d'état de gagner leur vie.

Cette ville possede de beaux priviléges; elle les doit en partie aux services signalés que ses habitans rendirent au roi Charles V, comme je vous l'ai déjà dit, Madame, lorsqu'ils chasserent eux-mêmes de leur enceinte la garnison Angloise, & se mirent, de leur propre mouvement, sous l'obéissance de ce monarque. Parmi ces priviléges, on compte celui de la noblesse accordé au maire, échevins & conseillers de la ville. La plupart des rois successeurs de Charles V les confirmerent. François I en ajouta de nouveaux, tels que la franchise pour les foires & marchés, l'exemption du ban & du droit de franc-fief. Il accorda même à la ville une université qui n'y a jamais été établie. En 1667, Louis XIV supprima le privilége de la noblesse, qui fut ensuite rétabli pour la personne du maire, seulement après trois ans de mairie.

Le corps de ville d'Angoulême est composé de cent personnes; savoir, du maire, de douze échevins, & de soixante-quinze pairs.

On compte quatre foires à Angoulême; deux font franches de tous droits, & les deux autres font assujetties à quelques petites contributions. Il y a dans cette ville, ou dans ses environs, plusieurs fabriques de papier. Cette marchandise, les vins, les eaux-de-vie, les sels & le safran forment les principaux objets du commerce d'Angoulême.

Cette ville a vu naître une des princesses les plus illustres de France, par son esprit & son noble courage. *Marguerite de Valois*, sœur de François I, reine de Navarre, naquit à Angoulême en 1492. Elle épousa *Charles*, dernier duc d'Alençon, premier prince du sang, & connétable de France, qui mourut à Lyon en 1525. Affligée de la mort de son époux, & de la prison de François I son frere, elle fit un voyage à Madrid, pour y soulager ce roi pendant sa maladie. La fermeté avec laquelle elle parla à Charles-Quint & à ses ministres, les obligea à traiter ce monarque avec les égards dus à son rang. François I, de retour en France, témoigna à sa sœur toute sa reconnoissance. Il l'appeloit toujours *ma mignonne*. En 1526, elle fut mariée à

Henri d'Albret, roi de Navarre, & devint mere de *Jeanne d'Albret*, & grand'mere d'Henri IV.

Cette princesse est l'auteur de plusieurs ouvrages, dont le plus connu & le plus estimé est l'*Heptameron*, ou *les Nouvelles de la Reine de Navarre*. Ce sont des contes dans le genre de ceux de *Bocace*, un peu obscenes; mais c'étoit le goût & les mœurs du temps. D'ailleurs ils sont pleins d'imagination & de vivacité.

Cette ville, Madame, a donné naissance à un monstre que les François auront toujours en horreur. François *Ravaillac*, issu, par les femmes, de *Poltrot*, assassin du duc de Guise, étoit le fils d'un praticien d'Angoulême. Après avoir quelque temps travaillé avec son pere, il entra dans l'ordre des Feuillans. Six semaines après être entré dans cet ordre, son humeur atrabilaire, son caractere inquiet & extravagant le firent chasser du cloître. Accusé d'un meurtre, sans pouvoir en être convaincu, il échappa au châtiment qu'il méritoit, & devint solliciteur de procès. Il en perdit un en son nom, qui le réduisit à une telle misere, qu'il fut obligé, pour subsister, de faire à Angoulême le métier de maître d'école. Dans cet état malheureux, qui donnoit encore une nouvelle énergie au sombre chagrin qui formoit son naturel, il s'entêta du parti de la ligue, détesta les royalistes & le roi. Poussé, sollicité, & sans doute payé par les ennemis d'Henri IV, il forma l'exécrable projet de l'assassiner.

Dans cette résolution, il partit d'Angoulême, sous le prétexte, disoit-il, de parler au roi, & de ne le tuer qu'autant qu'il ne pourroit pas réussir à le convertir. Il se présenta au Louvre à plusieurs reprises, fut toujours repoussé, & enfin s'en retourna. Tranquille pendant quelques mois, le printemps donna une nouvelle activité au feu caché qui le dévoroit. Il revint à Paris, s'empara, dans une auberge, d'un couteau qui lui parut propre à son exécution; mais arrêté par ses remords, ou par la difficulté de l'entreprise, il s'en retourna encore. Etant à Etampes, dans un moment de repentir, il rompit entre deux pierres la pointe de son couteau; puis il la refit presque aussi-tôt, regagna Paris, suivit le roi pendant deux jours. Enfin, plus affermi dans son dessein, il l'exécuta le 14 mai 1610.

Je ne vous retracerai pas, Madame, les circonstances qui ont précédé ou suivi cet horrible attentat; la conduite suspecte des courtisans, le désespoir du peuple. Ces détails vous sont trop connus : d'ailleurs il est pénible de s'appesantir sur de telles matieres.

Angoulême est la patrie de *Balzac* : il y naquit en 1594. Attaché d'abord au duc d'Epernon, puis au cardinal de *la Valette*, & protégé par l'un & l'autre, & en outre par le cardinal de Richelieu, il se produisit à la cour, & y obtint des pensions & des titres. Un esprit souple, délié, l'habitude où il se trouvoit sans cesse auprès des grands, de mettre de l'apprêt dans ses paroles, lui porterent dans ses écrits ce style recherché, précieux, tout rempli de tournures élégantes & de pointes, qui cependant fit une grande fortune à Paris & à la cour. Ses Lettres, qu'on liroit à peine aujourd'hui, si elles étoient nouvelles, produisirent la plus grande sensation dans la littérature, & lui susciterent une multitude d'admirateurs & d'ennemis. Après avoir été l'objet de l'encens des uns & de la critique des autres, il abandonna la ville & le théatre de sa gloire, & vint se retirer au château de Balzac, situé dans les environs d'Angoulême & sur la Charente, où il mourut en 1654. Ce fut dans cette retraite qu'il signala sa piété & son amour pour les pauvres, en léguant douze mille livres à l'hôpital d'Angoulême; & voulut, par son testament, être enterré dans l'église de cette maison.

Je n'ai pas voulu, Madame, quitter Angoulême sans aller voir la belle & fameuse source de la *Touvre*. Elle est située à une lieue & demie de cette ville, & au bas d'un rocher sur lequel les anciens comtes d'Angoulême avoient un château où ils séjournoient pendant la belle saison. Ce château fut détruit par les Anglois.

Cette source peut être comparée à celle qui est située près d'Orléans, & à la célebre fontaine de *Vaucluse*, par la beauté du site, & par l'abondance de ses eaux. Elle est très-profonde, & forme en naissant une riviere assez considérable, qui porte bateau, mais qui n'est point navigable, à cause du grand nombre de rochers dont elle eſt ſemée. Cette petite riviere, dont le cours eſt d'une lieue & demie, ſe jette dans la Charente, en un lieu appelé *le Gou*. Ses eaux ſont toujours vives, limpides & froides. Elles étoient autrefois égayées par des compagnies de cygnes, qui deſcendoient de ceux que les ducs d'Angoulême y avoient placés. Ils ſe ſont conſervés long-temps, mais aujourd'hui il n'en exiſte plus. Cette riviere abonde en poiſſon excellent, & ſur-tout en truites. Ces circonſtances ont fait naître cette deſcription burleſque & ancienne, qui repréſente cette riviere comme *pavée de truites, lardée d'anguilles, bordée d'écreviſſes, & couverte de cygnes*.

Il me reſte encore, Madame, quelques lieux remarquables de l'Angoumois à parcourir. C'eſt ce que je vais faire, me réſervant à vous en parler dans la lettre ſuivante.

Je ſuis, &c.

A Angoulême, ce 22 février 1762.

LETTRE CDLXVII.

SUITE DE L'ANGOUMOIS.

EN suivant les bords tortueux de la Charente, j'ai passé, Madame, par le bourg de *Jarnac*, situé sur la rive droite de cette riviere, à cinq lieues d'Angoulême. Il est célebre par son commerce en vins & en eaux-de-vie. Mais vous savez qu'il l'est encore davantage par la fameuse bataille qui y fut donnée au mois de Mars 1569, entre l'armée du parti protestant, commandée par le prince de Condé, & celle du roi, commandée par *Henri, duc d'Anjou*, frere de Charles IX. Le combat fut vif; mais les protestans furent mis en déroute. Le prince de Condé, entraîné par sa valeur, pénétra dans la mêlée, & se vit tout à coup entouré par un grand nombre d'ennemis. Quelqu'un lui conseilloit, dans cette dangereuse position, de songer à la retraite : *A Dieu ne plaise*, répondit-il, *qu'on dise* jamais que Bourbon ait fui devant ſes ennemis ! Cependant, ne voyant plus aucune reſſource, il fut forcé de céder au grand nombre ; il ſe rendit au ſieur d'*Argence*, gentilhomme qui devoit la vie à ce prince, & qui fit tout ce qu'il put pour lui ſauver la ſienne. Mais, ayant été découvert par les compagnies du duc d'Anjou, frere du roi, & le prince voyant ces troupes s'avancer vers lui, dit à d'*Argence : Je ſuis mort, tu ne me ſauveras jamais*. Monteſquiou, capitaine des gardes du duc d'Anjou, arrive en effet : *Tuez, tuez*, s'écrie-t-il en jurant ; & lui-même, d'un coup de piſtolet, il caſſa la tête à ce prince. Ce fut à l'occaſion de ce véritable aſſaſſinat, qu'un zélé royaliſte compoſa ce quatrain :

> L'an mil cinq cent ſoixante-neuf,
> Entre Jarnac & Châteauneuf,
> Fut porté mort ſur une âneſſe
> Le grand ennemi de la meſſe.

Bourg-Charente eſt ſitué à une demi-lieue de Jarnac, & ſur la rive gauche de la Charente, d'où il tire ſon nom. C'eſt là que l'on perçoit les droits ſur les eaux-de-vie, les sels & autres marchandises qui passent sur cette riviere.

Cognac est une ville avec un château, située sur la rive gauche de la Charente, célebre par le commerce de ses eaux-de-vie, qui sont renommées par-tout le royaume ; & dans l'histoire, par les conciles qui y ont été tenus au treizieme siecle, & par le château qui fut long-temps le séjour des anciens comtes ou ducs d'Angoulême, qui le trouvoient infiniment agréable.

La situation de Cognac est très-heureuse; le château, construit sur une éminence, domine la ville, une grande étendue de pays, une partie du bassin de la Charente, & un vaste étang qui est au delà de cette riviere.

Cette ville est nommée en latin *Coniacum*, ou *Conacum* : elle étoit considérable au treizieme siecle, puisqu'on y tint plusieurs conciles. Le premier fut assemblé le 12 avril 1238, par *Geraud de Malemort*, archevêque de Bordeaux, & par ses suffragans. On y publia trente-huit canons ou articles de réformation, qui caractérisent d'une maniere bien évidente l'esprit du clergé de ce temps-là. On y voit la preuve de l'abus que les ecclésiastiques faisoient continuellement de l'autorité que la religion leur donnoit sur les peuples. Ils s'étoient emparé du droit de juger, & attiroient à leur tribunal les affaires les plus étrangeres à leur état. Quelquesuns même se disoient faussement juges délégués ou subdélégués, & faisoient citer les parties sans pouvoir montrer de commission; d'autres poursuivoient un nouveau droit, en vertu de lettres obtenues auparavant, en une autre occasion.

On donnoit aux moines leur nourriture & leur vestiaire en argent; ce qui autorisoit la propriété. On ne rendoit aucun compte des revenus des monasteres, & on négligeoit d'en tenir les portes fermées. Les freres sortoient sans permission, mangeoient dans les villes, faisoient gras chez les séculiers, prenoient des cures, & demeuroient seuls dans leurs prieurés. C'est pour remédier à tous ces abus & à plusieurs autres, que ce concile s'assembla, & publia des articles de réformation qui ne furent pas long-temps observés. Un des articles de ce concile ordonne que chaque église ait son sceau particulier, qui porte le nom de la paroisse.

Le second concile fut tenu à *Cognac*, l'an 1260, par *Pierre de Roncevaux*, archevêque de Bordeaux. On y fit dix-neuf articles. Par le premier, on voit que le peuple assistoit encore en ce temps-là aux offices de la nuit; car on y défend de veiller dans les églises, à cause des désordres qui s'y commettoient. On y défend aussi cette cérémonie ridicule, connue dans la plupart des églises de France sous le nom de la *Fête des Innocens*, ou de *Fête des Fous*. Défenses sont faites, y est-il dit, de danser dans les églises aux fêtes des Innocens, & de représenter des évêques, en dérision de la dignité épiscopale. On défend de ne point porter un corps mort au lieu de sa sépulture, qu'il n'ait été porté, suivant la coutume, à l'église paroissiale, parce qu'on ne peut mieux savoir que là si le défunt étoit interdit ou excommunié.

Un autre article défend, sous peine d'anathême, *la guerre des coqs*, espece de jeu qui étoit en usage dans les écoles ou ailleurs, aujourd'hui fort en vigueur en Angleterre, & qui, sans doute, dans ces temps-là, donnoit naissance à des inconvéniens.

Le troisieme concile, tenu par *Guillaume de la Roue*, archevêque de Bordeaux, en 1262, comprend sept articles, qui sont relatifs aux excommunications que l'Eglise lançoit alors si fréquemment, & dont elle retiroit un revenu considérable par le prix qu'elle mettoit à l'absolution qu'elle vendoit aux excommuniés.

Le troisieme des articles de ce concile est pour contraindre les seigneurs à saisir le bien temporel des excommuniés, afin de les obliger à rentrer dans l'Eglise, & à payer le prix de l'absolution.

Le même archevêque tint, l'année suivante, un autre concile dans un lieu dont on ne sait pas le nom, & qui est comme une suite du précédent. Il est encore composé de sept articles, dont le second porte que celui qui aura souffert l'excommunication pendant un an, sera réputé hérétique, & dénoncé comme tel ; ce qui aboutissoit à le foumettre aux peines temporelles portées contre les hérétiques par les loix, fuivant la remarque de l'abbé Fleury. Ces deux conciles prouvent, Madame, quelles étoient alors les maximes du clergé fur les excommunications. Saint Louis, à qui les évêques adrefferent, en 1263, des remontrances fur cet objet, n'étoit point du tout de l'opinion de ces prélats.

Cognac a une juftice royale, & eft le chef-lieu d'une élection. Il y a des Cordeliers, des Récollets, & un couvent de Bénédictins fort riche : ils jouiffent d'un prieuré qui leur donne le droit de nommer à la cure.

Le château eft vafte & accompagné de jardins, d'un parc magnifique, & d'un étang d'une longueur extraordinaire. Le roi François I y naquit le 12 feptembre 1494, de Charles d'Orléans, comte d'Angoulême, & de Louife de Savoie, & parvint à la couronne le premier janvier 1515. Je ne dois vous rien dire ici, Madame, de ce monarque, puifque je vous en ai fait connoître ailleurs le caractere, en vous rapportant les principaux événemens de fon regne.

Cette ville est la patrie d'*Octavien de Saint-Gelais*, né, vers l'an 1466, de Pierre de Saint-Gelais, marquis de Montlieu & de Sainte-Aulaye. Quoiqu'il eût embrassé l'état ecclésiastique, il se livra à la poésie & à la galanterie. Il fut introduit de bonne heure à la cour de Charles VIII, où il acquit les bonnes graces de ce prince, qui le fit nommer par le pape Alexandre IV à l'évêché d'Angoulême, en 1494. Trois ans après, Saint-Gelais alla résider dans son diocese, où il ne s'occupa que des fonctions de son ministere & de l'étude de l'écriture sainte & des SS. Peres. Il y mourut en 1502, à trente-six ans. Nous avons de lui des *poésies*, une *Vie de Louis XII*, & d'autres ouvrages en françois, tels que *le Vergier d'Honneur*, *le Château de Labour* & *la Chasse d'Amours*. Quelques géographes prétendent que *Melin de Saint-Gelais* étoit son fils naturel; mais il s'en faut bien que cette opinion soit universellement adoptée.

Cognac est encore la patrie de *Pierre de Villiers*, né en 1648, qui entra chez les Jésuites en 1666, & en sortit en 1689, pour entrer dans l'ordre de Cluni non réformé. Boileau appeloit cet écrivain le *Matamore de Cluni*, parce que celui-ci avoit en effet l'air audacieux & la parole impérieuse. C'étoit d'ailleurs un homme très-estimable. Il nous a laissé un recueil de *poésies*, dont il faisoit lui-même peu de cas, quoique sa poésie soit exacte & naturelle, mais trop languissante. Ce recueil renferme *l'art de prêcher*, un traité de *l'amitié*, & un autre *de l'éducation des rois dans leur enfance*, trois poëmes remplis de préceptes solides & d'instructions très-sages. Nous avons encore de lui plusieurs ouvrages en prose, des *épîtres*, des *pieces diverses*, des *sermons*, des *vérités satiriques*, des *réflexions sur les défauts d'autrui*, &c. Dans ses *entretiens sur les contes des fées*, il s'éleve avec raison contre l'usage de ne mettre que de l'amour dans ces pieces. Tous ces différens ouvrages respirent une excellente morale; la diction en est pure, saine, & bien préférable à l'emphase pédantesque de nos moralistes d'aujourd'hui. Cet écrivain mourut à Paris, en 1728, à l'âge de quatre-vingts ans.

La ville d'*Aubeterre*, située sur la

rive droite de Drome, près des confins du Périgord, à huit lieues d'Angoulême, est nommée en latin *Albaterra*. Sa seigneurie, qui a le titre de comté & de marquisat, s'étend sur vingt-deux paroisses.

La riviere de Drome la divise en deux parties, dont la plus considérable, qui est sur la rive droite, est de l'élection d'Angoulême; & l'autre partie, située sur la rive gauche, est de celle de Périgueux. Le château, bâti sur la hauteur, domine les deux parties de la ville.

L'église collégiale de *Saint-Sauveur* est construite au dessous de la cour du château, & en partie prise dans le rocher. Cette église étoit autrefois celle d'une abbaye de l'ordre de Cîteaux, qui fut sécularisée dans le seizieme siecle. Ce chapitre est composé de deux dignitaires, qui sont l'abbé & le chantre, & de douze chanoines.

Il y a aussi dans cette ville plusieurs maisons religieuses des deux sexes, & une abbaye de l'ordre de Cîteaux, dont l'abbé jouit du droit d'assister au chœur de l'église collégiale de Saint-Sauveur en camail & en rochet.

Voilà, Madame, les lieux les plus considérables de l'Angoumois, & tout ce que j'ai pu voir & recueillir de plus intéressant sur cette province. La Saintonge, dans laquelle je vais passer, m'offrira peut-être des objets plus capables de fixer votre curiosité.

Je suis, &c.

A Aubeterre, ce 2 mars 1762.

LETTRE CDLXVIII.

LA SAINTONGE.

LA Saintonge, Madame, dont *Saintes* eſt la capitale, eſt bornée, à l'eſt, par l'Angoumois; à l'oueſt, par l'océan; au ſud & au ſud-eſt, par le Bordelois & le Périgord; au nord & au nord-oueſt, par le Poitou & le pays d'Aunis. Cette province a environ trente lieues, dans une direction du ſud-eſt au nord-oueſt, qui forme à peu près ſa plus grande longueur, & douze lieues dans ſa moyenne largeur.

La Saintonge étoit connue, du temps des Romains, ſous le nom de *Santonia*, ou *Santonenſis Tractus*. Ses peuples étoient nommés *Santones*, ou *Santoni*. Cette province étoit très-fertile & très-bien cultivée du temps de Jules-Céſar. Les *Helviens*, qui ſont les *Suiſſes* d'aujourd'hui, prirent la réſolution de quitter leurs montagnes, de détruire leurs habitations, pour venir s'établir en Saintonge. Céſar, redoutant les ſuites

ou

ou les effets de cette migration, les arrêta lorsqu'ils commençoient à mettre ce projet à exécution, & s'opposa à leur passage sur les bords de la Saone. Après un long & opiniâtre combat, entre l'armée des Suisses & celle des Romains, la victoire resta à ces derniers.

Les habitans de la Saintonge faisoient partie de la Gaule Celtique. Mais Auguste les classa dans l'Aquitaine; &, sous l'Empereur Honorius, ils firent partie de l'Aquitaine seconde. Cette province passa sous la domination des Visigoths, & après la mort d'*Alaric* leur Roi, sous celle des François. Elle fit ensuite partie du premier duché d'Aquitaine, & puis du second duché, connu depuis sous le nom de duché de Guienne. Au neuvieme siecle elle eut ses comtes particuliers : *Landry*, comte de Saintonge, vivoit sous Charles le Chauve : c'est le plus ancien comte de cette province, que l'on connoisse. Dans le dixieme siecle, Guillaume *Tête d'étoupes*, duc d'Aquitaine, s'empara de la Saintonge, & sa postérité en jouit. Son petit-fils Guillaume V, qui mourut en 1029, céda la Saintonge au comte d'Anjou, nommé *Foulques III, Nera*, qui mourut en 1040.

Après la mort de Geoffroy Martel, comte d'Anjou, Guillaume VIII, duc de Guienne, s'empara de la Saintonge, & la réunit à son duché, dont elle suivit le sort. Les Anglois s'en rendirent maîtres dans la suite; les François, en diverses occasions, les en chasserent en partie ou totalement; mais par le traité de Bretigni, de l'an 1360, elle fut cédée aux Anglois, qui la conserverent jusqu'au regne de Charles VII, époque où ils furent entiérement chassés du royaume; & la Saintonge fut alors réunie à la couronne de France.

Cette province est principalement arrosée par *la Boutonne*, qui passe à St.-Jean-d'Angély, & va se jeter dans la Charente, au dessus de la ville de Rochefort.

La Charente est la riviere la plus considérable de la Saintonge; elle sort de l'Angoumois, passe à Cognac, à Saintes & à Rochefort, & se jette dans l'Océan, en face d'une petite isle qui est à son embouchure, & qu'on appelle *Isle Madame*.

Le climat de cette province est tempéré; l'air y est pur le long des montagnes, & il est peu sain du côté de la côte, à cause des nombreux marais qui s'y trouvent. Le sol est fertile en toutes sortes de productions; en blés, en vins, en menus fruits, en pâturages. On y cultive du safran, & même de l'absinthe, qui est fort estimée, & qui étoit même renommée du temps des Romains; ils l'appeloient *virga santonica*. Il y a des bois, des eaux minérales, des mines de fer & d'autres métaux. Le gibier, la volaille s'y trouvent en grande abondance; les salines, qui y sont nombreuses, offrent une des principales productions de cette province. Les huîtres de Marennes jouissent, depuis long-temps, d'une grande réputation; il s'en fait un débit considérable; on en transporte jusqu'à Paris.

Chalais est le premier lieu que j'ai rencontré en quittant l'Angoumois; c'est un bourg qui a le titre de principauté, situé à trois lieues & à l'ouest d'Aubeterre.

Ce bourg est bâti sur une éminence, au pied de laquelle coule la riviere de la Tude.

La seigneurie de Chalais fut portée en dot par Agnès, fille & héritière d'*Olivier*, seigneur de Chalais, à *Hélie de Taleyrand*, fils de Boson, seigneur de Grignols, dont on rapporte l'origine aux anciens comtes de Périgord. *Hélie* vivoit en 1321 ; de lui descendoit, au cinquieme degré, Charles I de Taleyrand, qualifié de *prince de Chalais*.

Son fils Jean I fut premier maître-d'hôtel de la reine Anne de Bretagne.

Henri de Taleyrand, prince de Chalais, parut à la cour de Louis XIII, fut nommé grand-maître de la garde-robe, & devint le favori de *Gaston*, frere du roi, & l'amant de la fameuse duchesse de *Chevreuse*. Etant entré dans le complot que le frere du roi avoit formé contre le cardinal de *Richelieu*, ce ministre résolut sa perte, & le fit condamner, comme conspirateur contre l'état, à avoir la tête tranchée. En vain le frere du roi sollicita sa grace, envain les amis du prince de Chalais firent absenter le bourreau, dans l'espérance que les délais donneroient les moyens de toucher le roi ; Richelieu, craignant de perdre l'occasion d'intimider ses ennemis, se servit d'un cordonnier détenu pour crimes dans les prisons de Nantes. Cet homme armé d'une espece de hache de tonnelier, en donna plus de trente coups au malheureux *Chalais*, avant de séparer sa tête de son corps.

Charles Taleyrand, *prince de Chalais*, créé grand d'Espagne de la premiere classe, le premier octobre 1714, épousa Marie-Françoise de Rochechouart, veuve de Michel *Chamillard*, marquis de Cany, & fille de Louis I, duc de Mortemart. De ce mariage est provenu Marie-Françoise de *Taleyrand*, née en 1727, qui a épousé, en 1744, son cousin Gabriel-Marie de Taleyrand, comte de Périgord.

Barbezieux est une petite ville située sur la route d'Angoulême à Bordeaux, à quatre lieues de Pons, & à neuf de Saintes. Cette ville étoit autrefois fortifiée, & avoit un château qui a été détruit dans le siecle dernier; & les murailles ont en même temps été rasées.

Il se fabrique dans cette ville des toiles dont le débit est considérable.

Barbezieux est la patrie d'*Elie Vinet*,

un des plus savans hommes du seizieme siecle ; il a composé plusieurs ouvrages sur les antiquités de *Bordeaux*, de *Bourg*, de *Saintes* & de *Barbezieux*. Il en a publié d'autres sur la géométrie, & des commentaires sur d'anciens auteurs. » C'étoit, dit-on, un homme » grave, infatigable au travail, & ai- » mant tellement l'étude, que dans sa » derniere maladie, il ne cessa de » lire & de faire des observations sur » ce qu'il lisoit «. Il mourut, en 1587, à Bordeaux, où il occupoit la place de principal du collége de Guienne.

Mortagne, ou *Saint-Etienne de Mortagne*, est un bourg situé sur la rive droite de la Garonne, à trois lieues de Talmont, & à six lieues de Saintes. Ce lieu a le titre de *principauté* ; la terre & la seigneurie ont appartenu anciennement à *Pons*, vicomte d'Aulnay, dont la fille & héritiere, *Marguerite*, épousa Jean de Clermont en Beauvoisis, qui fut tué, en 1356, à la bataille de Poitiers.

Louise de Clermont, leur fille & héritiere, épousa, en mai 1403, François, sire de *Montberon*. Cette terre passa ensuite à la maison de *Coëtivi* ;

Charles de Coëtivi prit, en 1487, la qualité de *prince de Mortagne* sur Gironde. Elle passa depuis successivement dans les maisons de la Trimouille, de Matignon & de Lomenie. Le cardinal de Richelieu en fit l'acquisition, & la laissa, avec substitution, aux aînés, par son testament du 23 mai 1642, à son petit-neveu *Armand-Jean*, duc de *Richelieu*.

Les principautés sont communes dans ce canton; on en compte presque autant que de grandes seigneuries.

Le bourg de *Talmont*, également situé sur la Gironde, & à trois lieues de Mortagne, est aussi une *principauté* qui appartient à la maison de la Trimouille.

Royan est une petite ville située près de l'embouchure de la Gironde, à deux lieues de Talmont. Cette ville est fameuse par le siége que les protestans y soutinrent contre l'armée de Louis XIII, en 1622. Ce prince eut beaucoup de peine à s'en rendre maître; mais après l'avoir prise, il fit raser ses fortifications, & détruire une grande partie de la ville.

Cette ville contient plusieurs maisons religieuses. Il y a un petit port très-commode pour les barques qui entrent dans la Gironde. Les pêcheurs y apportent une grande quantité de sardines, qui sont fort estimées par leur grosseur & par leur bonté. Les environs de cette ville sont aussi agréables que fertiles.

La terre & seigneurie de Royan a le titre de marquisat. Louise de Coétivi la porta en mariage avec le comté de Taillebourg, à Charles de la Trimouille, prince de Talmont & de Mortagne. *François*, son fils, vicomte de Thouars, la donna en partage, avec celle d'Olonne, à son quatrieme fils, *Georges* de la Trimouille, sénéchal de Poitou. *Gilbert*, fils de Georges, obtint, en 1592, l'érection de la seigneurie de Royan en marquisat. Son petit-fils *François* épousa *Yolande-Julie de la Trimouille-Noir-Mouſtier*, & eut d'elle, pour unique héritiere, une fille, nommée *Marie-Anne de la Trimouille*, mariée, le 6 mars 1696, à Paul-Sigismond de Montmorenci-Luxembourg. Cette terre fut encore possédée par la même maison.

Pons est une ville avec titre de

principauté, située sur la grande route de Bordeaux à Saintes, & sur la rive gauche de la petite riviere de Seigne, à quatre lieues de Saintes.

Pons, nommé en latin *Pontes*, doit ce nom, suivant la conjecture de plusieurs écrivains, aux ponts qui se trouvent en assez grand nombre sur la petite riviere de Seigne, qui baigne les murs de cette ville; suivant quelques autres, son nom lui vient de celui de son fondateur, nommé *Elius Pontius*, petit-fils du grand Pompée; mais, il faut l'avouer, Madame, cette brillante origine n'est pas la plus facile à prouver.

Cette ville est dominée par un château d'une ancienne construction. On y trouve trois églises paroissiales, trois couvens, trois hôpitaux, une commanderie de l'Ordre de Malte. Elle est divisée en haute & basse. La haute s'appelle *Saint-Vivien*, & la basse, *Aires*, ou *Saint-Martin*: c'est cette derniere partie que la Seigne traverse.

Sous le regne de Louis XIII, cette ville fut occupée par les religionnaires, qui la fortifierent; mais après la réduction de Saint-Jean-d'Angély, ils se virent forcés de la remettre au Roi.

Pons étoit autrefois une haute baronnie, dont le seigneur portoit la qualité de *Sire*. De cette seigneurie, autrefois très-puissante, relevent encore cinquante-deux paroisses, & près de deux cent cinquante fiefs nobles. Cette sirie ou baronnie ne releve elle-même que du roi. Voici de quelle maniere, Madame, les sires de Pons rendoient leur hommage au roi. Le sire de Pons armé de toutes pieces, la visiere baissée, se présentoit au roi, & lui disoit : *Sire, je viens à vous pour vous faire hommage de ma terre de Pons, & vous supplier de me maintenir en la jouissance de mes priviléges*. Alors le roi le recevoit, & devoit lui donner l'épée qu'il portoit à son côté.

Cette terre a été constamment possédée par des seigneurs de la même maison de Pons. Par défaut d'héritier mâle, elle passa, vers la fin du seizieme siecle, dans la maison d'*Albret* de *Miossans*, & depuis dans celle de Lorraine, de la branche de Marsan, dont l'aîné porte ordinairement le titre de *prince de Pons*.

Saintes, ville épiscopale, capitale de la Saintonge, est située sur la rive gauche de la Charente. Elle étoit nommée, du temps des Romains, *Mediolanum santonum* : puis elle perdit son nom propre de *Mediolanum*, pour prendre celui du peuple, dont elle étoit la capitale, & fut nommée *Santones*, ou *Civitas santonum*, dont par corruption on a fait *Saintes*.

Cette ville étoit décorée d'un capitole, d'un amphithéatre, d'un magnifique aqueduc, d'un arc de triomphe, & de plusieurs autres antiquités, dont quelques-unes subsistent en partie, & d'autres en entier, tel que l'arc de triomphe.

Tant de monumens de la magnificence romaine, devinrent bientôt la proie des barbares du nord. En 845, les Normands assiégerent cette ville. *Seguin*, qui la défendoit pour Charles le Chauve, ne put long-temps résister à des forces supérieures : la ville fut prise d'assaut ; le comte *Seguin* fut tué, & tous les habitans, sans distinction de sexe ou d'âge, furent massacrés ; les édifices publics furent renversés ou livrés à la fureur des flammes; & bientôt cette ville, embellie par les arts du peuple le plus célebre de l'antiquité, n'offrit plus que des monceaux de ruines, de cendres & de cadavres. Quelques années après, on essaya de rétablir cette ville & de relever ses édifices sur ses fondemens, qui existoient encore. Déjà cette restauration se complétoit, lorsqu'une nouvelle horde de barbares, dix ans après l'arrivée de la premiere, vint à Saintes renouveler les mêmes ravages, & réduire cette ville au même état où leurs prédécesseurs l'avoient laissée.

Les ravages de ces brigands ont privé notre siecle de plusieurs édifices romains, qui seroient aussi utiles à la connoissance de l'antiquité, qu'avantageux aux progrès des beaux-arts. Cependant, Madame, ce qui reste encore dans cette ville doit nous consoler de ce qui est perdu; & je crois qu'il est peu de capitales en France qui contiennent un si grand nombre de ruines & d'antiquités de toutes les especes.

Il existoit un capitole qui étoit situé sur la hauteur qui domine la ville, & à peu près à l'emplacement où se trouve aujourd'hui le couvent des Carmelites. Cet édifice, qui, au commencement de la monarchie, servoit de palais aux comtes de Saintes, n'existe plus que dans des fragmens épars, de frises, de colonnes, & d'autres membres d'architecture, qui ont été employés à la bâtisse de plusieurs anciens murs ou maisons particulieres.

On y voit encore les débris d'une porte, appelée la porte d'*Aygieres*, & en latin, *porta Aquaria*, plusieurs murs antiques, des bas-reliefs curieux. Mais ce qui mérite particuliérement l'attention des amateurs des arts & de l'antiquité, ce sont les monumens qui ont conservé leur forme entiere, ou en partie, tels que l'aqueduc, l'amphithéatre & l'arc de triomphe.

L'aqueduc venoit aboutir à l'endroit où est situé l'amphithéatre: on en voit encore plusieurs restes; au village de Fontcouvert, à trois quarts de lieues de Saintes, dans un vallon. Ces restes consistent en arcades & en piles, dont plusieurs subsistent entieres, & beaucoup d'autres sont détruites ou existent en ruines. Dans ce vallon, il y avoit dix-sept arcades qui supportoient l'aqueduc, lequel se continuoit dans la montagne, à la hauteur de laquelle on voit encore des puits, ou espece de regards, qui donnoient du jour dans ces conduits souterrains.

L'*amphithéatre* offre des ruines imposantes; il existe dans le voisinage de l'église de Saint-Eutrope. Son plan présente une ellipse, dont le grand diametre a soixante-six toises trois pieds, hors d'œuvre; & le petit, cinquante-quatre toises. L'arène, dans œuvre, avoit son grand diametre de quarante toises, & son petit de vingt-trois.

Il faut remarquer que ces dimensions sont les mêmes que celles du célebre ampithéatre de Nîmes, à peu de choses près. Celui de Saintes paroît avoir été seulement beaucoup moins élevé & beaucoup plus simple; il paroît même n'avoir été décoré d'aucun ordre d'architecture, ni d'aucuns ornemens extérieurs, & n'avoir eu qu'un étage d'élévation : de sorte qu'il ne pouvoit contenir qu'environ cinq mille personnes. On y voit encore les murs de refends, sur lesquels étoient appuyées les voûtes qui portoient les siéges circulaires. On y distingue les souterrains nommés *Cavea*, où l'on tenoit enfermées les bêtes féroces que l'on faisoit combattre dans l'arène ; & le *Podium* où se plaçoient les sénateurs & les magistrats de la ville.

L'arc de triomphe est situé aujourd'hui sur le pont & au milieu de la Charente : on passe sous cet arc pour arriver dans la ville. Il présente deux portiques peu élevés, couronnés d'un entablement qui est surmonté d'un attique. Il est fondé sous un vaste soubassement, composé de pierres énormes, & qui forment aujourd'hui une des piles du pont.

On est convaincu que cet arc de triomphe n'a point été élevé au milieu de la riviere, comme il s'y trouve depuis long temps ; mais qu'il l'a été sur une de ses rives, du côté du fauxbourg ; que la riviere a changé son lit, a miné beaucoup de terrein de ce côté-là, a coulé derriere cet édifice, & qu'enfin, par le changement continuel du lit de cette riviere, il s'est trouvé placé au milieu.

Ce monument, quoique conservé en entier, & quoique solide encore, a considérablement souffert du ravage du temps. Toutes les parties faillantes font usées, écornées, ou défigurées. On a bien de la peine à distinguer les différens membres d'architecture dont il étoit composé, ainsi que les pilastres qui décoroient les portiques.

Dans la frise de l'entablement est une inscription, connue depuis long-temps, qui se trouve la même sur les deux faces de cet édifice. Elle forme deux lignes que voici :

C. JULIUS, C. JULI OTVANEUNI, F. RUFUS, C. JULI GEDEMONIS, NEPOS EPOTSOROVIDI, PRON.

SACERDOS ROMÆ ET AUGUSTI, AD ARAM QUÆ EST AD CONFLUENTEM PRÆFECTUS FABRUM D.

On peut la traduire ainsi :
» Caius-Julius Rufus, fils de Caius
» Julius Otvaneunus, petit-fils de
» Caius-Julius Gedemon, & arriere-
» petit-fils d'Eporsorovidus, prêtre de
» la déesse Rome & d'Auguste, inten-
» dant des travaux, fit la dédicace de

» ce monument, sur l'autel qui est au
» confluent ».

Rufus fit cette dédicace sur un autel, sans doute bâti dans le voisinage & au confluent de la Charente & de la Seugne. Mais ces deux rivieres ayant changé de lit, le confluent n'existe plus.

Sur l'attique de ce monument, il existe une autre inscription, qui, sans doute, étoit destinée à perpétuer le motif de son érection & le nom de celui à qui il a été dédié. Cette inscription, dont jusqu'à présent on n'a pu déchiffrer que quelques mots, n'offre rien de satisfaisant, & n'a encore fourni aux savans que de vagues conjectures. C'est pourquoi, Madame, je ne crois pas devoir vous la rapporter.

La cathédrale de Saintes, dédiée à *Saint-Pierre*, fut, dit-on, construite par les bienfaits de Charlemagne. On voit encore plusieurs parties de cet édifice, telles que la tour du clocher, qui semblent avoir triomphé des ravages des barbares & du temps, & s'être conservée dans sa construction primitive.

Vers la fin du quinzieme siecle,

cette église fut réparée, & le pape Sixte IV accorda des indulgences à ceux qui contribueroient à cette réparation. Pendant les guerres de la religion, cette église fut presque entièrement dévastée; au mois de janvier 1583, on commença à la rétablir; & M. *Cosme*, évêque de Saintes, posa la première pierre du chœur, que l'on reconstruisit entièrement: le reste de l'église ne fut que réparé.

L'église de *Saint-Eutrope* fut, pendant les premiers siecles du christianisme, l'église cathédrale de Saintes: c'est-là que fut enterré *Saint Eutrope*, qui le premier prêcha l'évangile dans cette ville.

Dans une chapelle souterraine, on voit encore le tombeau de ce saint: quoiqu'il n'en existe plus aucune relique, & que les protestans, lorsqu'ils ravagerent la ville, dispersèrent ses ossemens, les habitans ont toujours beaucoup de foi à ce tombeau; on en voit qui en grattent la pierre, & qui croient que lorsqu'on a bu de cette raclure pendant neuf jours, dans un verre de vin blanc, pris à jeun, on doit guérir radicalement des fièvres les plus invétérées.

L'abbaye des Dames, située dans le fauxbourg de Saintes, est dédiée à *Saint-Palais*, évêque de Saintes. C'étoit d'abord une chapelle élevée sur le tombeau de ce Saint, auprès de laquelle on construisit un monastere d'hommes, sous le nom de *Saint-Pallade*. Geoffroy Martel, fils de *Foulques Nera*, ayant conquis sur le comte de Poitou, la province de Saintonge, fonda, de concert avec *Agnès de Bourgogne*, sa femme, en 1047, l'abbaye des Dames de Saintes, dont les religieuses remplacerent les anciens moines.

Ce fut à Saintes que les Protestans tinrent, au mois de septembre 1562, un synode, où il fut mis en question, si l'on prendroit les armes contre le roi. Plusieurs particuliers, qui avoient d'abord suivi le parti du prince de Condé, s'étoient retirés dans leurs maisons, disant qu'on ne pouvoit en conscience porter les armes contre son roi, quoique mal conseillé & quoique retenu dans une espece de captivité. Alors François de la Rochefoucaud, qui avoit suivi ardemment le parti du prince de

Condé & des proteftans, aſſembla un ſynode à Saintes, où aſſiſterent environ ſoixante paſteurs ou miniſtres de la religion réformée. La queſtion fut agitée avec ſoin ; & après avoir balancé les raiſons pour & contre, on décida enfin unanimement que la priſe d'armes, faite par les ordres de la reine, contre les ennemis du roi & du royaume, qui avoient enfreint les édits de ſa majeſté, étoit juſte, légitime, & même néceſſaire.

Belleville, comte *de Sarnac*, un des plus grands ſeigneurs du pays, qui s'étoit acquis une très-grande réputation par ſa ſcience & par ſon éloquence naturelle, étoit d'un ſentiment contraire, & il avoit envoyé au ſynode d'excellens mémoires ſur cette queſtion. Le ſynode y répondit par un autre mémoire, qui renfermoit un grand nombre de raiſons très-recherchées ; il députa Charles Léopard, un des miniſtres de l'aſſemblée, homme vif, au comte *de Sarnac*, pour tâcher de le faire changer de ſentiment ; mais ce fut en vain.

Après le ſynode, il y eut dans les eſprits une ſi grande ſécurité, ou plutôt un si grand abattement, que le sieur de Châteauroux, qui tenoit pour le parti du roi, & qui n'avoit avec lui qu'une poignée de soldats, s'étant approché de Saintes, le 23 septembre, y fut reçu par les habitans, sans coup férir, à condition qu'il seroit libre à chaque particulier de sortir de la place avec ses armes, & d'aller où il voudroit, sans qu'on touchât à ses biens, & qu'on laisseroit à ceux qui resteroient, la vie, les biens, & une entiere liberté de conscience. Ces conditions furent en quelque façon observées, tant que Châteauroux resta dans la place. Mais après son départ, le commandement ayant été confié à Louis *la Barte*, de Chinon, & Antoine de *Richelieu*, surnommé le *Moine défroqué*, les protestans furent maltraités, & on n'eut plus aucun égard à la capitulation.

En 1570, les protestans excités par la reine de Navarre, mere de Henri IV, qui ne leur permettoit pas de rester dans l'inaction, quoiqu'ils eussent grand besoin de repos, tournerent leurs vûes sur la ville de Saintes. Dans ce dessein, ils font venir de l'artillerie de Tonnai-Charente, & la font remonter jusqu'à

Saintes par la Charente. Soubife, avec les régimens de Blacon & de Glandaye, inveſtit la partie de la ville qui eſt au delà de cette riviere. *Pontivi* ſe porta, avec le régiment de *Poyet* & huit compagnies de cavalerie, au fauxbourg qui eſt en deçà, & qu'on appelle le *fauxbourg des Dames*. Ce poſte étoit avantageux pour empêcher les ſecours qui pourroient venir du Poitou.

Celui qui commandoit dans Saintes étoit Jean de Beaufort, marquis de *Canillac*; il avoit avec lui quelques compagnies de gens de pied & deux compagnies de cavalerie. Le comte de *Coconas* s'y étoit jeté, avec des troupes Italiennes & beaucoup de gentilshommes de la premiere nobleſſe du pays.

On dreſſa une batterie contre la porte qui eſt vis-à-vis du pont. Les aſſiégés n'avoient pas cru que cela fût poſſible; mais l'habileté de Scipion *Vergano* vainquit les obſtacles. De-là on battit la muraille de côté, par le conſeil de ce même ingénieur, & l'on fit une large breche.

Glandaye, avec ſon régiment, eut

ordre de monter à l'assaut, & *Hector Reilen*, avec ses troupes Allemandes, fut commandé pour le soutenir ; ils étoient suivis de trois compagnies du régiment de Poyet, & de quarante gend'armes, sous la conduite de Soubise. Mais malgré toute la valeur & tous les efforts de ce général, qui reçut en cette occasion deux blessures, les assaillans furent repoussés par la vigoureuse résistance des assiégés.

Puygaillard, pendant ce temps-là, partit de Saint-Jean-d'Angély, avec sept cents chevaux, & s'avança jusqu'à la Rochelle, où il pensa prendre la reine de Navarre, qui étoit sortie de cette ville pour se promener. De-là il s'avança jusqu'à Brisambourg. Les capitaines *Pluviaut* & *Saint-Etienne* essayerent de s'opposer à son passage ; mais le nombre de leurs troupes étoit fort inférieur ; ils rejoignirent l'armée qui étoit devant Saintes.

Cependant la ville étoit extrêmement pressée de toutes parts. On travailla à applanir la breche, afin d'y donner un nouvel assaut. La garnison n'attendant plus de secours, capitula, à condition d'avoir la vie sauve & de sortir avec armes & bagages ; mais cette capitulation fut mal observée de la part de quelques soldats protestans, qui, lorsque la garnison sortit avec ses bagages, se postèrent en embuscade & la dépouillèrent. Les chefs protestans, & Soubise même, qui tua de sa main quelques-uns de ces pillards, ne purent empêcher ce désordre.

D'après cette victoire, les châteaux de Boutteville & de Pons, ainsi que plusieurs autres, se rendirent aux vainqueurs.

Les églises de Saintes furent livrées aux ravages & au fanatisme des protestans, qui rompirent & brûlèrent les figures des saints, les reliques, & s'emparèrent de l'argenterie qui s'y trouvoit.

Saintes a été la patrie d'un homme rare par son génie, fort au dessus de son siécle, & qui mériteroit, dans celui-ci, d'être un peu plus célébré. C'est *Bernard Palissy*, établi potier de terre ou plutôt faïencier dans cette ville. Cet homme extraordinaire peut être mis au rang des plus grands hommes que la France ait produits. Il se distingua par une infinité de découvertes, relatives à la chimie,

à

LA SAINTONGE.

à la physique & à l'histoire naturelle. Fontenelle dit qu'*il étoit aussi grand physicien que la nature seule puisse en former.* Il peignoit sur verre. Il s'occupa beaucoup d'opérations chimiques, développa des vûes fines sur la perfection de l'agriculture & sur l'histoire naturelle, & fut le premier qui osa dire que toutes les coquilles fossiles étoient de véritables coquilles, dispersées autrefois par la mer, dans les lieux où elles se trouvoient alors. Ce n'est pas la seule idée qui lui soit commune avec M. de Buffon.

Palissy avoit l'élévation d'ame & la fermeté de caractere, qui est propre aux hommes d'un vrai génie. Il disoit souvent, en parlant de sa médiocre fortune, & en faisant allusion à ses études & à son état de potier : *Je n'ai eu d'autres biens que le ciel & la terre.*

Comme il étoit calviniste, Henri III, qui l'avoit attiré près de lui, lui dit un jour qu'il seroit *contraint* de le livrer à ses ennemis, s'il ne changeoit de religion. Palissy lui fit cette réponse fiere & digne de la grandeur d'un Républicain : *Vous m'avez dit plusieurs fois, Sire, que vous aviez pitié de moi ;*

mais moi, j'ai pitié de vous qui avez prononcé ces mots, JE SUIS CONTRAINT. Ce n'est pas parler en roi ; mais je vous apprendrai en langage royal, que les Guisarts, tout votre peuple, ni vous, ne sauriez CONTRAINDRE un potier de terre à fléchir les genoux devant des statues.

On ignore l'époque de la mort de ce grand homme ; mais on sait qu'il vivoit en 1584, & qu'il avoit alors soixante ans.

Je vais parcourir, Madame, les autres lieux considérables de la Saintonge, qui feront la matiere de la lettre suivante.

Je suis, &c.

A Saintes, ce 19 mars 1762.

LETTRE CDLXIX.

SUITE DE LA SAINTONGE.

LE premier lieu que j'ai vu, Madame, après être parti de Saintes, est *Taillebourg*, petite ville située sur la rive droite de la Charente, à deux lieues de Saintes, & à trois lieues de Saint-Jean-d'Angely. Cette ville, nommée en latin *Talleburgus*, *Taliaburgus*, & quelquefois *Tabellicum*, est ancienne ; elle existoit au douzieme siecle. La seigneurie, dont la jurisdiction s'étend sur quarante paroisses, fut, en 1407, unie au domaine royal. Dans la suite, le roi la donna à l'amiral Coëtivi, de la maison duquel elle a passé dans celle de la Trimouille, par le mariage célébré, en 1501, de Louise Coëtivi, avec Charles de la Trimouille, prince de Talmont.

Au milieu de la ville, sur un rocher très-élevé, est bâti le château de Taillebourg, qui fut le théatre de plusieurs événemens considérables.

On trouve aussi dans cette ville un

chapitre composé d'un doyen qui remplit les fonctions de curé, & de trois chanoines.

Ce fut près de Taillebourg que Saint Louis remporta une victoire signalée sur le seigneur de Lusignan, & sur les Anglois qu'il avoit appelés à son secours. Ce roi, ayant conduit son frere *Alphonse* à Poitiers, & ayant invité tous les seigneurs à lui rendre hommage, *Hugues* X de Lusignan, comte de la Marche, eut bien de la peine à abaisser sa fierté jusqu'à venir rendre l'hommage qu'il devoit à ce prince pour la petite ville de Lusignan. Il étoit lui-même comte de la Marche, de Saintonge, d'Angoumois & d'Aunis; chef d'une maison dont les cadets possédoient des couronnes dans le Levant, beau-pere du roi d'Angleterre. Son épouse *Isabelle*, qui se qualifioit de *comtesse-reine*, fut encore plus humiliée de cette marque de dépendance; elle engagea Hugues de Lusignan à retirer sa foi de la maniere la plus injurieuse à son souverain. Hugues vint à Poitiers, aux fêtes de Noël, avec son épouse & une suite nombreuse, sous prétexte de renouveler son hommage; il entre au palais d'Alphonse & lui dit: *Vous m'avez surpris en m'engageant à vous rendre hommage ; je rétracte mon serment, je ne vous connois point pour mon seigneur. Vous avez usurpé le Poitou sur le roi d'Angleterre ; je ne vous dois rien, non plus qu'au roi votre frere.*

A peine le roi de France est-il informé de cette bravade, qu'il marche à la tête d'une armée considérable, s'empare de toutes les places que possédoit Hugues de Lusignan dans le Poitou & dans la Marche.

Hugues, près de succomber, appelle à son secours le roi d'Angleterre, *Henri III*, qui, avec une flotte considérable, vient débarquer à Royan sur la Garonne, envoie déclarer la guerre au roi de France, & s'avance avec une forte armée sur les bords de la Charente. Louis marche à l'ennemi, campé sous Taillebourg, & l'attaque le 21 juillet 1241 ; là le combat fut très-vif, & la victoire resta au roi de France. Saint-Louis poursuivit l'ennemi jusqu'à Saintes, où le lendemain il le défit entiérement dans une sanglante bataille. Le roi d'Angleterre s'enfuit jusqu'à Blaye. Hugues de Lusignan, se voyant sans ressource, vint au camp, près de Pons, s'humilier devant le roi, qui eut la bonté de lui pardonner.

Hugues de Lusignan méritoit d'autant moins la clémence du roi, qu'il s'étoit rendu coupable, pendant cette guerre, d'une perfidie atroce. Il avoit fait, sur le passage de l'armée françoise, empoisonner tous les puits; & la comtesse son épouse avoit elle-même préparé le poison destiné à faire périr le roi.

Du temps des guerres de la Ligue, Taillebourg qui appartenoit à la maison de la Trimouille, étoit fortifié par un château fort où s'étoit retirée *Jeanne de Montmorenci*, veuve de *Louis de la Trimouille*. Le prince de Condé avoit fait paroître quelque envie d'épouser la fille de cette dame, appelée *Charlotte de la Trimouille*. Il vint souvent la visiter à Taillebourg, & il laissa dans ce château, en partant pour son expédition d'Angers, une partie de ses domestiques, ainsi que ses pierreries & tout ce qu'il avoit d'effets précieux. Mais madame de la Trimouille, quoique ce mariage fît honneur à sa fille, n'étoit point disposée à y donner son consentement ; soit que le roi lui eût marqué que cette alliance ne lui feroit pas plaisir, ou soit uniquement à cause de la différence de la religion. Mademoiselle de la Trimouille, au contraire, paroissoit fort disposée à faire tout ce qui dépendroit d'elle pour se rendre digne d'une aliance si honorable. Ainsi la mere & la fille ne vivoient pas entre elles en bonne intelligence.

Dans cette disposition des esprits, madame la Trimouille se voyant entourée des gens du prince de Condé, & des protestans du parti de ce prince, écouta favorablement les propositions du maréchal de Matignon, qui commandoit dans ce pays pour le parti catholique, qui lui persuada de se débarrasser des mains des protestans, & lui envoya pour cet effet quatre compagnies de gens de pied, commandées par le capitaine *Beaumont*. Cette dame reçut ces troupes dans la ville, en attendant qu'elles pussent prendre le château où elle étoit, & en chasser les gens du prince de Condé. Beaumont, ne pouvant parvenir à entrer par ruse dans le château de Taillebourg, prit le parti de s'en emparer par force.

Dans ce deſſein, il l'aſſiégea dans les formes, fit tirer autour des lignes de circonvallation, & commença ſes travaux.

Mademoiſelle de la Trimouille, voyant que ſa mere étoit d'intelligence avec ſes ennemis, & que le château étoit de jour en jour ſerré de plus près, appréhenda que ſi les catholiques devenoient maîtres de cette place qui étoit de conſéquence, cette perte ne refroidît l'inclination que le prince de Condé avoit pour elle. Elle écrivit, à l'inſçu de ſa mere, au comte de *Laval*, de venir à leur ſecours, & l'inſtruiſit de la maniere dont il devoit attaquer les ennemis.

C'eſt une choſe qui doit, Madame, vous paroître un peu étrange, de voir une fille vivre avec ſa mere, & lui faire en quelque ſorte une véritable guerre : c'étoit l'eſprit de ces temps-là, où les paſſions avoient bien plus d'énergie qu'elles n'en ont aujourd'hui ; on ſe déteſtoit, comme on s'aimoit, bien ſincèrement.

Cette demoiſelle de la Trimouille, pour faire réuſſir ſon entrepriſe, ſe ſervit d'un page du prince de Condé, qu'il avoit laissé dans le château ; elle feignit ne pouvoir le souffrir, à cause du peu de retenue qu'il mettoit dans ses actions & ses discours, & parut le chasser lorsqu'elle l'envoya porter la lettre dont il est question.

Le comte de Laval reçut cette lettre, & fit part des nouvelles qu'elle contenoit à quelques capitaines des environs, qui rassemblerent cinq cents hommes de troupes réglées; il se mit à leur tête, s'avança vers Taillebourg, & ordonna à de Lorges & au jeune Montgommeri de mettre pied à terre. Ils entrerent dans le fossé, suivis de vingt cuirassiers, donnerent, l'épée à la main, dans les retranchemens ennemis, tandis que les arquebusiers les attaquoient dans différens autres endroits.

Les soldats de Beaumont, qui assiégeoient la place, firent d'abord une vigoureuse résistance. Mais, à ce signal, la garnison du château ayant pris courage & s'étant mise à tirer contre les assiégeans, ceux-ci, que l'artillerie incommodoit beaucoup, commencerent enfin à se ralentir, & songerent à faire retraite. Ils entretinrent cependant le combat. La nuit cacha la honte de leur fuite. Les uns se retirerent au travers des marais voisins, & allerent chercher un asile au delà de la Charente, à la faveur du pont qui étoit sur cette riviere. Il y en eut peu de tués, car on ne compta que soixante morts dans la ville ; mais le nombre des blessés & des prisonniers fut plus grand.

Aussi-tôt après le combat, le comte de Laval, sur les instances de mademoiselle de la Trimouille, fut reçu dans le château ; &, conformément aux avis secrets qu'elle lui donna avant que d'en partir, il confia le commandement de la place à *Boursier*, lieutenant des gardes du prince de Condé, & y mit pour garnison les gardes mêmes du prince ; ce qui ne fit pas plaisir à madame la Trimouille, qui, appréhendant de déplaire au roi, & ne se fiant pas trop aux protestans, ne vouloit se déclarer pour aucun parti.

Quelque temps après, le prince de Condé épousa mademoiselle la Trimouille : puis elle fut accusée & violemment soupçonnée d'avoir empoisonné cet époux.

Saint-Jean-d'Angely est une petite ville située sur la rivière de Boutonne, à cinq lieues de Saintes, & à peu près à la même distance de Rochefort. On rapporte que ce fut d'abord un ancien château, bâti par les anciens ducs d'Aquitaine, dans une forêt nommée alors *Angeriacum*, que ce château prit ensuite le nom de la forêt, & que d'*Angeri* on a fait par corruption *Angely*. Pepin le Bref fonda, vers l'an 768, un monastere sur l'emplacement de ce château, & y déposa, dit-on, la tête de *Saint Jean-Baptiste*. Cette relique de Saint Jean donna son nom au monastere, & attira un si grand concours de dévots, qu'il se forma en ce lieu un bourg qui s'accrut successivement, & devint une ville.

Les rois, les reines de France en grand nombre, les princes & ducs du royaume, & même des princes étrangers y sont venus en pelerinage pour vénérer la tête de Saint Jean-Baptiste, & y ont apporté des présens magnifiques. Plusieurs savans ecclésiastiques se sont élevés contre la sainteté de cette relique, qu'ils soupçonnent être très-apocryphe. La meilleure raison qu'on puisse apporter pour établir au moins le doute sur cette question, c'est de rappeler l'existence de sept à huit autres têtes de Saint Jean-Baptiste qui sont également honorées dans diverses églises du monde chrétien.

Cette ville avoit reçu des priviléges très honorables du roi Philippe-Auguste, en considération des services que ses habitans lui avoient rendus, en chassant les Anglois de ses murs. Louis XIII les dépouilla de ces avantages, parce qu'ils avoient embrassé le parti des protestans. On n'y trouve d'ailleurs rien de bien remarquable que sa situation avantageuse, & ses moulins à poudre qui sont construits sur les bords de la Charente.

L'*abbaye* de Saint-Jean-d'Angely, la plus riche du diocese, fut fondée, comme je vous l'ai dit, Madame, par Pepin ; elle est occupée par des bénédictins de la congrégation de Saint-Maur. L'abbé est seigneur de la ville.

On trouve encore dans cette ville, des couvens de cordeliers, de capucins, & des religieuses de Sainte Ursule.

Les habitans embrasserent presque tous la religion protestante. En 1562, cette ville fut assiégée par le comte de la Rochefoucault, chef des calvinistes, qui, malgré les intelligences qu'il avoit dans la place, fut obligé d'en lever le siége. Mais, quelque temps après, ceux de son parti s'en emparerent, & y ajouterent de nouvelles fortifications.

Après les victoires que remporta, en 1570, l'armée des catholiques commandée par le duc d'Anjou, frere du roi, à Montcontour & à Poitiers, elle vint, en poursuivant ses conquêtes, mettre le siége devant *Saint-Jean-d'Angely.*

Le capitaine *Piles*, assisté de la *Motte-Pujols*, & de plusieurs autres braves du parti protestant, commandoit dans la place.

A la premiere sommation, Piles fit réponse qu'il gardoit la place au prince de Navarre, gouverneur de la Guienne. Le 16 octobre, après cette réponse, l'armée des catholiques forma un siége en regle. La garnison fit des sorties & des escarmouches pour empêcher les approches de l'ennemi. Cinq jours après, elle fit une nouvelle sortie, avec quarante hommes de cavalerie, qui fut plus dommageable aux affiégeans qu'aux affiégés. Le lendemain, il fe fit une nouvelle fortie encore plus avantageufe aux affiégés, car ils tuerent un grand nombre de leurs ennemis, leur enleverent plufieurs enfeignes & une grande quantité d'armes.

Bientôt la reine Catherine de Médicis & le roi Charles IX fon fils, pour lors âgé de quatorze ans, fe rendirent avec une nombreufe fuite au fiége de Saint-Jean-d'Angely. Cette reine vouloit que fon fils participât à l'honneur des conquêtes que l'armée royale venoit de remporter, & qu'elle fe promettoit de remporter encore. Mais fon efpérance ne fut point remplie. Le roi fit de nouveau fommer la place de fe rendre ; le capitaine Piles tint bon encore pendant plus de fix femaines. Au commencement du mois de novembre, on donna un affaut général, où les affiégeans furent vivement repouffés & perdirent beaucoup de monde. Un grand nombre de leurs capitaines y perdirent la vie ; *Montefquieu*, celui qui avoit affaffiné le prince de Condé à la bataille de Jarnac, y reçut une bleffure dont il mourut quelque temps après.

Les affiégeans perdant efpérance, entrerent avec les affiégés en négociations, dans lefquelles on exhorta Piles à fonger à lui. Ce capitaine écouta les conditions de paix que les affiégeans lui propoferent. On fe donna de part & d'autre des otages, & l'on convint d'une treve de dix jours, pendant laquelle Piles s'engageoit de faire avertir les princes proteftans & de rendre la place, fi, au bout de ce temps, il ne recevoit point de fecours.

La treve étoit fur le point d'expirer; le matin du dix-huit novembre, la place devoit être remife fuivant les conventions; toute la garnifon & même les habitans fe livroient déjà au défefpoir, lorfqu'on commença à crier que le fecours attendu étoit à la porte de Mathas. Piles alla promptement le recevoir. Ce fecours, commandé par le capitaine Saint-Séverin, n'étoit parvenu jufqu'à la ville de Saint-Jean-d'Angely qu'à travers mille dangers. Il lui avoit fallu traverfer le camp des ennemis qui entouroit la ville de toutes parts.

Biron, qui commandoit l'artillerie des affiégeans, vint à l'heure défignée demander que la place lui fût remise. Mais on lui annonça l'arrivée du secours, & la détermination qu'on avoit prise de se défendre jusqu'à l'extrémité. On se rendit de part & d'autre les otages, & les hostilités recommencerent. Le canon des assiégeans continua à battre en breche ; les assiégés reparerent avec une nouvelle activité les dommages qu'il faisoit aux fortifications. Sébastien de Luxembourg, duc de Martigues & gouverneur de Bretagne, grand ennemi des protestans, reçut un coup d'arquebuse à la tête, qui fut tiré de la place, & dont il mourut sur le champ.

Quelques capitaines de la garnison, la Motte-Pujols & Saint-Séverin, accompagnés de quatre-vingts hommes de cavalerie & de deux cents piétons, firent une sortie sur un corps-de-garde des assiégeans, où ils eurent un grand succès. Ils tuerent une cinquantaine des principaux, en blesserent un plus grand nombre, enclouerent six coulevrines, brûlerent quinze barils de poudre, chargerent les Suisses qui gardoient les munitions ; & si les assiégeans ne fussent promptement venus au secours de leurs magasins, toutes les poudres de l'armée royale auroient été réduites en fumée. Dans cette expédition, les assiégés ne perdirent qu'un homme.

Les assiégeans furieux de cet échec, continuerent à battre la place avec une nouvelle activité. Le canon avoit déjà fait une breche très-considérable, & les assiégés, ne pouvant espérer de nouveaux secours dont ils auroient eu besoin, se virent forcés d'entrer une seconde fois en négociation.

Après un siége de près de trois mois, on capitula de part & d'autre. Le roi signa lui-même le traité, par lequel il fut permis aux assiégés de sortir de la ville avec tous leurs équipages, armes & chevaux, les enseignes ployées; & ceux-ci s'engagerent à ne point porter les armes pendant quatre mois pour la défense de ceux de leur parti. L'on promit en outre toute sûreté aux habitans de la ville, pour qu'ils se retirassent où bon leur sembleroit.

Ce traité, quoique signé par le roi de la part des catholiques, fut très-mal observé. Voici ce qu'en rapporte un historien du temps : » Il restoit de se

» préparer à sortir le lendemain, troi-
» sieme jour de décembre ; ce que
» chacun faisoit suivant son pouvoir.
» Cependant les malades & blessés,
» les vieillards, les femmes & autres
» qui n'avoient moyen d'aller ailleurs,
» se tourmentoient étrangement ; de
» sorte que la ville ne résonnoit que
» de cris & lamentations. Mêmement
» à la sortie, qui fut environ midi,
» le duc d'Aumale étoit à la porte de
» Mathas, d'où l'infanterie sortit la
» premiere, conduite par le capitaine
» Sérido & autres chefs auxquels le
» maréchal de Vieilleville dit : *Suivez-*
» *moi & faites marcher vos gens après*
» *vous*. S'étant acheminés jusqu'à la
» moitié du fauxbourg, les soldats
» catholiques romains commencerent
» à tirer les autres, & les faire entrer
» par grande-force dans leur logis, où
» ils les dévaliserent de leurs armes,
» habillemens & argent «. Les officiers
eurent beau s'opposer à ce pillage, ils
ne purent absolument en venir à bout.
Ces excès furent commis non seulement
au sortir de la ville, mais encore dans
les environs. Ces malheureux fugitifs
furent dépouillés sur leurs chemins,

& plusieurs même furent tués dans la campagne, & jetés dans la riviere.

C'est ici, Madame, un des foibles échantillons des maux qu'a long-temps causé l'indiscipline excessive des troupes en France ; & il est rare, sur-tout pendant les guerres de la religion, de voir des traités qui n'aient pas été violés par le brigandage des soldats.

Quelque temps après, les protestans se rendirent maîtres de cette ville, ainsi que de toutes celles du voisinage. Louis XIII, en 1621, en fit le siége lors de l'insurrection occasionnée par la violation du traité & par les intrigues du duc de Rohan & de son frere le prince de Soubise. Après un siége de six semaines, cette ville fut prise. Le roi fit raser les fortifications, & voulut qu'elle portât le nom de *Bourg-Louis*, afin que les habitans se ressouvinssent du roi qui les avoit puni de leur levée de bouclier, & qui les avoit dépouillés de leur privilége & de leurs murailles. Mais cette dénomination ne put être adoptée ; les rois, même les despotes, n'ont pas de pouvoir sur la routine.

Soubise est une petite ville située

sur la rive gauche de la Charente, à une lieue de Rochefort, & à peu près à la même distance de l'Océan ; elle est nommée en latin *Sulbisia*, & a depuis long-temps le titre de *principauté*. Elle est bâtie sur une hauteur, la vue en est magnifique : les bords animés de la Charente, la mer qui paroît dans le lointain, en font le principal agrément. L'air y est très-pur, & les eaux qu'on y boit sont très-saines ; elle differe en ces deux points de *Rochefort*, dont le séjour n'est pas, à beaucoup près, si salutaire ; & l'on voit souvent les habitans de cette derniere ville se transporter à Soubise, afin d'y boire une eau plus pure, d'y respirer un air plus salubre, & de rétablir leur santé.

Le château est dans une très-heureuse situation ; il répond à la magnificence des seigneurs qui l'ont possédé, & le parc qui l'accompagne est très-beau ; il est borné par la mer, le havre de Brouage, la Charente & la grande Terre.

L'église de *Saint-Pierre* est une collégiale, qui autrefois étoit composée d'un prieur & de dix chanoines : aujourd'hui il n'y a plus qu'un prieur, deux chanoines & un curé ou vicaire perpétuel, qui est aussi chanoine. On ignore dans quel temps & par qui ce chapitre a été fondé. Mais on ne peut pas douter que cette fondation n'ait été faite par les seigneurs du lieu. Les seigneurs de la maison de Rohan avoient le droit de fondateurs de cette collégiale. Ceux de cette maison qui professoient la religion protestante, ont cessé d'user de ce droit; & alors le prieur & les chanoines étoient en possession de nommer eux-mêmes aux canonicats vacans. Depuis que les seigneurs de cette maison sont rentrés dans le sein de l'église catholique, ils ont réclamé l'ancien droit de nommer aux bénéfices de cette église, & ils en sont aujourd'hui en possession.

La principauté de Soubise comprend sept grandes paroisses; l'*Isle Madame*, située à l'embouchure de la Charente, ainsi que le fort *Lupin*, bâti en 1688, pour la sûreté de cette riviere.

Le plus ancien seigneur de Soubise que l'on connoisse, étoit *Guillaume de Parthenai*, surnommé *l'Archevêque*, qui vivoit en 1225 & en 1228. Son petit-fils, Guillaume II, mourut en

1329; il eut un fils, nommé *Gui*, qui fut seigneur de Soubife & de Taillebourg. *Jean*, petit-fils de Gui, vendit Taillebourg en 1415, & mourut fans poftérité en 1433. Son frere Gui II lui fuccéda; & fut le bifaïeul de Jean IV, qui mourut en 1566, fans poftérité mafculine. Catherine de Parthenai fa fille fut fon unique héritiere. Elle porta la feigneurie de Soubife dans la maifon de *Rohan*, par fon mariage en fecondes noces avec *René*, vicomte de Rohan, dont le fils puîné, Benjamin de Rohan, feigneur de Soubife, fut, en 1626, créé duc & pair de France; il mourut fans être marié, en 1640. Marguerite de Rohan, fa niece & fon héritiere, époufa *Henri Chabot*, créé duc de Rohan. Anne Chabot, dame de Soubife, époufa, le 17 avril 1663, François de Rohan, créé prince de Soubife; il mourut en 1712, & il fut le pere d'*Hercule-Mériadec*, fecond prince de Soubife, né le 8 mai 1669, créé duc & pair en 1714 : il eft l'aïeul de Charles de Rohan, prince actuel de Soubife & maréchal de France.

En 1586, cette ville fut prife par Gui, comte de *Laval*. Ce feigneur,

LA SAINTONGE. 335
qui s'étoit rendu en Saintonge après la déroute des protestans à Angers, y ayant trouvé leurs affaires en mauvais état, les avoit rétablies par sa présence, & avoit formé le projet de s'emparer de toutes les places que les ennemis tenoient autour de Saint-Jean-d'Angely. Pour l'exécuter, il marcha du côté de Soubise, suivi de *Sorlus*, de *Mont-gommeri*, comte de Lorges, de d'Aubigné, & d'un détachement de cavalerie d'élite.

Soubise étoit alors défendue par quelques troupes commandées par le capitaine Simandiere : il connoissoit la foiblesse de la place ; & c'est pour cela qu'il avoit à la hâte fortifié l'église du lieu.

Aussi-tôt que Laval parut, la garnison abandonna la ville, & se retira dans le nouveau fort ; mais dès que Simandiere vit approcher du canon qu'on avoit fait venir de la Rochelle, il se rendit, à condition que lui & ses gens auroient la vie sauve.

Brouage, nommé en latin *Broagium*, est une ville fortifiée, avec un port ou plutôt un havre, où les vaisseaux sont en sûreté ; elle est située à deux lieues de Rochefort, à sept lieues de la Rochelle, & à la même distance à peu près de Saintes.

La ville de Brouage est fortifiée non seulement par l'art, mais encore par la nature. La mer & les marais qui l'environnent de toutes parts, en rendent l'accès presque impraticable. Le principal commerce de cette ville consiste dans la grande quantité de sel que l'on retire des marais salans qui l'environnent, & qui suffiroient seuls à l'approvisionnement de tout le royaume. Les propriétaires de ces sels les vendent aux fermiers généraux & aux étrangers qui en font des chargemens considérables.

Cette ville fut, dit-on, bâtie par Jacques de Pons, & porta, en conformité du nom de son fondateur, celui de *Jaqueville*. Brouage a été regardée long-temps comme un poste important ; &, pendant les guerres de religion, cette ville a soutenu plusieurs siéges. Le 22 juin 1578, le duc de Mayenne, avec une armée considérable, arriva devant cette ville, qui avoit été fortifiée depuis quelques années. Elle étoit défendue par seize compagnies incomplettes,

incomplettes, & peu fournies de munitions de guerre & de vivres. Néanmoins cette garnison se conduisit vaillamment dès les premiers jours du siége.

Pendant le siége, les Rochellois & autres du parti protestant, ne perdoient aucune occasion de harceler les assiégeans, & les incommodoient considérablement. Dans peu de jours ils leur tuerent six cents hommes, tant de pied que de cheval; mais ces pertes n'empêcherent pas le duc de Mayenne de continuer le siége. Le 3 juillet suivant, il commença à canonner la place. Pendant ce temps, *Lansac*, avec une flotte, assiégeoit la ville du côté de la mer, & fermoit de ce côté-là toutes les communications. Tant de forces combinées assuroient à l'armée royale la prise prochaine de la ville de Brouage. Mais ce qui détermina plus promptement le succès de cette expédition, fut la division qui se mit entre les habitans de la Rochelle & les nobles de cette ville. Les secours qu'ils devoient fournir aux assiégés ne furent ni suffisans ni envoyés à propos. Les vivres manquerent dans la place; les habitans redoutant l'arrivée du duc d'Anjou, & craignant pour eux les traitemens indignes & cruels dont il venoit d'user envers les habitans d'Yssoire en Auvergne, proposèrent une capitulation; &, le 28 août suivant, ils sortirent avec armes & bagages, & se retirerent à la Rochelle ou ailleurs.

Marennes est une ville située près de l'embouchure de la Seudre dans l'Océan, à six lieues de Saintes, à deux lieues du château d'Oléron, & à six lieues de la Rochelle.

Par un acte tiré du trésor des chartres, il paroît que cette ville appartenoit, au quatorzieme siecle, à Philippe de Valois; ce monarque y assigne, en 1330, à *Amauri de Craon*, une rente de quinze cents livres à prendre sur le domaine de ce lieu, pour la sénéchaussée héréditaire d'Anjou & du Maine, que ce seigneur lui remettoit.

En 1380, elle fut donnée à la maison de Pons, en déduction d'une rente de deux mille livres accordées par Charles V, à Renaud, sire de Pons. Mais, en 1461, cette seigneurie & quelques autres furent confisquées sur Jacques, sire de Pons. *Guy*, sire de

Pons, fils de Jacques, obtint des lettres d'abolition des crimes pour lesquels son pere avoit été condamné. Mais cette précaution n'empêcha pas que ses descendans ne fussent souvent troublés dans la possession de cette seigneurie par les officiers royaux. Les sires de Pons se qualifioient ordinairement du titre de comte de Marennes.

La ville de Marennes contient un tribunal d'amirauté, un bureau des fermes; elle est aussi le chef-lieu d'une élection de son nom. Le terroir des environs est marécageux, ce qui n'empêche pas qu'on n'y recueille de bons vins, dont on fait de l'eau-de-vie. Le sel que l'on retire des marais, passe pour le meilleur du royaume. Les huîtres vertes de Marennes ont beaucoup de réputation, & sont fort estimées des amateurs.

J'ai passé, Madame, le petit détroit qui sépare l'isle d'Oléron de la terre ferme. Cette isle dont parle Sidoine Apollinaire, & dont il nomme les habitans *Olartonenses Lepusculi*, fut depuis nommée *Olario*, & enfin *Oléron*.

Cette isle, qui est considérable, est située vis-à-vis de l'embouchure des rivieres de Seudre & de Charente, dans le diocese de Saintes & dans l'élection de Marennes. Sa longueur est de six lieues, & sa largeur moyenne de deux lieues. Elle contient cinq bourgs, une ville & plusieurs hameaux. On y compte environ cinq à six mille habitans. Le territoire est fertile & produit du blé, du vin & du sel.

Le Château du Bourg, chef-lieu de cette isle, est une petite ville située sur les bords de la mer, sur la côte orientale de l'isle, & en face du continent. Cette petite ville est fortifiée & a une citadelle, toujours défendue par une garnison considérable. On y voit deux hôpitaux, l'un destiné aux soldats, l'autre aux matelots & aux ouvriers. Ce dernier est desservi par des sœurs de la charité, qui tiennent une école gratuite pour les jeunes filles de la ville & des environs. Cette ville, qui contient tout au plus quatre ou cinq cents maisons, est dans une situation fort agréable, & assez bien bâtie.

J'ai parcouru les environs de cette ville, & ils m'ont paru bien cultivés; les habitans sont presque tous agriculteurs ou *fauniers*, c'est-à-dire livrés aux travaux de l'extraction du sel des marais. Le sel y est abondant, & les fermiers généraux en retirent de gros droits.

A l'extrémité occidentale de l'isle, qui est la partie la plus avancée dans la mer, est *la tour de Chassiron*. C'est un fanal qui sert à indiquer, pendant la nuit, aux navigateurs l'entrée du *pertuis d'Antioche*. On y entretient toutes les nuits deux réchauds de feu très-considérables, & l'un placé au dessus de l'autre. La double lumière qu'ils produisent sert à faire distinguer cette entrée de celle de la Gironde, éclairée par le fanal de la tour de Cordouan, qui n'en est guere éloignée, & qui ne contient qu'un seul foyer.

Le pertuis d'Antioche est le passage ou entrée formée entre l'isle d'Oléron & celle de Ré.

En 1586, pendant les guerres de la Ligue, d'Aubigné s'empara de cette isle pour le roi de Navarre, & en fut long-temps gouverneur.

Les loix maritimes, établies depuis long-temps dans cette isle, dont les habitans passoient pour les meilleurs navigateurs de toute la côte, ont été adoptées par toute la marine françoise, comme autrefois les romains adopterent celle des Rhodiens. Ces loix furent créées par *Eléonore*, duchesse de Guienne, qui les nomma d'abord *rôles d'Oleron*. Elles ont depuis été célebres sous le nom de *jugemens d'Oléron*, & ont universellement servi à la police de la mer.

Je suis, &c.

Au château du Bourg, ce 30 mars 1762.

LETTRE CDLXX.

L'AUNIS.

ME voici, Madame, dans une province qui, suivant l'ordre que je me suis prescrit dans ma marche, est la premiere de celles du milieu de la France. C'est le pays d'Aunis, qui, quoique peu étendu, forme seul un gouvernement militaire, dont *la Rochelle* est la capitale. Il est borné, au sud & à l'est, par la Saintonge ; au nord, par le Poitou ; & à l'ouest, par l'Océan ; il a, dans sa plus grande longueur, environ neuf lieues, & dans sa largeur moyenne huit lieues.

Ses principales rivieres sont *la Charente*, qui passe à Rochefort & sépare l'Aunis de la Saintonge, & *la Sévre*, qui sépare ce pays du Poitou.

Le sol n'y est pas aussi fertile qu'en Saintonge ; il est très-marécageux. La principale production est le sel que l'on tire des marais salans. Les ports de *Rochefort* & de *la Rochelle*, par leur importance, contribuent beaucoup au commerce & à l'activité de ce pays.

La ville de *Rochefort* est située sur la rive droite de la Charente, à quatre lieues de l'embouchure de cette riviere dans l'Océan ; en suivant les sinuosités du sol & en ligne droite, elle n'en est éloignée que de deux grandes lieues ; elle est éloignée de six lieues de la Rochelle.

Rochefort consistoit depuis long-temps en un château élevé sur un rocher au milieu des marais, accompagné d'une petite bourgade. La seigneurie qui en dépendoit étoit tenue par un gentilhomme, à titre d'engagement du roi, lorsqu'en 1665, Louis XIV en fit l'acquisition pour y construire un port & y faire bâtir une nouvelle ville.

Ce roi sentant depuis long-temps la nécessité d'avoir, dans ces parages, un port sûr pour sa marine, avoit fait sonder, à cet effet, la riviere de Charente, qui parut avoir la profondeur nécessaire aux vaisseaux de ligne. On avoit d'abord fait choix du local de *Tonnai-Charente*, bourg placé sur la même riviere & au dessus de Rochefort.

On y avoit commencé des travaux ; mais le sieur de Mortemart, qui en étoit seigneur, refusa de vendre au roi cet emplacement, ou proposa, pour s'en défaire, des charges trop onéreuses à l'état. On fit alors la même tentative au lieu de *Soubise*, situé sur la Charente & au dessous de Rochefort: on éprouva la même difficulté de la part du propriétaire. Ce fut alors qu'on se détermina définitivement pour le local de Rochefort.

On traça le plan de la nouvelle ville; on y fonda les principaux édifices nécessaire à la marine & à une ville de guerre, & on abandonna le reste à des particuliers qui firent bâtir des maisons à un sou de cens par carreaux. La ville, tracée sur un plan uniforme, est percée de rues larges & alignées, & qui se coupent entre elles à angle droit. Un rempart bordé de deux rangs d'arbres, entoure une partie de la ville, & forme une belle promenade.

Au centre de la ville est une place d'armes appelée *place des Capucins*, parce que le couvent des religieux est auprès. Elle est vaste & régulière.

L'arsenal passe pour un des plus

beaux du royaume ; la beauté de fa conftruction, l'étendue de fes bâtimens, donnent à cet édifice un caractere très-imposant. Les magasins sont très-vastes, les chantiers de construction, les bassins pour les radoubs, sont bâtis avec une magnificence vraiment royale.

La salle d'armes, Madame, offre un coup d'œil admirable. La multitude extraordinaire des armes, leur éclat ravit les yeux ; mais le cœur éprouve, à ce spectacle, un sentiment de peine qui résulte de la réflexion qu'amene nécessairement la vue de tant de machines destructives. Il semble que les connoissances humaines aient épuisé cette science fatale, & qu'on ait bien plus approfondi l'art de détruire que celui de conserver l'espece humaine.

La fonderie des canons, *la corderie*, *l'hôpital* militaire & la maison du roi, font encore des édifices vastes, intéressans, & qui contribuent à l'embellissement de Rochefort.

Il y a dans cette ville des galériens occupés aux travaux du port. Ce n'est pas, Madame, le spectacle le plus intéressant qu'on y trouve ; c'en est un très-affligeant, de voir des malheureux assemblés, traînant leurs chaînes & endurant un supplice continuel, qu'ils ne doivent, pour la plupart, qu'à l'état de misere où la nature les a placés. La pensée qu'il peut se trouver un innocent parmi ce grand nombre de condamnés, vous plonge dans une profonde tristesse.

On ne respire pas un air bien pur à Rochefort. La privation des vents du nord, les nombreux marais qui environnent cette ville, & d'où s'exhalent des vapeurs mal-faisantes, en rendent le séjour peu salubre. Les épidémies y sont fréquentes, sur-tout dans les mois les plus chauds de l'année. La mauvaise qualité des eaux qu'on y boit est un nouvel inconvénient pour la santé des habitans.

La Rochelle est située sur l'Océan, à l'extrémité d'un petit golfe, à douze lieues de Saintes & à six lieues de la capitale. Cette ville, qui est une des plus fortes & des plus marchandes des villes maritimes de France, est aussi recommandable par la sûreté de son port.

Dans l'origine, la Rochelle ne consistoit que dans un château fort, nommé

Vauclair, construit vers la fin du neuvieme siecle, après la ruine d'un autre château du voisinage, nommé *Chatel-Aillon*. Le château de *Vauclair* fut d'abord destiné à opposer quelque résistance aux descentes que les Normands auroient pu faire sur ces côtes. Les habitans de *Chatel-Aillon*, ayant vu leurs maisons & leurs forteresses détruites, vinrent chercher un asile près du château de Vauclair. Les habitations qu'ils construisirent autour de ce château, formerent les commencemens de la ville. On croit qu'un autre château, appelé *la Rocca*, & placé près de celui de *Vauclair*, donna son nom à la ville naissante. Mais ce qui contribua considérablement à son accroissement, ce fut la rade profonde & abritée qui y fixa le commerce, & favorisa diverses entreprises maritimes.

Dès le dixieme siecle, les habitans reçurent des priviléges de leurs seigneurs. Guillaume IX, comte de Poitou, s'empara de cette ville, accorda aux Rochellois de nouveaux priviléges, & fit entourer leur ville de murailles. *Eléonore*, fille de ce duc, épouse répudiée du roi de France Louis VII,

L'AUNIS.

puis femme de Henri II, roi d'Angleterre, succéda à son pere dans la seigneurie de cette ville; mais les anciens seigneurs sur lesquels Guillaume IX avoit usurpé cette ville, s'en emparerent à leur tour. *Eléonore* fut obligée de l'acheter de ces mêmes seigneurs. Lorsqu'elle fut dame légitime de cette ville, elle accorda de nouveaux priviléges aux habitans, leur érigea une maison commune, & leur permit de s'élire entre eux un maire, un sous-maire & soixante pairs pour le gouvernement de la ville.

Ce fut *Eléonore*, qui, par son second mariage, fit passer la Rochelle sous la domination angloise. En 1224, Henri III, roi d'Angleterre, ayant refusé au roi de France Louis VIII, dit *le Lion*, de prêter foi & hommage pour le duché de Guienne, celui-ci s'avança avec une forte armée, & après un siége de quelques jours, parvint à se rendre maître de cette ville. Elle resta sous la domination françoise jusqu'en 1360, époque du traité de Brétigny, par lequel il fut convenu que la Rochelle resteroit au roi d'Angleterre.

Cette ville ne demeura pas longtemps aux Anglois. Le maire, soit par amour pour le nom françois, soit par quelque autre motif, parvint à faire soulever les habitans contre la garnison angloise, & à la chasser de la ville. Après cet exploit, il députa auprès du connétable *Duguesclin*, pour lui annoncer qu'il étoit sur le point de rendre la Rochelle au roi de France, sous quelques conditions que ce brave militaire accepta ; & il vint lui-même prendre possession de cette ville au nom du roi. Charles V, pour récompenser le zele que les habitans avoient manifesté pour la couronne de France, non seulement confirma tous leurs anciens priviléges, mais encore leur en accorda de nouveaux ; comme celui de battre monnoie, & le droit de noblesse à leurs maire & échevins & à toute leur postérité.

Cette ville, sous le malheureux regne de Charles VI, repassa sous la domination angloise, & ne rentra sous la souveraineté du roi de France, que vers le milieu du quinzieme siecle, lorsque les Anglois furent entiérement bannis du royaume.

Pendant les guerres désastreuses de la religion, cette ville fut en proie aux plus funestes événemens. La religion protestante y fit d'abord de grands progrès ; les premiers sectaires furent long-temps persécutés & conduits sur les bûchers. Mais le parti des princes mécontens étant devenu celui des protestans, on accorda aux sectaires de cette ville le libre exercice de leur religion. Tout y étoit assez calme dès les commencemens du regne orageux de Charles IX. Ce prince, lors du voyage qu'il fit dans différentes provinces de son royaume, passa à la Rochelle, & reçut des habitans un accueil tout particulier & dont il parut très-satisfait ; il fit son entrée dans cette ville, le 14 septembre 1565. On le reçut avec les plus vives démonstrations de joie : on lui donna des fêtes magnifiques. Sur la porte de la maison où il étoit logé, on avoit placé un tableau sur lequel étoient ces vers :

Les Rochellois chantent l'heur immobile
  D'une chrétienne & notable Sibylle,
Qui, par prudence, ordonne un si grand bien
  Au roi Gaulois, qu'au champ Elizien,
    Au sein de paix, orès il se repose ;
  Et à sa voix son peuple se dispose.

Le roi séjourna trois jours dans la Rochelle au milieu des fêtes & des réjouissances publiques.

En 1568, les habitans élurent un maire protestant, nommé *François Pontard de Treuil-Charais*. Il protégea les protestans qui composoient le plus grand nombre des citoyens, & sans déterminer les catholiques qui y restoient encore à changer de religion, il leur fit du moins embrasser le parti protestant. Puis ne trouvant plus aucun obstacle, il livra au prince de Condé, alors chef du parti, la ville de la Rochelle.

Charles IX, en quittant la Rochelle, avoit confirmé les priviléges des habitans, & leur avoit promis une constante protection. Cependant ce prince, élevé dans le vice, vivant au centre de tous les crimes, de tous les attentats, ne respecta pas plus sa promesse que son devoir envers ses sujets ; & l'on peut dire que, par sa conduite atroce, il rompit le lien qui les attachoit au serment de fidélité, & que ceux qu'il opprimoit, ou plutôt qu'il assassinoit, en s'armant contre lui, n'étoient plus des rebelles ; mais qu'ils usoient du droit naturel de défendre leur vie & leur propriété. Enfin le massacre de la Saint-Barthélemi devoit s'exécuter à la Rochelle comme il le fut à Paris & dans plusieurs villes du royaume ; Catherine de Médicis chargea M. *de Strozzi*, qui se trouvoit dans les environs, de cette sanglante expédition; elle lui fit parvenir l'ordre cacheté, avec injonction de ne l'ouvrir que le 24 août, jour de Saint-Barthélemi. Cet ordre étoit conçu en ces termes :

» Je vous avertis que cejourd'hui,
» 24 août, l'amiral & tous les hugue-
» nots qui étoient ici avec lui ont été
» tués. Partant, advisez diligemment
» à vous rendre maître de la Rochelle,
» & faites aux huguenots qui vous
» tomberont en mains, le même que
» nous avons fait à ceux-ci; gardez-
» vous bien d'y faire faute, d'autant
» que vous craignez de déplaire au
» roi, Monsieur, mon fils & à moi,
» *Catherine* «.

Si l'on pouvoit encore douter que le projet d'assassiner tous les huguenots du royaume ne fut point formé par la cour, plusieurs jours avant l'exécution, cette lettre suffiroit seule pour le prouver. Elle a dû avoir été écrite quinze jours au moins avant le jour de Saint-Barthélemi. Le temps de la faire parvenir de Paris à la Rochelle ; le délai que l'on laisse au général Strozzi, avant l'époque prescrite pour ouvrir l'ordre, annonce au moins cet espace de temps.

Quoi qu'il en soit, les malheurs que le roi & la reine préparoient aux habitans de la Rochelle n'arriverent point. Ce ne fut ni par un effet de leurs réflexions sur un ordre aussi révoltant, ce ne fut point non plus par une générosité du général *de Strozzi*. Mais les Rochellois, avertis de ce qui se tramoit, se tinrent sur leur garde, fermerent leurs portes à Strozzi, & par événement, les rues de la Rochelle ne furent point inondées du sang de ses habitans. Car si, à cette époque, on eût égorgé tous les huguenots de cette ville, on eût tué au moins les onze douziemes de ses habitans.

La plupart des malheureux de toutes les villes de France échappés au poignard des assassins, vinrent se réfugier à la Rochelle. Les habitans de cette ville, parfaitement instruits des motifs du massacre de la Saint-Barthélemi, se disposerent à résister aux efforts du parti de la cour & des Guises; ils envoyerent deux fois des députés en Angleterre, pour prier le comte *Gabriel de Montgommery*, qui y avoit passé avec le vidame de Chartres, nommé *Jean de Ferriere*, de solliciter un secours considérable d'hommes & de munitions dont ils avoient besoin. La cour de France vouloit au contraire que les Rochellois reçussent dans leur ville le duc de *Biron*, qui devoit y mettre une bonne garnison ; mais redoutant de nouveaux massacres, les habitans refuserent constamment de le recevoir, à moins que la cour leur donnât des sûretés plus fortes que des paroles. Dans ces dispositions, le roi donna ordre au duc de Biron de déclarer la guerre aux Rochellois ; & la ville fut assiégée par terre & par mer. La guerre ne fut cependant pas d'abord bien vive ; & le roi même fit une tentative pour engager les habitans à se soumettre : voici ce qui en fit naître l'occasion.

Le brave *Lanoue*, l'honneur du parti protestant, s'étoit réfugié à Mons en Hainaut. Le massacre de la Saint-

Barthélemi lui ôtant tout espoir de secours, & ne sachant plus où se retirer, le duc de Longueville, gouverneur de la Picardie, son ancien ami, l'engagea à se rendre à la cour. Il y vint, &, contre son attente, il fut très-bien reçu du roi, qui s'excusa comme il put de l'affaire de la Saint-Barthélemi, & lui fit don des biens de Teligny, dont Lanoue avoit épousé la sœur. Le roi, après avoir fait l'éloge de son intégrité, de sa valeur, & de son esprit ennemi des factions, il le prie & lui enjoint de travailler en même-temps à maintenir la tranquillité du royaume, & à sauver les Rochellois ; il lui observe que, pour y réussir, il ne faut que leur inspirer des sentimens de paix. Lanoue s'en excusa d'abord, & dit au roi qu'il n'étoit guere propre à négocier une affaire si difficile ; mais sur les instances du prince, il s'en chargea, à condition que le roi ne se serviroit point de son ministere pour les tromper, & qu'on ne le mettroit point dans le cas d'être regardé comme un traître ; ajoutant que son honneur lui étant plus cher que sa vie, rien au monde n'étoit plus contraire à son caractere que le personnage de fourbe. Là-dessus le roi

L'AUNIS.

lui donne parole que tout se passera de bonne foi, & le fait partir pour la Rochelle. On lui donne pour l'accompagner, *Jean-Baptiste Guadagne*, Florentin, sous prétexte de mettre à ses ordres un homme de confiance qui viendroit rendre compte à la cour du succès de la négociation, mais en effet pour lui servir d'espion dans toutes ses démarches. Comme cette affaire étoit de nature à donner lieu à bien des discours, Lanoue reçut volontiers l'inspecteur de la cour : il étoit bien aise que les deux partis fussent témoins de sa droiture & de sa sincérité. Sur le refus que les habitans, instruits de son séjour à la cour, firent de le laisser entrer dans la ville, il se rendit, le 5 novembre 1572, au village de Tadon, accompagné de son inspecteur Florentin. Ce fut là que des députés, que les Rochellois lui envoyèrent, le reçurent avec une hauteur qui a peu d'exemples. Car après que Lanoue eut exposé le sujet de sa commission, qu'il leur eut déclaré qu'il avoit à leur parler de la part du roi, & qu'il eut demandé que les propositions dont il étoit chargé fussent rapportées au conseil, on se contenta de lui répondre : *Il est vrai que nous sommes venus pour conférer avec M. de Lanoue ; mais M. de Lanoue ne paroît pas, & nous ne l'appercevons point ici.*

Cette réponse républicaine, qui annonce des cœurs aigris par le malheur & l'indignation, fut très-sensible au vertueux Lanoue.

Deux jours après, on se rassembla au même endroit, & ce furent les mêmes propositions & la même réponse : *Je suis étonné*, dit alors Lanoue, *que vous ayez si-tôt oublié celui qui a reçu, il y a trois ans, tant de blessures pour vous, & qui a perdu un bras en combattant pour votre défense.*

Lanoue avoit en effet perdu un bras, & s'en étoit fait fabriquer un de fer avec lequel il pouvoit tenir la bride de son cheval & le diriger. C'est pourquoi il fut surnommé *Lanoue bras de fer*.

Les députés lui répondirent : *Nous savons qu'il y a eu un Lanoue qui a vécu dans une grande liaison avec nos concitoyens ; mais il n'a jamais fait auprès de nous le personnage que vous représentez aujourd'hui. Il s'étoit chargé alors de défendre une cause qui nous est commune avec lui* , & *il l'a toujours fait avec une valeur & une fermeté qui ne s'eſt point démentie.* Sourd à toutes les promeſſes qu'on lui fit alors, *il ne nous flatta jamais de vaines eſpérances ; jamais, ſous prétexte d'amitié, il ne nous invita à des conférences deſtinées à nous trahir.* Vous avez ſes traits ; *mais vous n'avez pas ſon cœur : ainſi retournez vers ceux qui vous ont envoyé.*

Lanoue, diſſimulant cet outrage, les pria avec tant d'inſtances de rapporter ſes demandes au conſeil de la ville, qu'ils le lui promirent. Enfin on lui permit d'entrer dans la ville ; mais le peuple le regarda de mauvais œil ; & pour toute réponſe, on lui fit ces trois propoſitions, dont on lui donna le choix : Que s'il vouloit reſter dans la ville comme ſimple bourgeois, la république lui donneroit un logement, des biens & des dignités, à proportion des forces qu'elle avoit. S'il aimoit mieux commander, que toute la nobleſſe & toutes les troupes de la ville le reconnoîtroient volontiers pour leur général & combattroient avec plaiſir ſous ſes ordres ; que s'il ne vouloit ni l'une ni l'autre de ces propositions, il pourroit monter fur un de leurs vaiffeaux & paffer en Angleterre, où il trouveroit beaucoup de fes amis.

Lanoue en ayant conféré avec Guadagne, prit le parti qui convenoit le mieux à fa dignité, & qui lui donnoit une grande autorité dans la ville, dans l'efpérance qu'il pourroit trouver quelque occafion de s'en fervir pour porter les efprits à la paix, fuivant la parole qu'il en avoit donnée au roi. Ainfi il accepta le commandement général que les foldats, le peuple & la nobleffe lui déféroient avec une grande unanimité, fans préjudicier pourtant à l'autorité du maire.

Lanoue, revêtu du commandement des troupes de la Rochelle, fe trouva dans une grande perplexité. Sa fituation, Madame, étoit vraiment embarraffante pour un homme auffi févere fur les principes que l'étoit ce brave militaire. Comment, en effet, fervir le roi, fuivant la parole qu'il lui en avoit donnée, fans s'expofer au reproche de trahir les Rochellois & leur caufe, qu'il s'étoit chargé de défendre ? C'eft ce qui lui faifoit dire quelquefois, que la mort lui

lui feroit plus de plaisir que la vie, & qu'il feroit ravi d'avoir une occasion de se la procurer, s'il le pouvoit sans offenser Dieu. Il se conduisit cependant avec tant de sagesse, & tout le monde étoit si persuadé de sa candeur & de sa bonne foi, que jamais on n'interpréta mal, ni ses paroles, ni ses actions. C'est pourquoi, pendant qu'il fut à la Rochelle, où il remplit tous les devoirs d'un excellent général & d'un zélé défenseur de sa cause, jamais le roi ne l'accusa d'avoir rien fait d'indigne d'un homme de bien, ni de contraire à la parole qu'il lui avoit donnée ; & lorsqu'il se crut obligé de quitter les Rochellois, parce qu'on ne vouloit écouter aucune condition de paix, jamais ils ne le regarderent ni comme un déserteur, ni comme un traître. Tant qu'il fut parmi eux, il les défendit avec toute la fidélité qu'exigeoit la dignité qu'il avoit acceptée ; lorsqu'il n'y fut plus, il montra toujours la même ardeur pour travailler au salut de la ville.

L'espérance qu'on avoit conçue de la négociation de La Noue étant tout-à-fait évanouie, le roi ordonna au duc de Biron de s'approcher de la Rochelle, avec du gros canon & l'infanterie de Strozzi ; & au comte de Lude, gouverneur de Poitou, d'attaquer *Marans*, petite ville dont les Rochellois étoient maîtres.

Biron, après la prise de Marans, alla camper au bourg de Saint-André, à une lieue de la Rochelle. Il y forma un parc d'artillerie, composé de onze canons de fonte, & y transporta toutes les provisions nécessaires pour un long siége. Strozzi prit son quartier à Pille-Boreau, à trois quarts de lieues de la Rochelle.

Il y eut d'abord de fréquentes escarmouches entre les deux partis, mais avec peu de perte ; elle fut cependant plus grande du côté des troupes du roi que de celui des Rochellois, parce que les premiers, qui ne connoissoient pas les lieux, se trouvoient souvent surpris dans des défilés, entre des buissons & des vignes, où ils alloient s'enfoncer dans des marais salans.

La Rochelle, Madame, étoit alors également fortifiée par l'art & par la nature ; la ville entourée de hautes & fortes murailles, de fossés larges & profonds, remplis par les eaux de la mer, paroissoit imprenable. Dans la place étoient treize cents hommes de troupes réglées, gens d'élite, & deux mille habitans bien armés & exercés dans l'art de la guerre : ces troupes étoient commandées par des colonels & des capitaines très-braves. L'artillerie consistoit en quinze pieces de gros canons, soixante pieces médiocres ou pieces de campagne, & cent autres plus petits, & le tout en fonte. Il y en avoit un bien plus grand nombre en fer ; enfin les munitions de vivres & de guerres y étoient en abondance.

Le peuple de la Rochelle, plus instruit sur ses véritables intérêts, conservoit depuis long-temps une fierté vraiment républicaine. Les dernieres guerres lui avoient fait connoître ses forces & lui avoient rendu son ancienne énergie ; & dans la conjoncture où il se trouvoit, le souvenir des massacres de Paris avoit jeté dans les esprits effarouchés des habitans, un mélange de frayeur & de rage, qui les détermina à souffrir les plus grandes calamités, plutôt que de se remettre entre les mains de gens que le sang de leurs amis & de leurs alliés, versé avec une cruauté inouie, leur rendoit vraiment odieux. Plusieurs raisons concouroient à augmenter leur confiance : d'un côté, la force de la place; de l'autre, l'espérance de la flotte d'Angleterre qui devoit venir à leur secours, à laquelle devoient se joindre plusieurs gentilshommes du voisinage. D'ailleurs, le mauvais état des affaires du roi les consoloit encore ; ils savoient que les dernieres guerres l'avoient fort endetté ; qu'il avoit besoin de ménager ses finances ; ce qui n'étoit pas possible, s'il vouloit continuer à leur faire la guerre, parce qu'elle lui couteroit des sommes immenses.

Au commencement de l'année 1573, on assiégea la ville par mer & par terre. Les généraux de l'armée royale bâtirent deux forts sur la mer, des deux côtés du canal qui conduit au port, afin qu'aucun vaisseau ne pût entrer ni sortir : on avoit placé dans le canal, entre ces deux forts, un gros vaisseau Vénitien, situé de maniere que la proue regardoit les murs de la ville, & on l'avoit rempli de sable, afin qu'il fût plus ferme. Il y avoit sur ce vaisseau beaucoup de troupes & de canons qui tiroient sans cesse dans la ville, & servoient à repousser les secours qui auroient pu venir de la mer.

Plusieurs sorties très-vives de la part des Rochellois causerent de grands dommages dans l'armée royale. Bientôt le duc d'Anjou, frere du roi, arriva au camp devant la Rochelle: les habitans, au lieu de se rendre à ses propositions de paix, y répondirent en ajoutant à leur ville de nouvelles fortifications. Le 6 février, il y eut un combat très-vif, où le brave La Noue se trouva, & combattit avec beaucoup d'ardeur.

Après plusieurs pourparlers qui n'eurent aucun succès, les hostilités continuerent avec plus de vigueur. Dans une sortie que firent les habitans, La Noue, qui la commandoit, fut sur le point de perdre la vie; mais il fut sauvé par le capitaine *Marsault*, qui mourut quelques jours après de ses blessures. Les assiégeans eurent encore le dessous dans cette affaire. Ce qu'il y eut de plus remarquable, ce fut le courage & la présence d'esprit des femmes de la ville, qui, sans se soucier du péril où elles s'exposoient, couroient de tous côtés sur le rempart, au milieu des combattans, & portoient, avec une activité étonnante, du vin, des confitures, & d'autres rafraîchissemens semblables, à ceux qui étoient ou blessés ou accablés de fatigues.

Dans un autre combat fort vif, Claude de Lorraine, duc d'Aumale, fut tué d'un coup de coulevrine.

Comme il ne restoit plus aucune espérance d'accommodement, La Noue fut sommé de sa parole par le comte de Rais ; & il fut obligé, pour accomplir la promesse qu'il avoit faite au roi, de passer dans le camp du duc d'Anjou. Les assiégeans furent bien aises d'avoir ôté aux habitans un aussi grand capitaine que La Noue, parce que, quelque zélé qu'il fût pour la paix, sa présence ne laissoit pas de soutenir le courage des assiégés.

Je n'entreprendrai pas, Madame, de vous donner de plus grands détails sur ce siége mémorable. Il suffit de vous dire que dans le camp des assiégés, les vivres commençoient à manquer ; la mortalité y faisoit de grands ravages. Plusieurs officiers généraux qui y commandoient, paroissoient plus portés pour les Rochellois & pour le parti proteſtant, que pour celui du roi. Le découragement ou l'indiſcipline étoit parmi les ſoldats, qui refuſerent ſouvent d'obéir & de monter à l'aſſaut. Toutes les entrepriſes faites juſqu'alors contre la ville, avoient été inutiles & ſouvent funeſtes aux aſſiégeans. Le roi même avoit écrit pluſieurs fois au duc d'Anjou ; ſon frere, de terminer un ſiége auſſi diſpendieux & dont il redoutoit l'événement. Les Rochellois avoient de plus reçu un ſecours conſidérable d'Angleterre. Toutes ces circonſtances réunies déterminerent le duc d'Anjou à faire des propoſitions de paix. Pendant les premieres négociations faites pour cet objet, il ſe paſſa un événement bien digne, Madame, de vous être rapporté.

Le duc d'Anjou ſe promenant avec le duc d'Alençon ſon frere, & avec le roi de Navarre, & viſitant tous les poſtes qui étoient entre la place & le camp, on tira d'une petite tour qui étoit auprès de là, deux fauconneaux, dont l'un étoit chargé de quantité de petites balles, qui vinrent juſqu'au duc d'Anjou & le toucherent au cou, à la main gauche & à la cuisse, mais sans le blesser. Jean de la Garde, seigneur *de Vins*, fort chéri de ce prince, ayant apperçu le feu de l'autre piece, se jeta au devant de lui pour parer le coup qu'il reçut dans l'estomac. On crut cette blessure mortelle; cependant il en guérit, & fut dans la suite un des plus zélés ligueurs; zele qui ternit en quelque sorte la gloire d'un si courageux dévouement.

Le duc d'Anjou étant, sur ces entrefaites, nommé roi de Pologne, hâta la conclusion du traité de paix, qui fut absolument favorable aux Rochellois & à tous les protestans du royaume.

Telle fut, Madame, la fin de la guerre civile qui suivit le massacre de la Saint-Barthélemi. Les gens de la cour croyoient le parti protestant entiérement anéanti par cette exécution : ils se tromperent. La guerre commença par des siéges & finit de même, surtout par celui de la Rochelle, qui soutint pendant près de huit mois, avec une opiniâtreté inflexible, toutes les forces du royaume, & en triompha. Le roi y perdit quarante mille soldats, & soixante capitaines distingués par leur valeur.

Les Rochellois se gouvernerent en république, & leur ville devint un des plus redoutables boulevarts du parti protestant. Le siége qu'ils avoient soutenu avec tant de courage & de succès, donna une nouvelle énergie aux sentimens de liberté dont ils étoient depuis long-temps pénétrés. Cette élévation d'ame qui contrastoit fortement avec la soumission des autres François, la religion protestante dont cette ville étoit un des principaux soutiens, donnerent souvent de l'ombrage à la cour: elle essaya plusieurs entreprises sur la Rochelle, qui ne furent d'aucun effet. Enfin, sous le regne de Louis XIII, le cardinal de Richelieu, qui ne pouvoit souffrir aucune résistance, & qui vouloit tout faire plier devant son pouvoir suprême, en violant les édits accordés en faveur des protestans, les força à se plaindre, les porta à se révolter. Le duc de Rohan, qui se trouvoit alors le chef du parti, les excita, après beaucoup de peine, à lever l'étendard de la guerre. Les troupes du roi, qui commettoient dans les environs de cette ville plusieurs hostilités, les contraignirent enfin à ne plus garder de ménagement.

Pour la seconde fois toutes les forces du royaume se réunirent pour assiéger la Rochelle; & ce second siége, un des plus mémorables de notre histoire, fut beaucoup plus long, beaucoup plus pénible, beaucoup plus sanglant que le premier, & eut une issue différente.

Le 10 août 1627, le duc d'Angoulême, à la tête d'une armée dont il avoit le commandement, commença le siége de la Rochelle. Les habitans de cette ville, bien résolus de se défendre jusqu'à la derniere extrémité, élurent pour maire *Guiton*, homme rempli de bravoure & capitaine expérimenté. Lors de son élection, il dit aux habitans assemblés, en tenant un poignard à la main : *Je serai maire, puisqu'absolument vous le voulez ; mais c'est à condition qu'il me sera permis d'enfoncer ce fer dans le sein du premier qui parlera de se rendre ; je consens qu'on en use de même envers moi dès que je proposerai de capituler ; & je demande que ce poignard demeure tout exprès sur la table de la chambre de nos assemblées.*

Trois armées considérables entouroient la ville du côté de terre; une autre défendoit l'entrée du côté du port; mais cette derniere devenoit inutile, & n'empêchoit point les secours d'entrer dans le port & dans la ville. Cette seule ressource qui restoit aux Rochellois, & qui auroit rendu ce siége interminable, fit imaginer cette digue si étonnante & si dispendieuse, qui fermoit l'entrée du port par une chaussée qui traversoit tout le bassin dans une largeur de sept cent quarante toises. Cet ouvrage offroit d'autant plus de difficultés, qu'en cet endroit la mer étoit fort orageuse, & les flots s'y précipitoient successivement avec une violence qui sembloit en rendre l'exécution impraticable. Un ingénieur italien commença cet ouvrage sans succès. Un artiste françois, nommé *Metezeau*, fut plus heureux. Après un travail de six mois, où la plupart des bras de l'armée furent employés, il parvint à triompher de l'ardeur des flots, & même de la

Rochelle qui n'auroit pu être prife fans ce grand ouvrage.

Les fecours ne pouvant plus venir aux Rochellois du côté de la mer, à caufe de l'obftacle que portoit cette digue, le befoin de vivres fe fit bientôt fentir dans la ville. Les habitans fupporterent toutes les horreurs de la famine avec un courage vraiment héroïque. On mangeoit les rats, le parchemin, les vieux cuirs. La moitié des habitans étoient morts de faim ; les foldats exténués n'avoient plus la force de porter leurs moufquets, & l'on fe défendoit encore. On obferva au brave *Guiton* que la faim emportoit chaque jour un très-grand nombre d'hommes, & que bientôt il n'en refteroit plus. *Il fuffit*, dit-il, *qu'il en refte un pour fermer les portes.*

Enfin, défefpérant d'être fecourus, & ne voyant dans l'avenir qu'une mort affreufe, le peu d'habitans qui reftoient encore à la Rochelle, écouterent les propofitions de paix qui leur furent faites; & la paix, quoique peu avantageufe pour eux, mit fin à leurs malheurs & aux incommodités qui, depuis quelques mois, fe faifoient auffi fentir dans l'armée royale.

Ce siége dura près de quinze mois, & couta quarante millions au roi. Le cardinal de Richelieu auroit ruiné toute la France pour le succès de cette entreprise. On ôta aux habitans leurs priviléges ; on fit raser les fortifications & combler les fossés.

Le culte protestant fut cependant toléré dans cette ville ; mais Louis XIII y établit plusieurs communautés de moines, dont le principal objet étoit de faire des conversions.

Comme cette ville étoit démantelée, Louis XIV sentant son importance, la fit fortifier par M. *de Vauban*. Ces fortifications consistent en dix-neuf grands bastions & huit demi-lunes, enveloppés d'un fossé & d'un chemin couvert. Du côté du port, l'enceinte est fermée par une muraille épaisse, sur laquelle est un petit bastion ; le reste est flanqué de tours rondes à l'antique ; & les environs de la place sont défendus par plusieurs petits forts.

Le port est un des plus sûrs du royaume & des plus avantageusement situés pour le commerce. Il est défendu par quelques fortifications, & sur-tout par un ouvrage à corne, appelé *le Tadon*. Ce port est fermé par deux pointes de terre, & s'étend à plus d'une lieue : c'est à travers ce port que l'on fit conftruire la fameufe digue dont je vous ai parlé, Madame ; elle exifte encore prefque toute entiere, & on la voit très-diftinctement, lorfque la marée eft baffe. Cette digue, qui a près d'un quart de lieue de longueur, élevée au milieu des flots qui la heurtent continuellement avec une impétuofité effrayante, offre un des plus étonnans ouvrages que puiffe produire la main des hommes.

Outre le port dont je viens de vous parler, Madame, il exifte encore *le baffin*, qui s'avance dans l'intérieur de la ville, d'environ deux cents toifes en longueur. Les grands vaiffeaux ne peuvent y être admis.

Ce baffin eft défendu à fon entrée par deux belles tours gothiques, l'une appelée la tour de *Saint-Nicolas*, l'autre la tour de *la chaîne*, parce qu'il y avoit une chaîne qui fermoit l'entrée de la ville en cet endroit.

La porte de l'horloge eft une des plus remarquables de cette ville : elle eft compofée d'une arcade ; elle en avoit autrefois deux. En 1672, un habile architecte parvint à supprimer la pile du milieu, sans nuire à la solidité de l'édifice ; & de deux arcades il en fit une très-belle. Sur cette porte, on voit les armes de France & la devise de Louis XIV, accompagnées de cette inscription :

Nec pluribus impar, Ludovico XIV, regum omnium terrâ marique potentissimo, feliciter regnante, porta hæc maritima à seculo impervia patuit anno 1672.

La porte royale, achevée en 1723, offre le buste de Louis XIV, sculpté par *Girardon*.

La porte dauphine porte cette inscription :

Pace ubique partâ, restitutâ marium ac commerciorum libertate, Ludovicus magnus hanc portam extruxit, anno 1699.

L'hôtel de ville, dont la façade est

chargée de sculpture, présente, au dessus de l'escalier, le buste de Henri IV.

La place des petits bancs, où se trouve la fontaine dauphine, est entourée de maisons très-bien bâties, & située dans un des plus beaux quartiers de la ville.

La place d'armes, nommée *place du château*, est une des plus belles du royaume. Sa forme est réguliere ; on y a planté plusieurs rangs d'arbres : au milieu est une belle fontaine. Un de ses plus beaux ornemens est la vue magnifique qu'elle présente, sur-tout du côté de la mer.

Il y a dans cette ville une académie royale de belles-lettres, établie en 1734, qui a donné quelques savans à la république des lettres.

Le commerce forme la principale activité de cette ville : il se fait presque tout par mer, & ses armemens & cargaisons sont ordinairement destinées pour les colonies françoises de l'Amérique. Ce commerce consiste en vins, en eaux-de-vie, chanvre, graines de lin, & autres marchandises de la Hollande, de l'Espagne & d'autres pays étrangers, dont la Rochelle est l'entrepôt.

L'isle de Ré, située dans l'Océan, à quelque distance de la Rochelle, & à mille quatre cents toises de la terre ferme, dépend du gouvernement d'Aunis. Cette isle a treize mille toises de longueur, sur trois mille quatre cents toises dans sa plus grande largeur, & environ trente mille toises de circonférence. A l'extrémité la plus occidentale, est un fanal appelé *la tour des baleines*. Le feu de ce fanal est formé de réverberes que l'huile alimente, & qui produit une très-grande lumiere pendant la nuit.

La ville de *Saint-Martin* est le chef-lieu de cette isle. Elle est très-bien fortifiée d'après la méthode de Vauban; ses fortifications sont composées de six grands bastions, de cinq demi-lunes, de fossés & de chemins couverts. La citadelle, qui commande toute la ville & le port, est aussi très-bien fortifiée. C'est un carré régulier, défendu par quatre bastions, trois demi-lunes, & une demi contre-garde, le tout entouré, excepté du côté de la mer, d'un fossé sec & d'un chemin couvert.

Cette ville est petite, mais jolie & bien bâtie ; le port est commode & bordé d'un beau quai. Elle fut bâtie près d'un ancien monastere de l'ordre de Saint-Benoît, qui fut fondé, en 735, par *Eudes*, duc d'Aquitaine, & par *Valrade* sa femme, qui y furent tous deux enterrés. Ce duc s'y retira & y embrassa la vie monastique ; mais il en sortit quelque temps après, lorsque son fils *Waiffre* eut été assassiné par Pépin, dans le dessein de venger sa mort & de recouvrer ses états. Ce monastere fut ruiné par les Normands. Le tombeau d'Eudes fut découvert, en 1730, lorsqu'on creusoit les fondemens d'un nouveau corps-de-logis pour le gouverneur de cette isle. On y remarqua sur-tout sa couronne en cuivre, d'une forme très-simple.

Cette isle, qui a souvent été attaquée par les Anglois, est défendue par plusieurs forts, tels que ceux de *Laprée*, situé dans la partie occidentale de l'isle, & qui sert à défendre l'entrée du passage appelé *Pertuis - Breton*. Le fort de *Sablanceaux*, situé sur un rocher, presque à la pointe de la partie la plus orientale de l'isle, & la plus voisine de la terre ferme, défend le passage appelé le *Pertuis d'Antioche*.

Le fort Matroy est bâti sur la côte méridionale & dans la partie occidentale de l'isle.

Cette isle produit du blé, & du vin qui n'est pas fort estimé & dont on fait de l'eau-de-vie. Sa principale richesse consiste dans le sel que produisent en abondance les marais salans qui y sont nombreux.

L'isle d'Aix est une petite isle située près de la côte d'Aunis, qui a environ cent cinquante toises de longueur, sur cent trente dans sa largeur moyenne.

Le chef-lieu de cette isle est le bourg d'*Aix*, qui est très-bien fortifié.

Marans, petite ville située sur la riviere de Sèvre & sur les frontieres du Poitou, formoit autrefois une isle : elle est encore entourée des eaux de plusieurs marais qui la rendent presque inaccessible dans les saisons pluvieuses. Elle a soutenu plusieurs siéges ; & Henri IV, qui n'étoit alors que roi de Navarre, s'en rendit maître le 24 juin 1588.

Le château fut rasé en 1638. Une partie de l'emplacement appartient au seigneur actuel, & l'autre est occupée par un couvent de capucins.

Surgeres est un joli bourg, situé dans l'étendue de l'élection de la Rochelle, à six lieues de cette capitale, & à quatre lieues de Rochefort. C'est une ancienne baronnie, possédée, depuis le onzieme, siecle, jusqu'au milieu du quatorzieme par la maison de *Maingot*. Cette maison s'éteignit, vers l'an 1342, en la personne de Guillaume Maingot IX du nom. Sa sœur *Jeanne de Maingot* fut son héritiere, & épousa *Jean l'Archevêque*, seigneur de Parthenai en Poitou, dont elle n'eut point d'enfans: elle fut mariée en secondes noces à *Aymar* de Clermont, seigneur d'*Hauterive* en Dauphiné. Elle eut de ce second mariage, Joachim de Clermont, seigneur de *Surgeres*, qui vivoit en 1422. Son fils Antoine de *Surgeres* ne laissa que deux filles, dont l'aînée fut mariée quatre fois, & mourut sans enfans. Sa sœur cadette devint héritiere de la baronnie de Surgeres; elle épousa en secondes noces *Roderic de Fonse-*

ques, iſſu des comtes de Monterey en Eſpagne. De ce mariage naquit *Hélene de Fonſeques*, dame de Surgeres, dont *Ronſard*, dans ſes vers, a chanté les vertus & la beauté, & dont ce poëte, alors fort âgé, paroît avoir été amoureux.

Elle épouſa, le 2 août 1600, Iſaac de la Rochefoucaud, baron de Montendre. Cette terre eſt reſtée juſqu'à préſent dans la maiſon de la Rochefoucaud.

Le château de ce bourg fut démoli par ordre de Louis XI. Charles VIII, ſon ſucceſſeur, donna à Henri de *Levis* & à Antoinette de Clermont ſa femme, la permiſſion de le reconſtruire. Ce château eſt magnifique dans ſon genre; ſon plan eſt à peu près ovale; & il eſt flanqué de pluſieurs tours, & l'enceinte eſt preſque entiérement revêtue en pierres de taille.

L'égliſe paroiſſiale, dédiée à Notre-Dame, avoit été ruinée par les proteſtans; elle a été reconſtruite dans le genre moderne. Les environs de ce bourg ſont auſſi agréables que fertiles.

Quoique cette lettre soit déjà assez longue, je ne la fermerai pas, Madame, sans vous dire un mot du bourg de *Rohan-Rohan*, situé sur la grande route de la Rochelle à Poitiers. C'est le chef lieu d'un duché considérable, qui formoit autrefois la terre & baronnie de *Fontenai-l'Abattu*.

Il fut érigé en duché pairie, sous le nom de *Rohan - Rohan*, par lettres-patentes données à Fontainebleau, au mois d'octobre 1714, enregistrées le 18 décembre de la même année, au parlement de Paris, en faveur d'*Hercules-Meriadec* de *Rohan* & de ses enfans & descendans mâles en ligne directe, nés & à naître en loyal mariage, pour être tenu du roi nuement & en plein fief, à cause de sa couronne, & relever de la tour du Louvre, à une seule foi & hommage, avec permission d'y établir un siége de duché-pairie, & un sénéchal ou bailli, un lieutenant, &c. dont les appellations ressortiront au parlement de Bordeaux.

Ce seigneur, en faveur duquel cette terre fut érigée en duché-pairie,

L'AUNIS.

étoit fils de François de Rohan, prince de Soubife, lieutenant-général des armées du roi. C'est de cette maison que sont sortis les Rohan & Soubife d'aujourd'hui.

Je suis, &c.

A la Rochelle, ce 20 avril 1762.

LETTRE CDLXXI.

LE POITOU.

Vous vous imaginez sans doute, Madame, que je vais vous parler du Poitou. Vous savez trop bien qu'à mon départ de la Rochelle, je ne pouvois prendre d'autre route que celle de cette province. Elle est bornée à l'est, par la Marche, le Berri & la Touraine; au nord, par l'Anjou & la Bretagne; à l'ouest, par l'Océan; & au sud, par le pays d'Aunis, la Saintonge & l'Angoumois. On croit qu'elle a soixante-dix lieues de longueur sur trente de largeur. Elle se divise en haute & basse. Le haut-Poitou, situé vers l'orient, est plus beau & plus fertile que le bas, qui est situé vers la mer.

Les Grecs & les Troyen scomptent des dieux pour leurs ancêtres; les Romains se disent descendus des Troyens, & les Espagnols remontent jusqu'aux Phéniciens. Ne soyez donc pas surprise, Madame, que les Poitevins, se croyant

croyant issus des Scythes, prétendent être la même nation que les Pictes qui s'établirent dans la Grande-Bretagne, long-temps avant l'ere chrétienne. Vous savez que ces derniers peuples furent nommés par les Romains *Picti*, parce qu'ils étoient dans l'usage de se peindre. Mais le nom de *Pictones*, sous lequel les Poitevins sont désignés dans tous les historiens anciens, est bien différent de celui de *Picti*. D'ailleurs, l'histoire même ne nous offre aucun rapport essentiel entre ces deux peuples. Ainsi les prétentions des Poitevins ne paroissent pas bien fondées.

Nous ne pouvons donc rien savoir de bien certain sur l'état de cette province, avant la conquête des Gaules. César est le premier qui nous l'ait fait connoître. Il nous dit dans ses commentaires, que Publius Crassus, l'un de ses lieutenans, la soumit aux Romains, après plusieurs combats & après la prise de la ville de Saintes. César lui-même vint y établir la police Romaine, qu'Auguste, son successeur, régla, quelque temps après, d'une autre maniere, lorsqu'il comprit les *Pictones* dans l'Aquitaine, qui depuis fut divisée en premiere & en seconde, comme je vous l'ai déjà dit dans plusieurs de mes lettres.

Lors de l'invasion des barbares dans la Gaule, la plupart des provinces de l'empire Romain devinrent la proie des Visigoths. L'empereur Honorius, pour conserver une partie de sa domination, fut contraint de leur céder toute l'Aquitaine, par un traité que l'on rapporte à l'an 418. Le Poitou se trouva compris dans cette cession, & fut soumis aux Visigoths jusqu'en l'année 509. A cette époque, Clovis, qui étoit déjà établi dans la Gaule, déclara la guerre à ces barbares, au sujet de la retraite qu'ils donnerent aux Gaulois mécontens. Théodoric, roi d'Italie, devint le protecteur des Visigoths, comme étant de la même origine, & ménagea une paix entre Alaric II leur roi, & Clovis, roi des Francs.

Cette paix, conclue à Amboise, ne fut que d'une très-courte durée. Les Poitevins, sous la conduite d'un seigneur du pays, nommé *Saldebrodus*, implorerent le secours de Clovis, pour s'affranchir du joug des Visigoths. Alaric, instruit de cette disposition des peuples, marcha vers Poitiers, capitale actuelle de cette province, à la tête d'une puissante armée. Clovis s'étoit déjà avancé sur les frontieres du Poitou : il passa heureusement la Vienne au port de Senon, près de Chatelleraud, força le roi des Visigoths d'abandonner la ville de Poitiers, le suivit avec précipitation, & le joignit à quatre lieues de là, aux environs de Vouillé, où il le défit en bataille rangée, & le tua de sa propre main.

Après cette victoire, il ne fut pas difficile à Clovis de conquérir tout le Poitou. Pendant le séjour qu'il fit à Poitiers, il donna à l'évêque & à l'église de cette ville, la propriété de tous les biens qui avoient appartenu aux temples du paganisme, aux synagogues des Juifs, & aux conventicules des hérétiques. Il nous reste une charte de ce temps-là, qui fut dressée par l'évêque *Antoine*, pour en régler l'usage & l'administration. On y lit ces propres expressions : *Ut clarus parce, populus necessarie, ecclesia vero consultarie his bene utatur* ; c'est-à-dire, pour que les clercs en usant avec économie, le peuple dans la nécessité, & l'église avec sagesse.

On rapporte au même temps la fondation de l'abbaye de Saint-Maixant, au sud-ouest de Poitiers, déjà établie sous le regne de Sigebert, roi d'Austrasie & d'Aquitaine, qui donna à cette maison deux mille livres de terres féodales, ainsi que les droits de justice & de service qui lui appartenoient dans ce territoire.

Je passe sous silence les regnes des enfans de Clovis. Il suffit de savoir que Clotaire I, le quatrieme d'entre eux, eût toute l'Aquitaine, & par conséquent tout le Poitou. Après en avoir confié le gouvernement à Chramne, son fils naturel, il se vit obligé de prendre les armes contre lui pour cause de rebellion. J'ai dit ailleurs que ce monarque livra bataille à ce fils dénaturé, le défit, & le brûla avec toute sa famille dans une cabane où il s'étoit réfugié. La vengeance du pere ne doit pas moins révolter que l'ingratitude du fils.

Vous savez, Madame, que Clotaire eut jusqu'à six femmes. *Sainte Radegonde*, qui fut la cinquieme, ne vécut que six ans avec ce monarque qui, au bout de ce temps, s'en lassa & lui permit de se retirer dans un couvent. Elle vint, l'an 560, à Poitiers, & y fonda le beau monastere de *Sainte-Croix*, & l'église collégiale qui porte son nom : elle y finit ses jours, l'an 590. C'est de là qu'elle vit tranquillement les troubles qui agiterent la France, depuis l'an 561 que mourut le roi son époux. Il n'est pas douteux qu'elle ne se trouvât plus heureuse dans sa solitude, que les reines Fredegonde & Brunehaut, ces deux femmes dénaturées, qui faisoient, dans les cours des enfans de Clotaire, assaut de crimes & de trahisons.

Cette pieuse reine avoit rassemblé auprès d'elle plus de deux cents religieuses Françoises & filles de qualité, qu'elle instruisoit non seulement dans la piété, mais encore dans les lettres ; car je dois vous faire remarquer en passant qu'elle étoit savante, & qu'elle écrivoit aux rois, ses beaux-fils des épîtres pour les porter à la paix. Nous avons même d'elle des lettres adressées à Justin, empereur de Constantinople, & à l'impératrice Sophie. Elle composa un poëme sur la ruine du pays de Thuringe, qui étoit sa patrie, & sur plusieurs autres sujets. Fortunat, évêque de Poitiers, l'aidoit dans ses compositions latines, tandis que, de son côté, Radegonde fournissoit au prélat des idées & des pensées tendres & délicates, qu'il plaçoit à propos dans ses livres d'histoire & dans ses sermons. L'un & l'autre en conviennent, & se font des complimens dans leur correspondance, qui nous est restée. *Saint Grégoire de Tours* faisoit aussi très-fréquemment sa cour à cette ancienne reine ; & ce fut lui qui présida à ses funérailles. Au reste, le roi Clotaire laissa en mourant à l'abbaye de Sainte-Croix, de grands biens, entre autres la terre de Vouillé.

L'histoire du Poitou ne nous offre point d'événemens bien remarquables, pendant le reste de la durée de la premiere race de nos rois. Lorsque Charles-Martel chassa, vers l'an 730, les Sarasins qui avoient pénétré dans l'intérieur du royaume, ces barbares avoient fait malheureusement d'horribles ravages dans le Poitou & à Poitiers même. Sous la seconde race de nos rois, Charlemagne, portant ses armes en Espagne, séjourna dans cette ville, y fit rebâtir les anciennes églises ruinées, & ordonna d'en construire d'autres : plusieurs abbayes de cette province le regardent comme leur fondateur & leur restaurateur.

Ce fut ce monarque qui établit des comtes en différentes provinces, entre autres, dans le Poitou, qui eut pour premier comte, *Abbon*. Il permit même à quelques-uns de prendre le titre de ducs d'Aquitaine, ou plutôt en Aquitaine. Mais ces titres n'étoient point héréditaires, puisque Charlemagne fit reconnoître pour roi d'Aquitaine son fils Louis, qui depuis fut roi de France & empereur sous le nom de Louis *le Débonnaire*. Le jeune prince répandit ses bienfaits sur le Poitou, qui étoit compris dans son royaume d'Aquitaine, & y fit un grand nombre de fondations pieuses. Son fils & son petit-fils porterent aussi le titre de rois d'Aquitaine : il fut également porté par Charles, fils de Charles *le Chauve*, & par Louis *le Begue*, qui monta sur le trône en 867.

Sous le regne de ce dernier empereur commencerent les comtes héréditaires de Poitou, qui prirent le titre de ducs d'Aquitaine, lorsqu'ils eurent réuni plusieurs provinces & comtés, tels que l'Auvergne, le Berri & le Limosin. A mesure que les descendans de Charlemagne devinrent plus foibles, ces comtes se rendirent plus puissans. *Guillaume*, l'un d'entre eux, surnommé *Tête d'étoupes*, parce que, comme je l'ai dit ailleurs, il avoit de beaux cheveux blonds, fit la guerre d'abord avec gloire, mais ensuite avec peu de succès. Vers le milieu du dixieme siecle, las de la vie guerriere & agitée qu'il avoit menée, il se retira dans l'abbaye de Saint-Maixant, y prit l'habit de moine, & y mourut en 964. On y voit encore son tombeau.

Son fils Guillaume, qui lui succéda, fut surnommé *Fier-à-bras* ; titre qu'il mérita principalement, dit Belleforêt, parce qu'il tint tête au roi Hugues-Capet, & qu'il lui écrivit dans les termes les plus forts & les plus hardis. Ce monarque vint assiéger Poitiers, & contraignit enfin le duc d'Aquitaine à se soumettre. Ce fut ce même duc qui fonda l'abbaye de Maillezais, & qu'on assure, être mort comme son pere, religieux de cette abbaye même, ou de Saint-Maixant. On prétend aussi qu'il eut un frere puîné, qui passa en Dauphiné, & fut la tige de l'illustre maison de *Poitiers*, qui ne s'est éteinte que dans le siecle présent. Peut-être est-ce par flatterie pour la fameuse Diane de Poitiers, que les auteurs du seizieme siecle ont imaginé d'établir cette descendance. Mais il est à observer que la maison de Poitiers, de Dauphiné, pouvoit, par son ancienneté & ses illustrations, se passer de cette brillante chimere.

Le fils de Fier-à-bras, nommé *Guillaume*, mérita le surnom de *Grand*. Ce fut un prince très-savant dans ce siecle d'ignorance : il étoit lié avec tous les habiles gens de son temps. Les guerriers l'appelerent *Grand*, parce qu'il augmenta considérablement ses états par ses conquêtes & ses alliances; les moines le surnommerent le *Pieux*, parce qu'il rétablit beaucoup d'églises ruinées ; & les savans l'appelerent le *Grammairien*, parce qu'il fonda des écoles, & qu'il s'occupa du soin d'instruire ses sujets. Sa fille *Agnès*, qui épousa l'empereur Henri III, étoit également savante. Ses trois fils lui succéderent l'un après l'autre. Le premier se nomma *Guillaume le Gros*; le second *Eude*, qui, du chef de sa mere, réunit la Gascogne à ses états; & le troisieme, encore *Guillaume*.

Celui-ci eut un fils, nommé comme lui *Guillaume*, qui étoit fort instruit, homme d'esprit & brave, mais dont les mœurs & les principes n'étoient rien moins que purs. Il composoit des vers, des chansons & des fabliaux. On dit qu'il nous en reste encore quelques-uns dans ces précieux recueils d'anciennes poésies, dont les originaux sont à la bibliotheque du roi. Quelques-uns des fabliaux de ce comte de Poitou, ou du duc d'Aquitaine, sont, ajoute-t-on, charmans, mais presque tous très-libres, & plusieurs scandaleux & injurieux aux prêtres & aux moines. Un auteur Anglois accuse ce prince d'avoir eu l'idée de fonder une abbaye de belles dames & de jolies demoiselles, plus galantes que dévotes, & de leur donner des réglemens convenables à leurs mœurs. Il vouloit mettre à leur tête

Maubergeone, vicomtesse de Chatelleraut, qu'il entretenoit publiquement, & pour laquelle il abandonna sa femme Hildegarde. Celle-ci en porta ses plaintes au pape ; & les évêques forcerent le comte à la reprendre & à vivre avec elle. Ce fut sans doute pour éluder cet ordre, & cependant pour réparer ses premiers scandales, qu'il se croisa & passa en Orient. Il y acquit beaucoup de gloire par sa valeur, quoique ses troupes y eussent été maltraitées, & qu'il revînt lui-même dans ses états en très-mauvais ordre. Il mourut en 1126, laissant pour successeur son fils *Guillaume* IX ou X, le dernier duc d'Aquitaine, de la maison des anciens comtes de Poitou.

S'il faut en croire nos anciens historiens, la vie de ce prince fut accompagnée de circonstances si singulieres & si curieuses, que je ne peux résister à l'envie de vous en offrir ici, d'après eux, quelques petits détails. Voici comme on les raconte. Naturellement dévot, Guillaume signala les commencemens de son regne par ses bienfaits envers les églises. Il bâtit celle de Poitiers, que l'on appelle le

Moutier-Neuf, fit faire une châsse magnifique, dans laquelle il renferma des reliques très pieuses, perfectionna le grand & bel établissement de Fontevrault, & fit d'autres œuvres pieuses, qui lui méritèrent des éloges & des remercîmens de la part du clergé. Malheureusement il prit parti pour un prétendant au souverain pontificat, nommé *Anaclet*, contre le pape Innocent II. Le fameux *Saint Bernard*, protecteur de celui-ci, qu'il avoit fait reconnoître par le roi Louis *le Gros*, & dans plusieurs conciles qui s'étoient tenus en France, ne voulut point laisser à Anaclet un partisan & un protecteur aussi puissant que Guillaume. Pour le lui enlever, il employa un moyen qui devoit nécessairement réussir à un homme de l'esprit & de l'éloquence de Saint-Bernard, sur-tout au commencement du douzieme siecle.

L'abbé de Clairvaux se rendit donc à Poitiers; & ce religieux, vénéré de tous les souverains de l'Europe, fut reçu avec les plus grands honneurs. On lui proposa de dire le lendemain la messe dans l'église cathédrale; il y consentit. Le duc voulut y assister; c'est ce que le Saint déſiroit. A l'endroit de la meſſe que nous appelons l'*agnus dei*, Bernard ſe retourne en tenant la Sainte-Hoſtie à la main, & adreſſant la parole au prince, avec cette éloquence foudroyante & cet enthouſiaſme dévot dont la religion & la vérité peuvent tirer un ſi grand parti, il l'adjure (ce ſont les expreſſions de nos hiſtoriens) de reconnoître le pape légitime, de ceſſer de protéger le ſchiſme, de rétablir les évêques qu'il avoit exilés de leurs réſidences, comme partiſans du pape Innocent, & de chaſſer ceux qu'il avoit intrus à leur place. Il le menace de la colere du ciel, & le déclare frappé de la foudre de l'excommunication, s'il n'obéit. Guillaume étourdi & effrayé, promet tout. Le lendemain, il veut éluder ſa promeſſe ; mais les menaces du Saint commencent à avoir leur effet. L'évêque que le duc avoit intrus ſur le ſiége de Limoges, tombe de deſſus ſa mule, ſe caſſe la tête, & meurt. Celui que l'on avoit intrus à Poitiers, eſt ſubitement attaqué d'une maladie grave, &, dans un accès de fievre chaude, ſe coupe la gorge avec un raſoir.

C'en étoit aſſez pour faire abandonner le ſchiſme au duc d'Aquitaine.

Il y renonça si bien, qu'il se crut obligé de faire une austere pénitence, pour expier la faute qu'il avoit commise en le soutenant pendant quelque temps. Après y avoir bien réfléchi, il jugea à propos d'aller consulter Saint Bernard lui-même, & se rendit à Clairvaux, où il passa plusieurs jours, vivant avec les moines, & observant leurs regles. De retour à Bordeaux, il annonça qu'il partiroit incessamment pour le pélerinage de Saint-Jacques en Galice. Il y fut en effet avec une suite de vingt personnes seulement, dont les trois principales étoient son maître-d'hôtel, son valet de chambre & son secrétaire.

Après avoir satisfait pendant quelques jours à sa dévotion dans l'église de Compostelle, il appelle auprès de lui les trois officiers que je viens de nommer, & leur fait promettre, sous les plus grands sermens, d'exécuter ses ordres avec fidélité & dans le secret. Il leur remet son testament, & les charge de le porter au roi Louis *le Gros*. Le duc ne leur cacha pas les dispositions qu'il contenoit. Il léguoit ses immenses possessions en Aquitaine, à sa fille aînée

Eléonore, priant le roi de lui servir de tuteur, & de lui faire épouser son fils Louis *le Jeune*. Il ne laissoit à sa fille cadette, que les uns nomment *Alix*, & les autres *Péronelle*, que les terres qu'il avoit en Bourgogne.

Les serviteurs de Guillaume trouverent ses dispositions fort sages. Mais ils ne concevoient pas pourquoi leur prince se pressoit de les déclarer, puisqu'il se portoit encore très-bien, & qu'il n'étoit point dans un âge avancé. Ce fut alors qu'il leur apprit qu'il vouloit absolument passer pour mort, & aller vraiment finir ses jours dans la pénitence & les austérités. Nos historiens assurent que ces fideles domestiques employerent toute leur éloquence pour l'en dissuader, & l'engager à retourner dans ses états. Rien ne put le détourner de son projet. Enfin, les confidens exécuterent parfaitement la triste comédie qu'on leur avoit ordonné de jouer. Les autres officiers de sa suite furent les premiers trompés : on leur fit croire d'abord que le duc étoit malade, & ensuite on leur persuada qu'il étoit mort. Ils lui éleverent un tombeau à Saint-Jacques de Compostelle, tandis qu'embarqué secrétement, il traversoit les mers pour se rendre à Jérusalem. Son testament fut remis à Louis *le Gros*, reçu avec larmes, & exécuté dans tous ses points.

Cependant Guillaume, arrivé à Jérusalem, s'adressa au patriarche. Soit qu'il se fît connoître de lui ou non, le prélat lui assigna auprès du Saint-Sépulcre une cellule, où il mena une vie pénitente pendant neuf ans. On ne sait trop pourquoi, après ce temps-là, il repassa en Europe, retourna à Compostelle, où il visita son propre mausolée, & se rendit ensuite en Italie. Une autre chose assez difficile à expliquer, c'est que l'envie de faire la guerre lui reprit alors. Ayant su que la ville de Luques étoit assiégée, il servit, en qualité de simple volontaire, dans les troupes destinées à la défendre, & suivit cette expédition sans être reconnu de personne. Mais à peine fut-elle finie, qu'il sentit qu'il avoit à se reprocher un véritable écart. Il prit le parti de se rendre à Rome, où il s'adressa à ce même pape Innocent II, contre lequel il s'étoit autrefois déclaré.

Le souverain pontife, sans connoître

Guillaume, consentit à l'entendre en confession, & fut bien étonné d'apprendre que le pélerin étranger qui se présentoit à lui, étoit l'ancien duc d'Aquitaine. C'étoit sans doute un triomphe pour Innocent : mais il n'en jouit qu'en secret ; & pour répondre aux pieuses intentions du prince pénitent, il l'envoya, au milieu des montagnes de Toscane, dans une solitude, que le bruit des vertus de l'hermite Guillaume remplit bientôt d'admirateurs & d'imitateurs de ses austérités. Il en pratiquoit une particuliere, qui ne convenoit pas à tous ses disciples, & qui prouvoit qu'il avoit été autrefois militaire, & même chevalier. Sa tête étoit continuellement chargée d'un casque de fer sans ornemens, mais d'une grande pesanteur; son corps étoit revêtu d'une double & large cuirasse, par dessous laquelle étoit encore une *jacque* ou *jacquette de maille de fer*; & ses reins étoient entourés d'une ceinture armée de pointes qui lui entroient dans la chair. Il passa plusieurs années dans cet équipage, qu'il ne quittoit ni nuit ni jour.

Albert, son ancien secrétaire, qui

l'avoit accompagné à Compostelle, & qui avoit porté son testament à Louis le Gros, étoit venu (on ne sait comment) le retrouver en Toscane. C'étoit le seul qui le connût; & ce ne fut qu'au moment de la mort du duc, arrivée en 1157, que son secret fut révélé par ce fidele confident. Alors, non seulement le mystere cessa, mais on eut les preuves les plus certaines de ce qu'avançoit Albert. Le pape Innocent II, qui vivoit encore, vint lui-même reconnoître le corps du Saint, & l'ayant canonisé par son propre témoignage, le fit enlever & mettre dans une châsse. Ses reliques resterent dans l'église du lieu où il étoit décédé, & y opérerent de grands miracles.

Trois ans après, en 1160, Adrien, successeur d'Innocent II, approuva les regles d'une congrégation d'hermites, disciples du duc Guillaume; & on les appela, de son nom, *Guillemins*. Le bon Albert en conduisit quelques-uns en France, où le roi Louis *le Jeune* leur accorda une église & une maison dans Paris. Comme ils portoient des manteaux blancs, cette maison fut nommée des *Blancs-Manteaux*. Elle subsiste encore : mais l'ordre des Guillemins s'est éteint, du moins en France; & le monastere qu'occupoient les hermites, sous la regle de Saint-Augustin, est aujourd'hui rempli de Bénédictins de la congrégation de Saint-Maur. On célebre avec éclat, dans plusieurs dioceses de France, & particuliérement dans ceux de Poitiers & de Bordeaux, la fête de *Saint Guillaume*, duc d'Aquitaine; elle est marquée sur tous les calendriers, au 16 de janvier.

Quelque circonstanciée que soit l'histoire que je viens de rapporter, & sur quelque grand témoignage qu'elle paroisse appuyée, il seroit peut-être imprudent de garantir la vérité des derniers faits, &, si j'ose m'exprimer ainsi, de la seconde vie de ce dernier comte de Poitou, duc d'Aquitaine. Mais d'un autre côté, si on les révoque en doute, il faudra supposer que les *Guillemins* ou *Guillemetins* de Toscane ont composé une fable au sujet de leur fondateur. Quoi qu'il en soit de cette question, qu'il seroit bien hors de propos de discuter ici, Eléonore, fille aînée de ce prince, épousa, comme je l'ai dit ailleurs, notre roi Louis le

Jeune, en fut répudiée, & fe remaria avec l'héritier du trône d'Angleterre, à qui elle apporta en dot fes immenfes poffeffions. Philippe Augufte les ayant confifquées, & s'en étant emparé fur Jean *Sans-Terre*, fon vaffal rebelle, le Poitou devint dans la fuite l'apanage d'Alphonfe, frere de faint Louis, & qui époufa l'héritiere du comté de Touloufe. Après la funefte bataille de Poitiers, où notre roi Jean fut fait prifonnier, cette province retomba fous le pouvoir des Anglois. Mais Charles V la leur reprit avec leurs autres conquêtes; & depuis cette époque, elle n'a plus été féparée de la couronne.

Dans le même fiecle, c'eft-à-dire dans le quatorzieme, il fe forma en Poitou une fociété d'enthoufiaftes, connue fous le nom de *Gallois & Galloife*. L'objet de cette fociété étoit de faire preuve d'amour, en fupportant toutes les rigueurs des faifons avec autant de courage que de patience. On peut appeler les hommes & les femmes qui la compofoient, *martyrs d'amour*, puifque leurs épreuves les conduifoient pour la plupart au tombeau. Les uns & les autres devoient, suivant leur institut, se couvrir, pendant les plus ardentes chaleurs de l'été, de bons manteaux, de chaperons doublés, & avoir de grands feux auxquels ils se chauffoient comme s'ils en eussent eu grand besoin. Dans le temps le plus rigoureux de l'hiver, ils ne portoient qu'une *petite cotte simple* avec une cornette longue & mince. Ils n'étoient couverts dans leurs lits, que d'une *serge légere, sans plus*. Enfin, ils faisoient en été tout ce qu'on fait dans les pays du nord, pour se garantir du froid, & ils employoient en hiver tous les moyens dont se servent les méridionaux pour parer aux plus vives chaleurs. On eût été indigne de l'initiation, si l'on se fût permis de reprendre des forces, en se dégelant auprès du plus petit feu. Il falloit mourir ou triompher des saisons ; de si grands sacrifices valoient bien leur récompense. Aussi la jalousie des maris disparoissoit à la vue de ces martyrs d'amour. Où en seroient nos petits-maîtres d'aujourd'hui, si votre aimable sexe, Madame, ne consentoit à les admettre qu'après de telles épreuves?

Vers la fin du regne du malheureux Charles VI, en 1418, le dauphin, qui régna enfuite, fous le nom de Charles VII, fut forcé de chercher un afile dans le Poitou, contre les fureurs de cette impudique & cruelle reine Ifabelle de Baviere, liée avec le duc de Bourgogne, l'ennemi de fon mari & de fon fils. Le jeune prince transféra le parlement & l'univerfité de Paris à Poitiers, & y fut déclaré régent du royaume.

Cette province de Poitou offre, fur un terrein inégalement fertile, des plaines qui produifent une grande quantité de grains, des bois, des pâturages où l'on nourrit beaucoup de beftiaux, peu de montagnes, & quelques forêts. Les principales rivieres qui l'arrofent, font la *Vienne*, qui a fa fource dans l'élection de Tulle, aux confins de la Marche & du Bas-Limofin; la *Sevre Niortoife*, diftinguée, par ce furnom, de la Sevre Nantoife, & qui prend fa fource à trois lieues au deffus de Saint-Maixant, féparant dans fon cours la généralité de Poitiers d'avec celle de la Rochelle : ces deux rivieres font navigables. Le *Clain* l'étoit autrefois de Poitiers à Chatelleraut. On ne sait pourquoi la navigation en a été négligée. Elle est trop utile à la ville de Poitiers, & trop facile à rétablir, pour qu'on ne lui fasse pas reprendre un jour son ancienne activité. Les autres rivieres sont peu considérables.

Neuf petits ports de mer ou havres bordent le Poitou : ce sont les sables d'Olonne, Beauvoir, la Barre de Mons, Jard, Saint-Benoît, la Tranche, Saint-Gilles, Noirmoutier & l'Isle-Dieu. Tous ces ports ne sont propres qu'à contenir des barques, excepté celui des sables d'Olonne, dans lequel il peut entrer des navires de cent cinquante tonneaux au plus. Le transport des sels & la pêche sont l'unique commerce dont le Poitou retire quelque bénéfice sur ses côtes.

Ceux qui prétendent que la mer a parcouru successivement le continent, peuvent s'en convaincre par les couches de coquillages & des sables qu'elle a laissés à quelques lieues de ses bords, & par les carrieres de marbre qu'on trouve aux environs de Luçon, & près de Niort, à Ardin. Les habitans même assurent que le décroissement de son flux est très-sensible, & qu'il ne faut pas remonter à vingt ans pour l'avoir vue baigner des terreins que l'on cultive aujourd'hui.

Le gouvernement ecclésiastique du Poitou ne renferme que deux évêchés, ceux de Poitiers & de Luçon. Le gouvernement civil est du ressort du parlement de Paris. Il n'y a qu'un présidial, dont le siége est à Poitiers, & qui est d'une très-grande étendüe. On y compte cinq sénéchauffées royales, trois siéges royaux, & six prévôtés royales.

Cette province se divise, par rapport aux finances & aux impositions, en neuf élections, qui sont Poitiers, Chatelleraut, Saint-Maixant, Niort, Fontenai-le-Comte, les sables d'Olonne, Thouars, Mauléon, & Conflans. Les habitans du Poitou, ainsi que ceux de l'Auvergne, du Limosin & de la Marche, acheterent au roi Henri II le droit de ne point payer un impôt ou gabelle sur le sel. Voilà pourquoi ces pays sont appelés *Rédimés*. Les fermiers ont pris de là occasion de les regarder comme pays *étrangers*, &
de

de leur faire payer comme tels des droits d'entrée & de sortie, quoiqu'ils se trouvent au centre du royaume. A la gabelle du sel près, cette province est sujette à tous les droits compris dans le bail des cinq grosses fermes, & à toutes les impositions.

Avant la révocation de l'édit de Nantes, le Poitou étoit plus peuplé d'un tiers au moins. On y voit aujourd'hui plusieurs villes presque abandonnées. Cette grande généralité ne contient qu'environ six cent quatre-vingt dix mille cinq cents habitans. Des modernes leur attribuent de la vivacité, de la bonhommie & de l'insouciance. Le luxe ni le commerce n'ont point altéré leur gaîté naturelle, par cette avidité inquiete que produisent le désir du gain & la soif des richesses, & qui multiplie les besoins en diminuant le vrai bonheur. Plus riches en denrées qu'en numéraire, les Poitevins se plaisent à la table, au jeu, & sur-tout à la chasse. Les femmes de la campagne ont la réputation de chanter & de danser avec grace. On assure même que Louis XI, pour se distraire des remords qui le bourreloient sur la fin de ses jours, faisoit venir à Tours, qu'il habitoit alors, des villageoises Poitevines pour les voir danser.

Je suis, &c.

En Poitou, ce 1762.

LETTRE CDLXXII.

SUITE DU POITOU.

LA ville de *Niort*, la première que j'ai vue, en entrant dans le Poitou, est située, Madame, sur la Sèvre, vers les confins de la Saintonge. Les murailles qui l'entourent, ne permettent pas aux habitans d'oublier les guerres qui l'ont désolée. Elle a soutenu en effet plusieurs siéges; le premier, en 1569, par le comte de Lude; & le second, en 1577, par le duc d'Anjou. Elle fut une troisieme fois assiégée, escaladée & surprise par les troupes du parti du roi de Navarre, & pillée par les soldats, qui, dit-on, y firent un riche butin.

Cette ville passe pour être une des plus peuplées & des plus commerçantes du Poitou. On y fabrique beaucoup de peaux de chamois, & quelques étoffes de laine. L'angélique que l'on y confit, est excellente. Mais le principal commerce y consiste en chevaux, mules & mulets, qui font fort estimés.

Les maisons religieuses, soit d'hommes, soit de filles, sont en assez grand nombre dans Niort. Celle des prêtres de l'oratoire, est une des premieres de cette congrégation, qui furent fondées en France. Le P. Jacques *Gastaud*, l'un des six prêtres, avec lesquels le cardinal de *Bérulle* donna naissance à l'oratoire, voulant procurer à cet ordre un établissement dans sa patrie, se démit de son prieuré de Saint-Thomas de Croisé, qu'il lui fit unir à ses dépens. Il sacheta encore de ses deniers, la maison que ces peres occupent, & dans laquelle le roi Louis XIII logea, le 10 octobre 1627, lorsqu'il alloit faire le siége de la Rochelle. Le P. René *le gentilhomme* leur fit bâtir ensuite l'église, & leur laissa tous ses biens en mourant.

On m'a beaucoup parlé des priviléges dont jouit cette ville, sans oublier sur-tout la noblesse héréditaire, & l'exemption du droit de franc-fief, que Louis XI accorda, en 1461, aux maire & échevins. Mais en voici un, Madame, d'une autre espece & bien

plus remarquable. Dans un grand livre où font écrits avec ordre les priviléges de cette ville, il y a, m'a-t-on dit, une lettre en latin, par laquelle les maire, échevins, confeillers, pairs & bourgeois de Niort, ainfi que leur poftérité, font reçus confreres de l'ordre des cordeliers, " afin qu'ils participent
" en tous les bienfaits, fuffrages &
" oraifons qui fe font & feront en
" ladite religion, & être enfevelis, fi
" bon leur femble, en habit de l'ordre
" du couvent; & font tenus les reli-
" gieux dudit couvent de leur donner
" ledit habit ". Cette affiliation fut confirmée, comme on le voit dans ce recueil, par le provincial des cordeliers, pendant le chapitre tenu en 1516; ce religieux s'oblige de faire pour les habitans de Niort, après leur mort, les mêmes vœux & les mêmes prieres que pour les freres de l'ordre & pour les *bienfaiteurs*.

A quatre lieues de Niort, & dans une ifle formée par les rivieres d'Autie & la Sévre Niortoife, eft *Maillefais*, ville qui ne préfente au voyageur que quelques bois agréables, de bon poiffon, une très-petite population,

& des ruines. Mais elle est célebre dans l'histoire par le château que les comtes de Poitou y firent bâtir au neuvieme siécle, & par son monastere, qui fut érigé en évêché, dont le siége fut ensuite transféré à la Rochelle, à cause du mauvais air occasionné par les marais qui l'entourent.

Ce château, bâti d'abord pour arrêter les courses des Normands, devint ensuite un lieu de plaisance, par les soins du comte Guillaume, surnommé *Fier-à-bras*, qui venoit y prendre le plaisir de la chasse & de la pêche. Un jour qu'il chassoit, ses chiens poursuivirent un sanglier jusque dans un souterrain voûté. Ce prince y pénétra, & parvint dans un endroit où se trouva trois autels, qui offroient, dit-on, les restes de l'église de Saint-Hilaire, que les Normands avoient détruite. C'est-là que fut bâti un monastere, où l'on fit venir des religieux de celui de Saint-Martin de Tours. Cette abbaye de Maillesais fut érigée en évêché, l'an 1317, par le pape Jean XXII, qui étoit alors à Avignon. Le siége en fut transféré à la Rochelle en 1648.

Le cardinal de Bourbon, proclamé, comme vous le savez, Madame, roi de France par la ligue, & au nom duquel on battoit monnoie sous le titre de Charles X, ayant été fait prisonnier, fut conduit du château de Chinon dans celui de Maillesais, & mis sous la garde de d'Aubigné qui en étoit gouverneur. Ni les offres de la duchesse de Retz, ni les efforts violens qu'on employa pour avoir la liberté de ce cardinal, ne purent déterminer d'Aubigné à le relâcher. L'illustre prisonnier fut ensuite transféré au château de Fontenai.

Je ne dois pas vous laisser ignorer, Madame, que ce même d'Aubigné céda, dans la suite, Maillesais & le Dognon au duc de Rohan pour cent mille francs, après en avoir refusé deux cent mille de Louis XIII. Mais ces deux villes furent bientôt rendues au roi, & démantelées.

La ville de Luçon, à l'occident de Maillesais, est à deux lieues de la mer dans une plaine marécageuse qui en rend l'air très-mal-sain. C'étoit anciennement une abbaye, dont les vieilles légendes rapportent la fondation à un prétendu *Lucius*, frère de l'empereur Constantin, & qui fut érigée en évêché, l'an 1317, par le pape Jean XXII. Cette ville, peuplée de quatre à cinq mille habitans, est mal bâtie & mal-propre. L'église cathédrale, dont la construction est gothique, mérite d'être remarquée. On m'a assuré que la fleche en étoit autrefois beaucoup plus élevée ; mais que la cime en fut abattue par le tonnerre. On voit dans l'intérieur de cette église, un monument élevé par le chapitre, à la mémoire de Henri de *Barillon*, évêque de Luçon dans le dernier siecle ; prélat recommandable & plein du véritable esprit évangélique, qui n'accepta l'épiscopat qu'en se démettant d'un prieuré qu'il possédoit. Vous savez, Madame, que le grand cardinal de Richelieu avoit auparavant occupé ce siége.

Cette ville n'a qu'une église paroissiale, dédiée à *Saint-Mathurin*, un séminaire, un couvent de capucins & d'ursulines. Elle soutint, en 1568, un siége vigoureux de la part des protestans qui s'en emparerent. Le peuple & la garnison s'étoient renfermés dans la cathédrale, le feul afile qui leur reftoit. Les proteftans enfoncerent les portes, pillerent l'églife, maffacrerent tous ceux qui s'y trouvoient, & pendirent un chanoine nommé *Chantecler*.

Les environs de Luçon, auffi malfains que la ville même, n'offrent que des marais, qu'on divife dans le pays en *marais defféchés* & en *marais mouillés*. Les marais *defféchés* font cultivés, & produifent affez de blé pour la confommation des habitans, ainfi que des pâturages où paiffent des chevaux, des mulets, & d'autres beftiaux, qui font une des principales branches du commerce du pays. Les marais *mouillés* n'offrent que des joncs, des eaux croupiffantes, & un terrein gras & humide, qu'on ne peut deffécher à caufe des inondations fréquentes des rivieres de Sévre & de Vandée, dont ces marais font les égouts.

A deux lieues, nord-oueft de Luçon, il y a, fur la petite riviere de Lay, un bourg nommé *Mareuil*, qui étoit autrefois un château bâti pendant les guerres des Anglois, pour mettre le pays à l'abri de leurs incurfions.

Au sud-ouest de ce bourg, est le *Jard*, petit port où l'on fait le commerce de bestiaux, mais il est bien moins considérable qu'aux *sables* d'*Olonne*, ville située non loin de là sur la même côte, en montant vers le nord-ouest. Les *sables* dépendent de la belle terre d'*Olonne* : la ville de ce nom est un peu au dessus dans les terres ; elle est ancienne, mais elle a été abandonnée pour le port. Le nom de ces deux lieux est au fond le même, puisque tous les anciens titres appellent Olonne, *Oppidum sabulonense*.

Cette ville, chef-lieu de l'élection la plus maritime & la plus commerçante du Poitou, a un port assez bon, & le seul considérable de la côte de cette province : des vaisseaux de cent cinquante tonneaux peuvent y entrer. Elle a la réputation d'avoir toujours fourni d'excellens matelots & d'habiles pilotes. Les habitans ont été des premiers à armer, & arment encore pour la pêche de la morue au banc de Terre-Neuve, à l'Isle royale, & sur les côtes du petit nord. Ils font aussi, sur leurs propres côtes, la pêche des sardines & celle de la *drége*, dite dans le pays la *drague*. Enfin il y aborde des vaisseaux étrangers qui importent & exportent différentes sortes de marchandises, comme du bray, de la résine, des sels, des blés & des vins. Il y a un professeur d'hydrographie qui y réside toute l'année, & qui y tient son école gratuitement. On y compte deux paroisses, qui renferment environ mille habitans, & quelques maisons religieuses. Elle a été long-temps possédée par les anciens seigneurs de la maison de Mauléon, d'où elle a passé aux vicomtes de Thouars. MM. de la Trémouille en ayant hérité, elle est entrée dans le partage d'une branche cadette de cette maison, dont l'héritiere épousa le second fils du grand maréchal de Montmorenci-Luxembourg : ses descendans la possedent encore.

En 1570, cette ville, assiégée par la Noue, qui commandoit l'armée des calvinistes, fut prise & pillée. On assure que les ennemis purent à peine emporter la grande quantité d'or & d'argent qu'ils y trouverent, & que s'étant embarqués pour la Rochelle, les pilotes des sables d'Olonne les

S 6.

firent aborder par une fauſſe route en Bretagne, où ils furent dévaliſés par les payſans.

A peu de diſtance des ſables d'Olonne, eſt un endroit périlleux, appelé *les barges d'Olonne*. C'eſt un amas de rochers eſcarpés, qui ſont couverts lorſque la mer eſt haute, mais qu'on découvre quand elle eſt baſſe.

C'eſt dans l'élection de cette ville que ſe trouvent la principauté de *Talmond*, qui en eſt tout près, & celle de *la Roche-ſur-Yon*, qui en eſt un peu plus éloignée vers le nord-eſt. La petite ville de *Talmond* eſt très-ancienne, & appartient depuis long-temps à la maiſon de la Trémouille. Guillaume I, dit *le Chauve*, y fonda, en 1040, un monaſtere de l'ordre de Saint-Benoît. Elle étoit autrefois ſituée ſur les bords de la mer; & c'eſt d'après cette poſition qu'un auteur a avancé que le nom de cette ville étoit compoſé des deux mots *Talus Mundi*, qui ſignifient *le bout du Monde*. Il dit qu'elle fut ainſi nommée par un étranger, qui, la voyant entourée d'eau, crut que c'étoit-là que finiſſoit la terre. Si cette étymologie vous plaît, Madame, il est facile de vous en trouver une pareille, sans sortir de ce canton. Tout près de Talmond est l'abbaye d'Orbêtier; & l'on suppose que ce nom lui vient de ces mots, *Orbis Terminus*, qui veulent dire *les Bornes du Monde*.

La principauté de *la Roche-sur-Yon* appartient au prince de Conti. On y fait quelque commerce en blés. En 1369, les Anglois vinrent assiéger cette ville, dont le château étoit fort & bien fourni de munitions de guerre. Le commandant le livra aux assiégeans pour six mille livres. Le duc d'Anjou le fit arrêter & jeter à l'eau, renfermé dans un sac.

De cette même élection dépendent les trois isles qui sont sur la côte du Poitou. La petite isle qu'on appelle communément *Isle-Dieu*, comme on prononce le nom de *Dieu*, doit s'écrire d'*Yeu*, puisque son ancien nom est *Oya*. Elle est située vis-à-vis le petit port *Saint-Gilles*, qui est au dessus des sables d'Olonne. Tous les habitans en sont pêcheurs. Il y avoit autrefois des moines qui furent chassés par les Normands.

L'isle de *Noirmoutier* tout-à-fait au nord, a une pointe vis-à-vis de la Bretagne, & une autre en face du Poitou. Elle s'appeloit anciennement *Her* ou *Herio*, & l'on s'est accoutumé à lui donner le nom qu'elle porte, à cause d'un couvent de bénédictins vêtus de noir, qui fut détruit par les Normands lors de leur premiere irruption au neuvieme siecle. L'abbaye fut réduite en un petit prieuré : cependant le monastere a été depuis assez bien rétabli. C'est par une espece d'opposition qu'on a fondé de l'autre côté de l'isle une abbaye de moines de Cîteaux habillés de blanc, qu'on appelle l'*Abbaye blanche*.

Cette isle est assez étendue : mais les côtes sont difficiles à aborder, étant entourées de bancs de sable. Dans l'intérieur, il y a des marais salans & des terres de différens rapports. Les habitans, exempts de taille & d'autres impositions, y vivent assez tranquillement. La seigneurie en appartient depuis long-temps à la maison de la Trémouille ; & une branche qui ne s'est éteinte que dans ce siecle-ci, en a porté le nom.

Entre le continent & l'ifle de Noirmoutier, fe trouve l'ifle de *Bouin*, qui n'eft féparée de la côte du duché de Retz que par un bras de mer. Elle eft toute remplie de marais falans, & n'a de confidérable qu'un petit bourg de fon même nom. L'hiftorien du Bouchet prétend que c'eft dans cette ifle que les Normands firent leur premiere defcente en France, l'an 820. Il ajoute que leur flotte étoit compofée de treize navires.

Près de cette ifle, eft la petite ville de *Beauvoir-fur-mer* avec un port, & où l'on compte environ dix-huit cents habitans. En 1588, Henri IV, qui n'étoit encore que roi de Navarre, affiégea cette ville, qui étoit alors une place très-importante, autant par fa fituation que par fa richeffe. Le lendemain que le château fut invefti, Henri, voulant reconnoître le pays, partit avec trente gentilshommes & douze de fes gardes. Ce prince, fe promenant tranquillement les mains derriere le dos, à quelque diftance de fa fuite, fut couché en joue par quarante-cinq hommes du parti ennemi, qui s'étoient cachés dans un foffé à fec. Son écuyer, qui le fuivoit de près, fe mit aussi-tôt devant lui, & ses gentilshommes l'avoient déjà entouré lorsque les ennemis firent feu. Mais des quarante-cinq coups, trois seuls porterent. Il n'y eut qu'un gentilhomme de tué & deux de blessés. Dix-sept jours après, les assiégés demanderent à capituler; & le roi de Navarre leur permit de sortir avec armes & bagages. Ils se retirerent dans l'isle de Bouin.

Je suis, &c.

A Beauvoir-sur-mer, ce 25 mai 1762.

LETTRE CDLXXIII.

Suite du Poitou.

EN sortant de Beauvoir, j'ai respiré avec plaisir, Madame, l'air de ses environs, qui se présentent sous l'aspect le plus riant. Tandis que, d'un côté, les vagues de la mer grondent & semblent menacer d'engloutir tout le pays, de l'autre on est rassuré par le calme qui regne dans de vastes prairies où paissent de nombreux troupeaux qui vont se désaltérer dans l'eau tranquille des étangs voisins. Ici des terres labourables promettent une récolte abondante; là un bois épais offre son ombre au voyageur fatigué. Dans cette campagne agréable, est situé le bourg de la *Garnache*, aujourd'hui peu considérable par lui-même, mais qui, du temps des guerres de la ligue, formoit une petite ville avec un château, dont l'enceinte étoit en partie défendue par un étang. Il est célebre dans l'histoire par un siége vigoureux qu'il eut à soutenir en 1588,

& où il se passa un événement bien digne d'être consacré dans les fastes de l'amitié.

Henri, roi de Navarre, y avoit envoyé des troupes commandées par le baron de *Vignoles*, qui, malgré la mauvaise disposition de la place, se prépara à faire bonne contenance devant les catholiques qui l'assiégeoient. Dans l'armée de ceux-ci, étoit un jeune homme, nommé *Poisson*, ami intime de Vignoles. Ce jeune guerrier, jugeant au petit nombre des assiégés, qu'ils ne pourroient pas faire une longue résistance contre l'attaque, trembla pour les jours de son ami, & prit le parti de le sauver au péril de sa vie. Pour y parvenir, il prie un des capitaines qui devoient monter à l'assaut de lui laisser porter son enseigne, & obtient cette faveur si utile à son projet. Plein de son généreux dessein, il approche avec intrépidité de la breche que Vignoles défendoit. Malheureusement la visiere de son casque étoit baissée. Vignoles, qui ne pouvoit le reconnoître, ne voit dans ce combattant qu'un ennemi téméraire. Aussitôt il lui ajuste deux coups d'arquebuſade, & le bleſſe à mort. Mais bientôt il reconnut ſa mépriſe; & jugez, Madame, de ſa douleur lorſ-qu'il apprit que celui qui venoit de périr de ſa main, étoit ſon plus tendre ami, qui avoit perdu ſa vie pour avoir voulu ſauver la ſienne.

Il y a peu de provinces dans le royaume qui ſe ſoient plus reſſenties du fléau des guerres civiles ou de religion, que le Poitou. Auſſi n'y voit-on preſque pas de lieu qui n'ait ſoutenu un ſiége durant ces temps déſaſtreux. Telle eſt la petite ville de *Montaigu*, ſituée dans l'élection de Mauléon, vers les frontieres de la Bretagne. Elle étoit autrefois très-fortifiée, & avoit un bon château, dont les foſſés étoient creuſés dans le roc. Aujourd'hui elle eſt très-peu de choſe: mais les environs en ſont agréables.

Dans l'intérieur des terres, ſur la rive gauche de la Sèvre Nantoiſe, eſt le bourg de *Tiffauges*, mal bâti, mal peuplé, & qui n'offre aucun monument de ſon antiquité: car on prétend qu'il a été anciennement la capitale des *Tiphaliens*, Scythes que les empereurs Romains envoyerent en

Poitou, pour former des garnisons dans les villes, & les défendre contre les incursions des étrangers. Ces peuples donnerent leur nom au bourg de Tiffauges, appelé dans les anciens titres *Teiphales*. Ils s'allierent dans la suite avec les naturels du pays, & se confondirent avec eux.

Cependant on croit qu'il y avoit encore au onzieme siecle, dans quelques parties du Poitou, des Teiphaliens qui vivoient isolés des autres habitans. Un canton situé sur les confins du Poitou & de l'Aunis, n'étoit alors occupé que par les Teiphaliens, hommes féroces, qui habitoient au milieu des halliers & des marais impénétrables de la petite isle de Maillesais. On a découvert il y a quelques années, en fouillant la terre près de ce lieu, dans la paroisse de Saint-Sigismond, des squelettes d'une grandeur extraordinaire. Les crânes étoient fort gros, & les os des bras & des jambes extrêmement alongés. Cette découverte prouve que ce pays étoit habité par des hommes beaucoup plus grands de taille que les Gaulois. Ces hommes étoient des Scythes ou Alains, à qui

Ammien Marcellin attribue une taille très-avantageuse, & ressembloient aux Bourguignons, qui, au rapport de *Sidonius*, avoient sept pieds de haut.

A quelques lieues de Tiffauges, on entre dans l'élection de *Mauléon*, dont le territoire, assez étendu, n'est pas bien fertile. Mais les habitans savent, par un travail constant, tirer parti de toutes les ressources que leur a données la nature, & recueillent assez de blé pour leur subsistance. La petite ville de ce nom, située sur la rive droite de la Sévre Nantoise, étoit une ancienne baronnie, qui, dans ce siecle-ci, a été érigée en duché-pairie, que je crois déjà éteinte. C'étoit le patrimoine des anciens seigneurs de Mauléon. Elle a passé d'abord dans la maison de Thouars, puis dans celle de la Trémouille, & a été acheté par le comte, depuis duc de Chatillon. La ville étoit forte, puisqu'elle a été souvent assiégée. Elle le fut pour la derniere fois, en 1587, par les huguenots, qui s'en rendirent les maîtres. Le château & l'abbaye qui y sont renfermés, furent également dévastés; & c'est probablement alors que les titres de la maison de Mauléon furent perdus.

A propos de cette ville, il faut bien, Madame, que je vous faſſe connoître le célebre Troubadour *Savary de Mauléon*, qui en étoit ſeigneur. Il étoit, diſent les chroniques, brave & galant chevalier, aimant les aſſemblées, les tournois, les divertiſſemens & les vers. On diſoit qu'on pourroit compoſer un gros livre de ſes belles actions. Mais ſes ſuccès en galanterie ſont plus connus que ceux qu'il obtint en littérature & dans la guerre. Pluſieurs manuſcrits du treizieme ſiecle nous ont conſervé les aventures amoureuſes de ce chevalier. Je ne vous rapporterai que celle-ci, que l'on trouve dans l'hiſtoire des Troubadours.

» *Savary* vint faire viſite à la vi-
» comteſſe madame *Guillemette* de
» *Bennanguiſſe*, dont il étoit amou-
» reux, menant avec lui *Rudel*, ſei-
» gneur de *Bergerac*, & *Geoffroy*
» *Rudel*. Ils la prierent tous trois
» d'amour; car l'an auparavant, elle
» avoit retenu chacun d'eux pour ſon
» chevalier, ſans qu'ils le ſuſſent l'un
» l'autre. S'étant aſſis, l'un à la droite,

» l'autre à sa gauche, & le troisieme
» devant, chacun d'eux la regardoit
» amoureusement. Elle, comme femme,
» la plus hardie qui fût jamais, com-
» mença à regarder amoureusement
» *Geoffroy Rudel*, qui étoit assis de-
» vant elle. En même temps, elle prit
» la main de *Bergerac*, & la lui
» serra d'une maniere fort tendre.
» Pour monseigneur *Savary*, elle lui
» marcha sur le pied, en souriant &
» soupirant. Aucun ne sut quel signe
» d'amour avoit eu son compagnon,
» jusqu'à ce qu'ils furent partis. Alors
» *Geoffroy* dit à *Savary* comme la
» dame l'avoit regardé, & *Bergerac*
» comment elle lui avoit serré la
» main. *Savary*, entendant le plaisir
» qu'elle avoit fait à l'un & à l'autre,
» en fut bien fâché, mais ne dit mot
» de celui qu'il avoit eu pour son
» compte. Il alla trouver *Gauseline*
» *Faydit* & *Hugues de la Bacallaria* :
» il leur demanda auquel des trois la
» dame de *Bennanguisse* avoit témoi-
» gné le plus d'amour. Ce fut le sujet
» d'un *tenson* «.

Un *tenson*, Madame, étoit dans
ce temps-là une difficulté qu'on pro-

poſoit à réſoudre devant les tribunaux d'amour. On ne rapporte point la décifion des deux juriſconſultes qui furent conſultés par le ſeigneur de Mauléon. Mais l'exemple de madame *Guillemette de Bennanguiſſe* ſuffit pour prouver que les manéges des coquettes n'ont pas été inventés de notre temps.

Dans l'élection de Mauléon, eſt la petite ville d'*Argenton-le-Château*, avec titre de vicomté, ſituée ſur la petite riviere d'Argentonne. On y fabrique des coutils & d'autres étoffes groſſieres. C'eſt l'ancienne poſſeſſion de la derniere branche de la maiſon de Chatillon-ſur-Marne.

En tirant vers l'orient d'Argenton, on arrive à *Thouars*, chef-lieu d'une élection, dont les terres ſont plus fertiles que celles de la précédente. Le principal commerce y conſiſte en beſtiaux, chevaux & mulets. Dans quelques paroiſſes de ſon diſtrict, on fabrique des tiretaines, des droguets & des ſerges. Il y croît une quantité prodigieuſe de châtaigniers, dont le bois ſert à faire des cercles, & des noyers, dont le fruit produit de l'huile que les habitans emploient à brûler,

&

& à l'assaisonnement de leurs mets. On y débite aussi des blés, des vins & des eaux-de-vie.

La ville de Thouars étoit anciennement une vicomté: c'est aujourd'hui une duché-pairie, érigée au seizieme siecle pour la maison de la Trémouille. Cette belle terre leur est venue par l'héritage de la maison d'Amboise, qui avoit recueilli celui des anciens vicomtes de Thouars. Ceux-ci descendoient des premiers comtes de Poitou, par Arnould, fils de Ranulphe, qui mourut l'an 900. Une origine si illustre, soutenue par l'audace, & je peux dire par la méchanceté des sires de Thouars, leur procura des biens considérables, & à leurs terres, les plus beaux priviléges. Leur ville étoit fortifiée; & ils y avoient construit un beau château, au même lieu où l'on en voit encore un, qui a été plusieurs fois rebâti & embelli. Dans la cour même est une église collégiale de la fondation des anciens seigneurs. Il y a dans la ville un autre chapitre, trois couvens d'hommes, deux de filles, un hôtel-Dieu & un hôpital; tous fondés par les seigneurs du lieu. On

Tome XXXIV. T

compte jufqu'à dix-fept cents fiefs qui en relevent.

A trois lieues de Thouars, il y a une petite ville qu'on appelle *Breſſuire*. Les vitres de ſon égliſe & ſa tour qu'on voyoit de huit lieues, étoient déjà fameuſes au ſeizieme ſiecle. Mais, le 6 juillet 1728, le tonnerre a preſque entiérement détruit cette égliſe & ſon clocher.

Après avoir paſſé la petite riviere du Thouaret, j'ai vu la jolie petite ville d'*Airvaux*, chef-lieu d'un arrondiſſement de l'élection de Poitiers. Le commerce qu'on y fait, ainſi que dans la petite ville de *Saint-Loup* qui eſt auprès, conſiſte en horlogerie qui eſt fort eſtimée, en laine & en moutons dont il ſe fait un grand débit. Charles IX parcourant le royaume, en 1563, pour ſe montrer à ſes ſujets, s'arrêta à Airvaux pour y dîner. Il avoit couché à la *Rochefaton*, château ſitué entre cette petite ville & celle de *Parthenay*.

Cette derniere eſt le chef-lieu d'un canton, nommé *la Gatine*, qui eſt un des plus fertiles & des meilleurs de la province. Il y a beaucoup de bois, &

ce nom, en langage du pays, veut dire *forêt*. La maison de *Parthenay* étoit une des plus anciennes de Poitou. En 1057, Joffelin de Parthenay étoit archevêque de Bordeaux & tréforier de Saint-Hilaire de Poitiers; fon frere Guillaume s'appeloit *Parthenay-l'Archevêque*. La branche puînée de cette maifon commença, dès l'an 1330, par un frere de Jean, fire de Parthenay, qui devint feigneur de la petite ville de Soubife dont il prit le nom. La terre de *Parthenay* ayant été confifquée fur un de ces feigneurs, au quinzieme fiecle, paffa dans la maifon de Longueville. Elle fut enfuite vendue, & fit partie du duché de la Meilleraye, érigé, en 1663, pour le maréchal qui portoit ce nom, mais dont le vrai nom de famille étoit *la Porte*. Son fils prit le nom de *Mazarin*, en époufant une niece du cardinal, premier miniftre.

C'eft une demoifelle de cette famille, Catherine de Parthenay, qui fit cette belle réponfe à Henri IV, qui lui propofoit fon cœur: *Je fuis de trop bonne maifon pour être votre maîtreffe, & ne fuis pas affez riche pour être votre femme.* Elle devint l'épouse du duc de Deux-Ponts. Lorsque le cardinal de Richelieu assiégea la Rochelle, elle étoit, dit-on, dans cette ville avec sa mere. Toutes deux supporterent les incommodités du siége avec le plus grand courage, ne vivant pendant trois mois que de chair de cheval, & ne mangeant que quatre onces de pain par jour.

Une petite ville peu éloignée de Parthenay, vers le sud, qui n'offre rien de remarquable par elle-même, mais qui est intéressante autant par l'industrie de ses habitans que par la fertilité de son sol, est *la Châtaigneraie.* Elle est située dans une contrée abondante en grains, en vins, en pâturages : il s'y fabrique plusieurs sortes d'étoffes ; & l'on y fait un commerce considérable en blés, en bestiaux & en laines. Cette petite ville a pris son nom de la maison de *Châteignier*, qui existoit dès l'an 1068. De cette maison étoit ce *la Châteignerai*, que François I s'étoit choisi pour un de ses compagnons d'armes, & qui, pour un propos supposé, *combattit à outrance* Gui Chabot de Jarnac. Le combat eut lieu, le 10 juillet 1547, dans le parc de Saint-Germain-en-Laye, en préfence du roi & des principaux feigneurs de la cour. La Châtaigneraie fut bleffé aux jarrets, & mourut au bout de trois jours ; plutôt de fon dépit, dit-on, que de fa bleffure. Ce coup que lui porta Jarnac, étoit devenu fi familier à celui-ci, qu'en s'exerçant avec fon maître d'efcrime, il ne le manquoit jamais. Il a depuis paffé en proverbe, pour fignifier un coup imprévu, & que l'on ne fongeoit pas à parer.

En fortant de la Châteigneraie, j'ai continué ma route vers la partie méridionale du Poitou ; &, après avoir paffé par *Vouvant*, petit lieu qui, dans fon origine, n'étoit qu'un château fondé au onzieme fiecle, je fuis arrivé à une des villes confidérables de cette province. C'eft *Fontenay-le-Comte*, chef-lieu d'une élection, & qui tire fon nom d'une fontaine abondante & d'un château où les comtes de Poitou faifoient leur réfidence, & dont il ne refte plus que deux tours. Située dans un vallon, au pied d'un côteau fur la Vendée, elle eft bien bâtie & fort jolie. Les fauxbourgs, plus grands que la ville même, font encore plus agréables à habiter. Il y a trois paroisses, un couvent de cordeliers, où le fameux *Rabelais* prit l'habit de saint François, & plusieurs autres communautés religieuses. L'église de *Notre-Dame* offre un clocher qui est une fleche remarquable par sa hauteur & sa légéreté. Celle de *Saint-Nicolas* renferme le cœur & les entrailles du cardinal *Charles de Bourbon*, nommé roi de France par les Ligueurs, & mort dans les prisons de cette ville.

On compte dans Fontenay-le-Comte six mille habitans au moins. Il s'y tient tous les ans trois foires qui sont très-fréquentées. Le commerce y consiste en bestiaux, grains, chevaux, mulets, draps & étoffes de laines. Mais depuis quelque temps, ces deux dernieres branches sont très-diminuées. Les environs en sont agréables & fertiles en grains de toute espece, & en pâturages.

Les protestans assiégerent cette ville en 1568. Ceux du château ne se rendirent que sous la promesse qu'on leur laisseroit la vie. Mais cette promesse fut indignement violée. Les huguenots massacrerent la garnison, & conduisirent à la Rochelle le commandant *Haute-Combe*, qui fut exécuté à mort. Ils l'assiégerent encore en 1570, & c'est à ce siége, comme je l'ai dit ailleurs, que le brave La Noue eut un bras cassé d'un coup d'arquebuse.

La république des Lettres est redevable à Fontenay-le-Comte, de plusieurs grands hommes qui s'y sont illustrés. Tels sont André *Tiraqueau*, célebre jurisconsulte, dont on disoit plaisamment qu'il donnoit tous les ans un enfant & un livre à l'état : Nicolas *Rapin*, dont les épigrammes latines sont fort estimées, & qui eut part à la fameuse *Satyre Ménippée* : François *Viete*, l'un des plus grands mathématiciens du seizieme siecle : le président *Brisson*, savant magistrat, qui fut pendu par la faction des Seize, pour avoir osé dire aux ligueurs, pendant que Henri IV assiégeoit Paris, que, sous prétexte d'une sainte Ligue, ils détruisoient l'autorité royale : Jean *Besly*, auteur de l'histoire des comtes de Poitou, & très-versé dans les antiquités de France.

Cette élection de Fontenay-le-Comte est en général fertile en grains, en fruits & en excellens pâturages. Elle renferme cent soixante-deux paroisses, & un grand nombre d'abbayes.

Je suis, &c.

A Fontenay-le-Comte, ce 3 juin 1761.

LETTRE CDLXXIV.

SUITE DU POITOU.

ME voici, Madame, dans le diocèse de Poitiers, à *Saint-Maixent*, petite ville située sur la Sévre, assez mal bâtie, mais entourée de fortes murailles. Ce n'étoit d'abord qu'un hermitage, où vivoit, du temps de Clovis, un saint solitaire qui a donné son nom à la ville qu'on bâtit ensuite tout auprès. Elle est le chef-lieu d'une élection, où le commerce des grains de toute espece, de bœufs, de moutons & de mulets, est considérable. Il y a dans la ville même une manufacture de bas de laine, de bonnets & de serges, dont on fait un grand débit, même dans les pays étrangers. La moutarde en est renommée.

Les faubourgs de Saint-Maixent sont très-considérables, par rapport à l'étendue de la ville, qui renferme, outre un vieux château, trois paroisses, une abbaye, & plusieurs maisons religieufes. La conduite des moines de cette abbaye étoit autrefois bien digne d'être imitée. Chaque jour ils faisoient asseoir trois pauvres à leur table ; à chaque fête solemnelle, & lorsqu'un religieux mouroit, ils en admettoient cinquante.

Vers le nord-est de Saint-Maixent, & sur la riviére de Vonne, est la petite ville de *Lusignan*, qui ne renferme que huit à neuf cents habitans, peu riches pour la plupart. Mais elle est fameuse par les merveilles qu'on attribuoit anciennement à son château ; & par la fée *Mélusine*, qui, dit-on, le fit construire. D'autres pensent qu'il fut bâti par *Geoffroi à la grande dent*. Ils se fondent sur ce qu'on voyoit autrefois l'effigie de ce comte à la principale entrée de la grande tour. Mais il paroît constant que l'édification de ce château est due à Hugues II, seigneur de Lusignan, dit *le Bien-Aimé*. Ainsi, sans considérer si *Mélusine* étoit une fée, moitié femme & moitié serpent, comme des auteurs romanesques l'ont prétendu ; si, suivant d'autres, ce nom est composé de celui des terres de *Melle* & de *Lusignan* ; si, d'après

Jean d'*Arras*, Jean *Bouchet* & leurs échos, elle étoit fille de Henri I de Lusignan, roi de Chypre & de Jérusalem, & femme de Raymond, prince d'Antioche; si, comme le dit *Postel*, elle descendoit des douze tribus d'Israël, parce qu'elle possédoit la magie naturelle; en un mot, sans considérer si toutes les fadaises qu'on a débitées sur son compte ont quelque apparence de vérité, je crois cependant, Madame, ne pouvoir me dispenser de vous tracer une courte description de ce château, tel qu'il étoit autrefois.

Trois enceintes à deux cents pas l'une de l'autre, cernoient ce fameux château qui dominoit sur toute la ville, dont il n'étoit séparé que par une esplanade où l'on voyoit une espece de bastion, appelé *la porte Geoffroi*. Cette porte, défendue par deux grandes tours & un très-grand fossé, sur lequel étoit un pont-levis, servoit d'entrée. Ensuite se trouvoient deux autres enceintes de murs & de fossés, à la derniere desquelles étoit la *tour Poitevine*, bâtie sur le bord de la place & sur les fossés extérieurs. A cette tour étoit une fausse porte qui communiquoit hors du châreau. La tour de l'*horloge* ou du *Beffroi* étoit à gauche de la grande place, hors de laquelle s'élevoit la tour *Mélusine*. C'est au fond de cette tour qu'on voyoit la fontaine de *Mélusine*, si fameuse par les fables qu'on en a racontées. Près de là, une porte secrette conduisoit à la riviere de Vonne, qui coule au bas de la place ; &, par un chemin pratiqué dans la contrescarpe, on alloit au ravelin de *la Vacherie*. Des bâtimens considérables & d'une belle structure, qui composoient la demeure des seigneurs de Lusignan, étoient au centre de ces fortifications. L'empereur Charles-Quint, en traversant la France pour aller aux Pays-Bas, s'arrêta dans ce lieu, & y prit le divertissement de la chasse.

Ce château, si redoutable à la plupart des généraux qui avoient voulu s'en emparer, soutint, à différentes époques, des siéges très-vigoureux. Durant les guerres de religion, le duc de Montpensier le prit, l'an 1574, & en fit raser les fortifications. Sur leur emplacement, on a fait une promenade publique, où l'on jouit d'une vue très-agréable, & où l'on respire un air très-pur. Mais le château, quoiqu'encore assez beau, ne laisse aucune idée de ces nombreux édifices, dont la grandeur gigantesque avoit exercé l'esprit de nos romanciers.

Vous savez, Madame, qu'il y a eu des rois de cette maison de Lusignan; & par-là même elle est trop illustre, pour que je doive craindre de vous offrir ici un très-petit nombre de remarques sur sa généalogie. On convient généralement que la derniere branche qui ait subsisté, est celle de *Lezai*, qui fait remonter son origine jusqu'à *Simon*, l'un des fils de Hugues de Lusignan, septieme du nom, qui vivoit au douzieme siecle, sous le regne de Louis *le Jeune*. Simon eut en partage la terre de *Lezai*, qui n'est qu'à deux ou trois lieues de Lusignan. Sa descendance se divisa, au commencement du quatorzieme siecle, en deux rameaux, dont le second subsiste encore dans le comte de *Lusignan-Lezai*. Le premier, qui avoit conservé la terre de *Lezai*, s'éteignit en 1384; & cette seigneurie passa, par différentes alliances, dans une branche de *Montmorensi-Laval*, qui, après avoir porté long-temps le nom de Lezai, le quitta, parce qu'elle se trouvoit l'aînée de la maison de Montmorenci - Laval. Les Lusignan-Lezai n'ont jamais partagé les hautes destinées des autres branches de leur maison. Ils étoient séparés d'elles avant ses brillantes époques, qui ne commencent qu'à Hugues VIII du nom, frere aîné de Simon. Ce seigneur eut plusieurs fils : le premier fut comte de la Marche & d'Angoulême; le second, sire de Vouvant, du chef de sa femme Eustachine Chabot, héritiere de cette seigneurie; le troisieme, roi de Chypre; le quatrieme, roi de Jérusalem; & le cinquieme, comte d'Eu, par sa femme.

Un auteur qui s'intitule frere *Etienne de Chypre, de la royale maison de Lusignan*, & de l'ordre des freres prêcheurs, fit imprimer, en 1586, un livre qui contient la généalogie de soixante-sept maisons, partie de France, partie étrangeres, issues de Meroüée, de Clovis & de Thierri II, roi d'Austrasie : c'est de celui-ci qu'il fait venir, entre autres, les sires de Lusignan. Toutes ces maisons ont produit beaucoup de branches; & les filles en ont passé dans une infinité de familles. Il en résulte, suivant cet écrivain, que le nombre des gentilshommes qui appartiennent à la maison de Lusignan, est, pour ainsi dire, immense.

J'ajouterai ici, par occasion, que l'auteur insiste sur les seigneurs de *Sanzai*, qui, suivant l'opinion générale, descendent d'*Albon*, comte de Poitou, par un de ses fils nommé *Arnaud*, qui vivoit au neuvieme siecle, sous Charlemagne. Tous les historiens du Poitou parlent de cette maison de Sanzai, comme de la plus grande & de la plus illustre de la province : elle est éteinte. La terre dont ils prenoient leur nom, est peu éloignée de Lusignan. Il y en a dans la même province une autre du même nom, qui depuis long-temps est possédée par d'anciens gentilshommes du nom de *Turpin de Crissé*. Selon le même écrivain, les ducs d'Aquitaine, & par conséquent les anciens vicomtes de Thouars qui en étoient issus, avoient une souche commune avec ceux de Lusignan. Les comtes de Toulouse, ceux de Carcassonne, de Foix & de Béarn, les dauphins de Viennois &

d'Auvergne avoient la même origine.

A quelque distance de Lusignan, j'ai vu la petite ville de *Vivonne*, qui a donné son nom à l'une des plus anciennes maisons du Poitou. Elle est située sur la riviere de Clain, dont j'ai suivi la rive gauche pour arriver à *Poitiérs*, capitale de la province.

En voyant cette ville de loin, en jeta ntmes regards sur ses environs, qui présentent au voyageur un aspect pittoresque & riant, je m'en étois fait une idée avantageuse : mais l'intérieur n'y a pas tout-à-fait répondu. Elle est en général très-mal percée & très-mal bâtie. Les rues, sans être alignées, en sont étroites & mal pavées. Point de bâtimens remarquables par leur architecture ; & quoique l'enceinte en soit prodigieuse, quoiqu'elle renferme vingt-deux paroisses, cinq chapitres, quatre abbayes, neuf couvens d'hommes, douze de filles, deux séminaires, & trois hôpitaux, le nombre de ses habitans ne se monte qu'à vingt-deux mille. Presque toute la province de Poitou est comprise dans la généralité de Poitiérs, de laquelle dépendent neuf élections.

L'évêché de cette ville, établi vers l'an 260, est aujourd'hui bien moins considérable qu'il ne l'étoit autrefois, parce qu'on en a démembré une partie pour former celui de Luçon, & celui de Maillesais, dont le siége est à la Rochelle. L'évêque a quatre barons, auxquels appartient le droit de le porter en cérémonie sur leurs épaules, depuis la porte Joubert jusqu'à la cathédrale, le jour de son entrée. C'est à cette condition que les évêques leur ont autrefois inféodé les principaux offices de leurs maisons. Le sire de Lusignan est le premier de ces barons, & grand-écuyer de l'évêché. Lorsqu'il porte l'évêque, il prend pour son droit le cheval ou la haquenée blanche, sur laquelle l'évêque doit arriver jusqu'à la porte de la ville. Il faut remarquer que les sires de Lusignan n'étoient point vicomtes de Poitou, mais seulement barons de l'évêque de Poitiers, & qu'ils ne rendoient hommage qu'à celui-ci. Le sire de Parthenay, second baron de l'évêché, en est grand-bouteiller ou échanson. Il lui sert à boire, & a, pour son droit, la coupe d'argent dans laquelle a bu le prélat, & de plus toutes les nappes & serviettes. Les deux barons que je viens de nommer, portent la chaise de l'évêque par derriere. Les deux suivans la portent par devant : ce sont le vicomte de Chatellerault, & le baron du Fief-l'Evêque. Etant arrivés à l'évêché, le premier, à titre de grand-chambrier, lui donne à laver, & emporte le bassin & l'aiguiere d'argent ; l'autre, comme grand-sénéchal, sert sur la table deux grands plats d'argent, qui, à la fin du dîner, lui appartiennent.

L'église cathédrale, sous l'invocation de *Saint Pierre*, est très-longue & très-large. Si l'élévation en étoit proportionnée à ces deux dimensions, elle passeroit pour être une des plus belles du royaume. On y voit, auprès de la sacristie, un marbre blanc antique, long de six à sept pieds, d'un pied & demi ou environ en carré, & sur lequel est une inscription. Il a été trouvé dans la petite église de *Saint-Jean*, que plusieurs antiquaires croient avoir été un temple de Diane. Mais il est plus probable que ce bâtiment étoit le mausolée d'une dame romaine.

Après la cathédrale, l'église collégiale de *Saint-Hilaire*, qui a le roi pour abbé, est la plus considérable de Poitiers. Derriere le chœur, du côté opposé à la sacristie, se voient les débris d'un ancien sépulcre couvert. Il est d'une espece de pierre calcaire, tirant sur le marbre blanc, & orné de quelques figures en bas-relief. On prétend qu'il a la propriété de consumer en vingt-quatre heures les cadavres que l'on y renferme. Dans une chambre qui est à côté de l'orgue, on voit *le berceau* de Saint Hilaire : c'est la moitié d'une souche de chêne, de six pieds de long, sur deux pieds & demi de diametre, & creusée en forme d'auge. On y attache, dit-on, les foux & les insensés pour les guérir.

J'ai dit ailleurs que le chapitre de *Sainte-Radegonde*, & l'abbaye de *Sainte-Croix*, sont des monumens de la piété de cette sainte reine. Dans le chœur de cette derniere église, les siéges des religieuses sont ornés chacun d'un tableau, peint sur cuivre. Ces peintures sont fort belles, & sont un présent du prince d'Orange, qui les envoya à madame de Nassau sa sœur, abbesse de ce monastere. Il y a dans cette même église une chapelle qui étoit autrefois la cellule de Sainte Radegonde. On y voit sur le carreau une empreinte, qu'on dit être celle du pied de Jésus-Christ, lorsqu'il vint visiter la Sainte : c'est ce qu'on nomme ici le *pas-Dieu*.

Une des plus anciennes églises de Poitiers, est celle de *Notre-Dame la Grande*. On croit que cette église collégiale & paroissiale fut bâtie du temps de Constantin ; & ce qui confirme cette opinion, c'est la statue équestre de cet empereur, qu'on voit sur un des murs extérieurs. Vous savez, Madame, que Constantin exigeoit que sa figure fût placée sur toutes les églises qu'il permettoit aux chrétiens de bâtir. Cette statue avoit été brisée par les protestans. Un abbé de Notre-Dame, & premier dignitaire du chapitre, la fit rétablir.

On entre dans cette ville par six portes, dont quatre ont chacune un pont sur la rivière de Clain. Près de la porte *Saint-Lazare*, on remarque des fortifications qu'on attribue aux Romains, mais dont l'architecture paroît d'un gothique moderne. L'amphithéatre que ces peuples y avoient bâti, étoit un des monumens antiques les plus remarquables. Aujourd'hui il est si ruiné, qu'on en reconnoît à peine la grandeur & la figure. Un peu au dessous, on trouve un grand arc, construit de grosses pierres de taille, qu'on croit avoir été un arc de triomphe. Il sert actuellement de porte à une grande rue qui va au pont & à la porte *Saint-Cyprien*. Les ruines du *Palais Galien* sont encore des restes précieux d'antiquité. Les aqueducs, qu'on appelle aujourd'hui *les arceaux de Périgny*, sont à un quart de lieue de la ville, du côté de la porte de *la Tranchée*. Tous ces bâtimens sont attribués à l'empereur Galien, qui, selon l'histoire, fit quelque résidence dans cette ville.

Mais le monument civil le plus respectable de Poitiers, est la tour de *Maubergeon*, que laissa subsister Henri II, roi d'Angleterre, second mari d'Eléonore d'Aquitaine, lorsque, vers l'an 1161, il fit agrandir la ville. C'est de cette tour que relevent tous les fiefs anciennement dépendans des comtes de Poitou. Le nom qu'elle porte a pour étymologie un mot de la basse latinité, *Mallobergum*, dérivé du celtique. Dans cette ancienne langue, *bergum* signifioit une montagne ou une hauteur; & *mallus* une assemblée, ou le lieu où elle se tenoit. C'est dans la tour de Maubergeon que les anciens comtes consultoient leurs barons & assembloient leurs vassaux : c'est un reste de leur palais : aussi tout releve en Poitou de la tour de Maubergeon, comme dans la France proprement dite, de la tour du Louvre.

La place royale, quoique la plus belle de cette ville, n'a de remarquable que la statue pédestre de Louis XIV. Parmi les promenades publiques, on distingue le *cours* situé hors de la ville, & celle du *pont Guillon*, bordée par le Clain. On voit de là une chaîne de rochers & les ruines de l'ancien château, qui, contrastant avec la verdure des arbres & des prairies qui sont dans l'éloignement, offrent à l'œil un spectacle attachant.

Dois-je vous rappeler, Madame, qu'en 1356, les environs de Poitiers servirent de théatre à la bataille, peut-être la plus désastreuse qu'aient jamais perdue les François? Quelques-uns de nos anciens auteurs difent que ce ne fut qu'à quatre jets de pierre de cette ville ; d'autres difent que ce fut à deux lieues, près du village de Maupertuis. Vous ne favez que trop que le roi Jean y fut fait prifonnier, après avoir perdu la fleur de la nobleffe Françoife. On en voit de triftes monumens dans les cloîtres des couvens des dominicains & des cordeliers. C'eft dans les églifes de ces deux couvens, & dans de grandes foffes faites exprès dans leurs cimetieres & jardins, que l'on enterra les chevaliers François de quelque diftinction qui périrent dans cette journée. Les bons religieux conferverent les noms de tous ceux qu'on put reconnoître, & cette lifte eft confignée dans les livres de Bouchet & de Belleforêt. Elle eft très-longue ; mais je vais en tirer un petit nombre de noms, qui peuvent être regardés comme des titres d'honneur pour plufieurs anciennes & nobles familles.

Auprès du grand autel de l'églife des dominicains, à droite, eft enterré le duc de *Bourbon*, prince du fang de France, defcendant de Saint Louis: Jean de *Clermont*, maréchal de France, est du côté gauche ; au milieu du chœur, Jean, vicomte de *Rochechouart*; plus loin, Aymard de *la Rochefoucault*; dans une chapelle près du mur, Thibaut de *Laval*; dans le cloître, Jean de *Chambes*, de la famille des seigneurs de Montsoreau; *Olivier de Saint-Georges*, de ceux de Verac; Guillaume de *Digoine*; le seigneur de *la Fayette*; Jean de Croy, sire de *Boulainvilliers*; &c. Dans l'église des cordeliers, *Gaultier de Brienne*, duc d'*Athenes* & connétable de France; *René Chauveau*, évêque de Châlons, qui périt dans la bataille, étant à la suite du roi comme son aumônier; *Hue de Mailly*; *Adam de Bauvilliers*; *Raoul de Lezni* (Lusignan); *Guichard de Chatillon*; *le Borgne de Prie*, & un grand nombre d'autres.

Poitiers ne resta au pouvoir des Anglois qu'aussi long-temps qu'il fut impossible à ses légitimes souverains de le reprendre. Mais en 1371, le roi Charles V trouva le moyen d'y rentrer; & ce monarque, satisfait du zele qu'avoit témoigné dans cette occasion le corps municipal de cette ville, accorda, en 1372, la noblesse aux

maire,

LE POITOU. 457

maire, échevins & jurés (ou conseillers de ville), à leurs successeurs & à leur postérité.

L'hôtel de ville est un bâtiment qui n'est remarquable que par son ancienneté. Mais on lit au dessous de l'horloge, construite en 1448, sous la mairie de Thomas Boisleve, des vers en langue poitevine, dont la naïveté fait le principal caractere & le plus bel agrément. Vous allez en juger par cette inscription :

 Qui ou qui ce orloge fit faire,
 Est Thomas Boisleve lou maire,
 A cause que les pouvre geant,
 Ne savoient à quel heure ils digniant.

J'ai dit ailleurs que Charles VII, n'étant encore que dauphin, transféra le parlement de Paris à Poitiers ; & c'est à cause de cette translation que les conseillers du présidial de cette ville portent la robe rouge. L'université y fut établie en 1431. Elle jouit des mêmes priviléges que celle de Paris, & fut réglée sur le même pied. Il y eut de même quatre facultés, de théologie, de droit, de médecine & des arts ; &

Tome XXXIV.   V

cette derniere fut partagée en quatre nations. Dans la suite, la faculté de droit a prévalu sur les autres ; & c'est celle dont les écoles sont depuis long-temps les plus fréquentées.

Pendant plus d'un siecle après cet établissement, la ville de Poitiers & même tout le Poitou jouirent de la paix, se trouvant éloignés des frontieres, & par conséquent des guerres étrangeres. Durant cet heureux temps, plusieurs Poitevins se distinguerent dans les sciences & dans la littérature agréable. C'est à Poitiers que les premiers mysteres, écrits en vers, furent représentés avec éclat. *Jean Blanchet*, né dans cette ville, étoit le meilleur auteur & acteur de ces pieces. *Jean Bouchet*, historien du Poitou, composoit aussi & jouoit lui-même des mysteres, & faisoit beaucoup de vers. Le plus important de ses nombreux ouvrages est intitulé *Annales* de l'Aquitaine. Poitiers a donné aussi la naissance à *Scévole de Sainte-Marthe*, qui exerça des emplois considérables sous Henri III & Henri IV, & qui nous a laissé de fort bonnes poésies latines ; à *Filleau de la Chaise*, dont nous avons une *vie de Saint Louis* pleine de recherches; & à *Augustin Nadal*, auteur de plusieurs tragédies, & d'une *dissertation* estimée *sur les vestales, le luxe des dames Romaines*, &c.

Je suis, &c.

A Poitiers, ce 16 juin 1762.

LETTRE CDLXXV.

Suite du Poitou.

En partant de Poitiers, je devois naturellement, Madame, diriger ma marche, du côté du nord, vers *Mirebeau*, chef-lieu du Mirebalais, d'où je serois entré dans le Loudunois; deux petits pays qui sont véritablement du Poitou. Mais comme ils font partie du gouvernement de Saumur, qui s'étend presque tout entier dans l'Anjou, je me suis déterminé sans peine, pour mettre plus d'ordre dans mes récits, à ne les voir que lorsque je parcourrai cette derniere province. J'ai donc pris la route de Chatellerault, sans aller même à *Montreuil-Bonin*, petite ville à l'occident de Poitiers, & que je sais n'être fameuse que par ses anciennes monnoies, dont saint Louis fit cesser la fabrication.

Avant d'arriver à Chatellerault, & à une lieue de cette ville, près de la riviere de Clain, j'ai vu des ruines qu'on dit être des vestiges du *vieux Poitiers*. Plusieurs auteurs pensent que la capitale du Poitou étoit anciennement située en cet endroit. Mais il est constant, par plusieurs titres ou chartes, & par les murailles qui en restent, que c'étoit un temple. En effet, le portique en est assez bien conservé ; & l'on voit qu'il étoit au milieu de deux autres, qui tous avoient environ vingt-quatre pieds de hauteur & huit de largeur. Ce temple avoit cent pieds de long sur soixante de large ; & l'on présume qu'il pouvoit en avoir aussi soixante de haut. Ce qui fait juger que ce monument est du temps des Romains, ce sont les petites pierres taillées, de six pouces en carré, qui y sont employées, & le ciment solide qui en lie les moellons.

Chatellerault, chef-lieu d'une élection très-étendue, est à cinq lieues de Poitiers, sur la Vienne, dans le canton le plus agréable & le plus fertile. Cette jolie ville tire son nom d'un château que fit bâtir en cet endroit *Ayrault* son fondateur. On l'appela d'abord *Chatel-Ayrault*, dont on fit dans la suite *Chatellerault*. Cette seigneurie portoit

V 3

déjà le titre de vicomté l'an 900 ; & ses vicomtes se prétendoient presque indépendans des comtes de Poitou. Mais ils se soumirent à Philippe-Auguste, lorsque ce monarque confisqua cette province sur Jean Sans-Terre. La maison de ces vicomtes, descendans d'Ayrault, s'éteignit au quatorzieme siecle. Les princes de la maison d'Anjou, qui monterent sur le trône des Deux-Siciles, acheterent Chatellerault; & Louis XI ayant hérité d'eux, l'érigea en duché-pairie, l'an 1514, pour François de Bourbon-Montpensier. Les biens du connétable de Bourbon, qui en avoit hérité, ayant été confisqués, ce duché fut donné, en 1548, à un seigneur Ecossois de la maison d'Hamilton, tuteur de la jeune reine d'Ecosse, Marie Stuart. Quelques années après, les circonstances changerent, & on le retira de cette maison : en 1585, il rentra dans celle de Bourbon - Montpensier. Mais les Hamilton n'ont jamais cessé de conserver des prétentions sur ce duché, & en ont toujours porté le titre. Ils ont fait souvent leurs protestations dans plusieurs traités de paix : on les a admises, mais sans leur rendre autre ment justice. Enfin le duché d'Hamilton en Ecosse, ayant passé dans la maison de Douglas, celui qui le possede & qui est aussi duc de Brandon en Angleterre, conserve toujours le titre de duc de Chatellerault en France. Cependant les seigneurs de la maison de la Trémouille ont acheté le duché de Chatellerault du duc d'Orléans, qui en avoit hérité de mademoiselle de Montpensier.

Cette ville, une des plus considérables du Poitou, renferme environ huit mille ames, une église collégiale, trois paroisses & plusieurs maisons religieuses. Elle communique à un de ses fauxbourgs par un très-beau pont sur la Vienne, que le duc de Sully fit achever en 1609. Le commerce en plusieurs especes de denrées y est florissant. Il y a trois manufactures, dont la plus importante est celle de la *Coutellerie*, qui y est à un tel point de perfection, qu'elle fournit les foires de Bordeaux, de Beaucaire, la Normandie, la Bretagne, & même les isles d'Amérique. Cette fabrique occupe plus de quatre cents familles, dont les ouvrages ne sont mis en vente qu'après avoir été perfectionnés. Il y a même pour cet effet des maîtres-jurés qui y apposent leurs poinçons, & qui peuvent condamner à l'amende les personnes qui se trouvent en contravention. La manufacture de *cire blanche* est aussi très-estimée. On en fait environ cent milliers par an ; & Chatellerault en fournit presque tout le royaume, & sur-tout Paris. On fabrique encore dans cette ville des toiles écrues & blanchies, dont on fait des envois jusque dans les isles.

En suivant le cours de la Vienne, j'ai passé par la petite ville de *Chauvigny*, qui a le titre de vicomté, & qui est possédée par les évêques de Poitiers. On y voit un château, où se retira, en 1356, après la bataille de Poitiers, Charles V, qui n'étoit encore que dauphin.

Sur la même riviere est la paroisse de *Civeaux*, aux environs de laquelle on voit, dans un vaste champ, un nombre prodigieux de tombeaux de pierre, que les habitans prétendent être les sépultures des François tués à la bataille de Vouillé, où Clovis défit les Visigoths. On a ouvert quelques-uns de ces tombeaux, & l'on y a trouvé de vieilles armes rongées de rouille. Près de Civeaux, est un endroit nommé *le pas de la biche*, où l'on croit bonnement que Clovis passa la riviere de Vienne à gué, à la suite d'une biche qui sortit exprès des bois pour servir de guide à ce prince.

Plusieurs petites villes, bourgs ou villages mal bâtis, quelques châteaux ruinés sur la cime des montagnes, quelques vallons agréables, quelques prairies verdoyantes, quelques paysages pittoresques; mais en général un sol peu fertile, & de très-mauvais chemins; voilà, Madame, les objets que présente aux yeux du voyageur le reste de la partie orientale du Poitou.

Cependant la petite ville de *Montmorillon*, située à neuf lieues de Poitiers, dans un vallon qu'arrose la riviere de Gartempe, mérite une mention particuliere. Elle avoit anciennement un château, étant le chef-lieu d'une baronnie. En 1281, Philippe *le Hardi*, fils de saint Louis, en fit l'acquisition de Gui de Mauléon. En 1316, Philippe *le Long* la donna à Charles son frere; & dans la suite

Charles VI à Vignole de la Hire son écuyer. Quelque temps après, cette terre fut réunie à la couronne. Elle paſſa, en 1555, à Gilles Broſſard, ſous la faculté de rachat perpétuel. Dans le temps des grandes aſſiſes, le propriétaire d'une *Sergentiſe* féodale qui dépend de la baronnie de Montmorillon, étoit obligé de fournir, ſuivant les expreſſions du titre original, ‟ des ‟ verres & des écuelles, & trancheurs ‟ de bois, & des pots de terre blancs ‟ & noirs, force joncheurs à monſei‟gneur le ſénéchal; entre ſalle, ſalon, ‟ le temps durant ladite aſſiſe; & leſ‟dites aſſiſes paſſées, me doit de‟meurer ma vaiſſelle, rien rompu, ‟ &c ".

Il ſe tient tous les ans dans cette petite ville, trois foires où l'on débite une quantité conſidérable de laines & de beſtiaux. Elle renferme environ deux mille habitans, une collégiale, & pluſieurs maiſons religieuſes.

Le couvent des Auguſtins eſt remarquables par l'étendue & la beauté de ſes bâtimens. Dans ſon enceinte, on voit un monument bien intéreſſant pour les amateurs de l'antiquité. Il offre les ruines d'un temple gaulois, de figure octogone, divifé en deux parties l'une au deffus de l'autre, de maniere à former deux étages. La partie inférieure eft moins vafte, parce que les murs en font d'une épaiffeur énorme. L'autre partie eft éclairée par huit fenêtres, conftruites dans huit arcades, dont fept font murées : celle qui ne l'eft pas, forme la porte. Un tuyau long de quatre toifes, traverfe de haut en bas la voûte, & procure un foible jour.

Les prêtres habitoient, dit-on, dans un avant-corps, d'environ trois toifes, pratiqué fur toute la furface d'un des côtés du temple. On voit au deffus une efpece de petite tour. Là, dans l'épaiffeur du mur, fe trouve un efcalier qui communique du rez-de-chauffée à l'étage fupérieur. La porte principale eft du côté oppofé, où l'on voit auffi une petite porte qui ouvre fur un chemin large d'une toife, & long de cent. On prétend que c'eft par ce chemin que les prêtres alloient à la riviere pour fe purifier, avant & après le facrifice, & qu'ils y conduifoient leurs victimes.

Huit figures humaines, groffiérement

travaillées, font au deſſus de la porte de ce temple. Six de ces figures repréſentent des hommes vêtus différemment, & ſéparés de trois en trois. Les deux autres repréſentent deux femmes qui ſont aux deux extrémités. Celle du côté droit eſt nue, ayant les cheveux flottans ſur ſes épaules. Elle preſſe ſur ſa poitrine deux ſerpens, qui, après avoir entortillé ſes jambes & ſes cuiſſes, remontent le long de ſon ventre vers chacune de ſes mamelles. L'autre femme, revêtue d'une jupe & d'un corſet peu différens des modernes, a les cheveux diviſés en deux treſſes, qui pendent ſur le devant de ſes épaules. Ses mains appliquées à ſes côtés, ſont renfermées dans des gants d'hommes.

Les antiquaires ont formé beaucoup de conjectures ſur ces deux femmes. Ils ſuppoſent que la premiere, entortillée de ſerpens, eſt une divinité qui repréſente la lune; que l'autre eſt une druideſſe; & les ſix hommes, des druides. Quoi qu'il en ſoit, ce monument eſt bien digne de fixer l'attention des vrais amateurs de l'antiquité.

Une autre particularité de ce temple

c'est que, dans l'intérieur, huit personnes placées dans ses huit angles, peuvent s'entretenir en même temps chacune avec la personne de l'angle opposé, sans que les six autres puissent les entendre.

Je suis, &c.

A Montmorillon, ce 25 juin 1762.

FIN.

TABLE DES MATIERES

CONTENUES DANS CE VOLUME.

LETTRE CDLII.

La Guienne.

Position & division de la *Guienne*; origine de son nom. *page* 1
Histoire abrégée de cette province; ses ducs. 3
Eléonore répudiée par Louis VII; remarque. 5
Guerres entre la France & l'Angleterre : la Guienne reste aux A[nglois]; traité du roi saint Louis. 7
La Guienne, théatre de guerres sanglantes : elle revient à la couronne. 10
Productions de la Guienne. 13

LETTRE CDLIII.

Suite de la Guienne.

Description du *Rouergue*; ses productions, son climat. 14

Son histoire, ses comtes ; droit nommé *commun de Paix*. 16

Origine de ce droit ; remarque curieuse à ce sujet. 19 *& suiv.*

Anciens états du Rouergue. 26

Productions du Haut-Rouergue. 27

Les villes de *Vabres* & de *Sainte-Afrique*. 28

Fromages de *Roquefort*, la ville de *Milhaud* ; illustre chevalier de Rhodes qu'elle a produit. 29

Severac-le-Chatel. 30

Le comté & la ville de Rhodès ; sa description ; homme célebre qu'elle a produit. 31

Ancien évêché d'*Arsat* ; bourg de *Marsillac*, & autres du comté de Rhodès. 34

Abbaye de *Conques* ; la *Domerie d'Aubrac*. 36

Le Bas-Rouergue ; montagne de *Rioupeyrou* ; *Villefranche* ; *Saint-Antonin* ; eaux minérales de *Cransac*. 38

LETTRE CDLIV.

Suite de la Guienne.

Productions du *Quercy* ; son commerce. 41

Son histoire abrégée. 42

Anciens états du Quercy ; sa division. 44

La ville de *Cahors* ; siége qu'elle soutient de la part de Henri IV ; son évêché & droit de son évêque ; grands hommes qu'elle a produits. 45

La petite ville de *Figeac* ; siége qu'elle a soutenu ; remarque sur le droit de l'évêque de Cahors. 47

Bourg de *Capdenac* ; ancienne ville d'*Uxellodunum* ; petite ville de *Gourdon*. 50

Abbaye de *Roquemadour*; curiosité intéressante qu'on y montre. 51

La ville de *Montauban*; origine de son nom; sa fondation & son histoire; maison d'un paysan où alloit Henri IV. 52

Evêché, maisons religieuses, & description de cette ville. 55

La petite ville de *Moissac*. 57

Negrepelisse, *Bruniquel*; origine du nom de ce dernier lieu. 59

LETTRE CDLV.

Suite de la Guienne.

Situation, histoire abrégée & productions de l'*Agenois*. 61

La ville d'*Agen*; son ancienneté, son histoire, sa description, son évêché & sa sénéchaussée; grands hommes qu'elle a produits. 64

Les petites villes d'*Aiguillon*, de *Clairac*, de *Villeneuve-d'Agenois*, de *Casseneuil*. 67

Bourg de *la Sauvetat*; grands hommes qu'il a produits; *Tonneins*; *Marmande*; duché de *Duras*; *Sainte-Foix*. 69

Description du *Bazadois*; la ville de *Bazas*, sa situation, ses évêques, grand homme qu'elle a produit. 70

Les petites villes de *Castelgeloux*, de *Caumont*, de *la Réole* & d'*Uzeste*. 73

LETTRE CDLVI.

Suite de la Guienne.

Position & productions du *Bordelois* 75

DES MATIERES.   473

La ville de *Bordeaux*; étymologie de son nom;
  son histoire.   76
Sa situation, son enceinte; forts qui la défen-
  dent.   78
Gouverneurs de cette ville & de la Guienne.
      81
Promenades & bâtimens; églises; ce qu'elles
  offrent de curieux.   82
Restes d'antiquités, *porte basse*, palais *Gallien*;
  palais de *Tutelle*; vers sur sa démolition.
      87
Evêché de Bordeaux; son parlement & autres
  jurisdictions.   90
Université, *collége de Guienne*, académie. 93
Population de cette ville; ordonnances con-
  cernant les Juifs; manufactures, commerce.
      95
Hommes célebres qu'a produits Bordeaux. 97
Cantons qui divisent le Bordelois; les *Landes*.
      99
Pays d'entre deux mers.   101
Le pays de Médoc, ses productions; la *tour
  de Cordouan*; qui l'a fait bâtir? *ibid. & suiv.*
La ville de *Blaye*; son histoire; les petites
  villes de *Bourg*, de *Libourne*, de *Fronsac*
  & de *Coutras*.   105

LETTRE CDLVII.

Suite de la Guienne.

Situation & productions du *Périgord*; son
  histoire, & ses comtés.   109
Division du Périgord; les petites villes de *Castillon* & de *la Force*.   112

La ville de *Bergerac*; fon commerce, fes coutumes particulieres; ruiffeau inflammable; le bourg de *Mucidan.* 113

La ville de *Périgueux*; fes monumens antiques; Tour *Vefune*; fon évêché, fa population, fes environs. 116

Le château d'*Antoniat*; homme célebre qui y eft né. 118

L'Abbaye de Chancelade. La petite ville de *Bourdeille*; homme célebre de cette maifon. 120

La ville de *Sarlat*; ce qu'elle eft; bourg de *Cadouin*; terre de *Biron*. 121

LETTRE CDLVIII.

Le Limofin.

Pofition du *Limofin*; fon hiftoire, fes vicomtes. 123

Fiefs titrés de cette province; fon climat, fon fol, fes rivieres. 127

Mines diverfes qu'on y trouve; maffe de roche calcaire. 130

Commerce du Limofin; caractere de fes habitans. 132

LETTRE CDLIX.

Suite du Limofin.

La ville de *Brives* furnommée *la Gaillarde*; anecdote concernant Gondebaud, fils du roi Clotaire I. 135

Situation de cette ville, ses églises; tombeaux de plusieurs vicomtes de Turenne; notice sur l'un de ces Seigneurs; description de sa pompe funebre. 139
Collége de Brives; ses promenades; homme célebre qui y a pris naissance; ses environs. 146
Histoire de la ville de *Turenne* & de ses vicomtes. 147
Sa description. 152
Le château de *Noailles*; la petite ville de *Beaulieu*, & son histoire. 153
La ville de *Tulle*; ses jurisdictions, son origine, sa description. 156
Son église cathédrale, & ses autres bâtimens. 159
Le bourg de *Tintiniac*; antiquités remarquables qu'on y voit. 162
Homme célebre né à Tulle. 163

LETTRE CDLX.

Suite du Limosin.

La petite ville d'*Ussel*; duché de *Ventadour*; ses vicomtes. 166
L'un d'eux surnommé *le Chanteur*, & pourquoi. 167
Caractere & testament singulier d'un autre de ces vicomtes. 170
Environs du vieux château de Ventadour. 173

LETTRE CDLXI.

Suite du Limosin.

La ville d'*Uferche*; fa fituation, fa defcription, fes églifes; maufolée d'un Pape, & note fur ce Pontife. 174
Le bourg de *Pompadour*. 177
Le village du *Mont*; Pape qui y a pris naiffance. 176
La ville de *Saint-Yrieix*; fon origine, fes églifes, fon commerce. 179
Defcription du fiége qu'elle a foutenu. 181
Le bourg de *la Roche-l'Abeille*; combat mémorable qui s'eft livré dans fes environs. 185
Carriere de ferpentine qu'on voit près de ce bourg. 188
Les petites villes de *Pierre-Buffiere* & d'*Eymoutiers*. 190
La ville de *Saint-Léonard*. 191
La petite ville de *Solignac*; fon origine; paroles de faint Eloy au roi Dagobert. 192

LETTRE CDLXII.

Suite du Limofin.

La ville de *Limoges*; fon ancien nom, fes anciens monumens, fon hiftoire. 195
Defcription de cette ville; églife de *Saint-Martial* & fon hiftoire; ce qu'on y voit

DES MATIERES. 477

de remarquable ; anecdote concernant une relique. 200

La cathédrale de cette église ; ce qu'on y voit de curieux ; tombeau remarquable. 206

Abbaye de *Saint-Augustin* ; églises de *Saint-Michel des Lions* ; vieilles inscriptions. 208

Autres églises de Limoges, & curiosités qu'elles renferment. 2..

Collége de Limoges ; tableau original de Rubens ; société royale d'agriculture. 213

Milice bourgeoise de cette ville ; cérémonie du couronnement des anciens souverains d'Aquitaine. 214

Commerce, population de Limoges ; cérémonie nommée *Ostension*. 217

LETTRE CDLXIII.

Suite du Limosin.

La petite ville de *Chalus* ; son origine, son château, sa description. 219

Trésor curieux trouvé dans ce château ; siége qu'il occasionna de la part de Richard ; anecdote concernant ce monarque Anglois. 221

La petite ville d'*Aixe* ; son château ; siége qu'il a soutenu. 225

Fief du *Bary*, maison de *Saint-Aulaire* ; anecdotes. 227

La petite ville de *Saint-Junien* ; son ancien monastere ; manuscrit curieux. 228

LETTRE CDLXIV.

L'Angoumois.

Situation; climat, sol, commerce, habitans & histoire abrégée de *l'Angoumois*. 232
La petite ville de *Rochechouart*; ses vicomtes; guerre que soutint l'un d'eux contre les Anglois. 235
Branche de cette maison dite des *Bourdet*. 238
Autre branche des seigneurs de *Mortemart*; aventure étrange arrivée à une des dames de ce nom; opinion populaire à ce sujet. 239

LETTRE CDLXV.

Suite de l'Angoumois.

La petite ville de *Chabanois*; ses anciens seigneurs. 243
La petite ville de *la Rochefoucault*; ses comtes; anecdote sur l'un d'eux; ce qu'il y a dans cette ville. 246
Le village de *Rancogne*; ses mines; description curieuse de ses *caves*. 251
Notice sur *Jean Heraud*, sieur de *Gourville*. 254
La petite ville de *Ruffec*, sa terre & sa seigneurie. 255
La petite ville de *Verteuil*; séjour qu'y a fait l'Empereur Charles-Quint. 257

DES MATIERES. 473

LETTRE CDLXVI.

Suite de l'Angoumois.

La ville d'*Angoulême*; son ancien nom; ses comtes & ses ducs; anecdote sur *Charles de Valois*, l'un d'entre eux. 259
Situation d'Angoulême; sa cathédrale; ses monasteres de *Saint-Cybard* & de *Saint-Ausone*. 266
Autres églises de cette ville; ses priviléges; son commerce. 269
Personnages célebres qu'elle a produits; *Marguerite de Valois*, sœur du roi François I. 271
François Ravaillac; de qui issu; son crime atroce. 272
Balsac. 274
Belle & fameuse source de *la Touvre*. 275

LETTRE CDLXVII.

Suite de l'Angoumois.

Le bourg de *Jarnac*; bataille qui s'est donnée dans ses environs; mot du prince de Condé. 277
Bourg-Charente. La petite ville de *Cognac*; son commerce, sa situation; conciles remarquables qui s'y sont tenus; son château, où naquit le roi François I. 279
Hommes célebres qu'a produits cette ville. 284
La petite ville d'*Aubeterre*; ce qu'il y a de remarquable. 285

LETTRE CDLXVIII.

La Saintonge.

Bornes, étendue & histoire abrégée de la Saintonge ; rivieres qui l'arrosent ; son climat, ses productions. 288
Le bourg de *Chalais* ; ses seigneurs. 291
La petite ville de *Barbezieux* ; homme célebre qui y est né. 293
Le bourg de *Mortagne*, & sa seigneurie ; le bourg de *Talmont*. 294
La petite ville de *Royan* ; ce qu'elle a été ; son port, ses environs, sa seigneurie. 295
La ville de *Pons* ; son château ; ses anciens seigneurs ; maniere dont ils rendoient hommage au roi. 296
La ville de *Saintes* ; ses anciens monumens ; débris qu'on en voit encore ; description de son arc de triomphe. 299
Eglises de cette ville ; abbaye *des Dames*. 305
Synode tenu à Saintes par les protestans ; description d'un siége qu'a soutenu cette ville. 307
Notice sur un homme célebre né à Saintes. 312

LETTRE CDLXIX.

Suite de La Saintonge.

La petite ville de *Taillebourg* ; sa description ; victoire

victoire signalée remportée par saint Louis dans ses environs. 315
Anecdote concernant des dames de la Trémouille, & siége que soutint à ce sujet cette ville. 318
La petite ville de *Saint-Jean-d'Angely*; son ancien monastere; relique qui y a attiré un grand nombre de pelerins. 323
Description du siége qu'a soutenu cette ville. 324
La petite ville de *Soubise*; sa description, son château, son église collégiale, ses seigneurs; siége qu'elle a soutenu. 331
La ville de *Brouage*; sa situation, son commerce; siége qu'elle a soutenu. 335
La ville de *Marennes*; ses anciens seigneurs, ses environs. 338
L'Isle d'*Oléron*; le château *du Bourg*; la tour de *Chassiron*; le pertuis d'*Antioche*. 339

LETTRE CDLXX.

L'Aunis.

Description générale de l'*Aunis*. 343
La ville de *Rochefort*; son origine, son port, ses curiosités, ses environs. 344
La ville de *la Rochelle*; son origine, son histoire. 347
Entrée du roi Charles IX dans cette ville. 351
Massacre de la *Saint-Barthélemi*, non exécuté à la Rochelle; guerre civile qui le suivi; description d'un siége mémorable; exploits du brave *La Noue*; courageux dévouement

Tome XXXIV. X

de Jean de la Gard... ...r de *Vins*. 355
Autre siège mémorable... ...te ville sous Louis XIII. 369
Port de la Rochelle; ce qu'il y a de remarquable dans cette ville; son commerce. 373
L'Isle de Ré, & *la tour des Baleines*. 377
La ville de *Saint-Martin*, capitale de cette isle; ses fortifications; forts qu'on voit dans cette isle. ibid.
L'Isle d'Aix, & la petite ville de *Marans*. 379
Le bourg de *Surgeres*; ses anciens seigneurs; son château. 380
Le bourg de *Rohan-Rohan*; son érection en duché-pairie. 382

LETTRE CDLXXI.

Le Poitou.

Situation du Poitou; origine prétendue des Poitevins. 384
Histoire de cette province sous les Romains, les Visigoths & Clovis; monastere fondé par sainte Radegonde. 385
Comtes de Poitou: ils prennent le titre de ducs d'Aquitaine; l'un d'entre eux poëte. 391
Histoire singuliere d'un autre de ces comtes; le Poitou réuni à la couronne. 395
Société d'enthousiastes qui se forma dans cette province. 404
Parlement de Paris & université transférée

à Poitiers. 406
Productions, rivieres, ports du Poitou, couches de coquillages. ibid.
Gouvernement ecclésiastique, élections, population, & caractere des habitans du Poitou. 408

LETTRE CDLXXII.

Suite du Poitou.

La ville de *Niort*; sa situation; siége qu'elle a soutenu; son commerce; ses maisons religieuses; ses priviléges. 411
La petite ville de *Maillesais*; son ancien château & son ancien évêché. Anecdote concernant le cardinal de Bourbon, proclamé roi de France. 413
La ville de *Luçon*; son ancienne abbaye; son église cathédrale; siége qu'elle a soutenu; ses environs. 415
Le bourg de *Mareuil*; le petit port de *Jard*; les *Sables d'Olonne*; port & commerce de cette derniere ville; siége qu'elle a soutenu. 417
La principauté de *Talmond*, & celle de *la Roche-sur-Yon*; étymologie du nom de la premiere. 420
Les trois isles d'*Yeu*, de *Noir-Moutier* & de *Bouin*. 421
La petite ville de *Beauvoir-sur-mer*; danger qu'y courut Henri IV. 423

LETTRE CDLXXIII.

Suite du Poitou.

Environs de Beauvoir; situation du bourg de *la Garnache*; siége qu'il a soutenu; trait héroïque d'un ami pendant ce siége. 425

La petite ville de *Montaigu*. 427
Le bourg de *Tiffauges*; peuples anciens appelés *Teiphaliens*. ibid.
La petite ville de *Mauléon*; son territoire, & son histoire. 429
Notice sur le troubadour *Savary* de Mauléon. 430
La petite ville d'*Argenton-le-Château* 432
La ville de *Thouars*; son commerce, son terroir; origine de ses anciens seigneurs. ibid.
Les petites villes de *Bressuire*, d'*Airvaux* & de *Parthenay*. Maison de ce nom; mot d'une demoiselle de cette famille à Henri IV. 434
La petite ville de *la Châtaigneraie*; son territoire, son commerce. Combat d'un seigneur de ce nom; origine du mot *coup de Jarnac*. 436
Le petit lieu de *Vouvant*; la ville de *Fontenay-le-Comte*; sa situation, ses curiosités, son commerce; siéges qu'elle a soutenus. 437
Grands hommes qu'a produits cette ville. 439

DES MATIERES.

LETTRE CDLXXIV.

Suite du Poitou.

La petite ville de *Saint-Maixent* ; son origine, son commerce, son abbaye, & usage pieux qu'on y observoit. 441

La petite ville de *Lusignan* ; notice sur la fée *Mélusine* ; description de ce fameux château. 442

Remarques sur la généalogie de la maison de Lusignan. 445

La petite ville de *Vivonne* ; la ville de *Poitiers* ; ses environs, son intérieur, son évêché ; les quatre barons qui portent l'évêque en cérémonie le jour de son entrée. 448

Eglises de Poitiers ; ce qu'elles offrent de remarquable. 450

Restes d'antiquités de cette ville ; tour de *Maubergeon*. 452

Places, promenades; tombeaux des chevaliers François tués à la bataille de Poitiers. 454

Privilége accordé aux maire & officiers municipaux de Poitiers ; hôtel de ville & son horloge ; présidial, université. 456

Grands hommes nés à Poitiers. 458

LETTRE CDLXXV.

Suite du Poitou.

Pourquoi le Voyageur n'a pas parcouru le Mirebalais & le Loudunois. 460

La petite ville de *Montreuil-Bonin* ; vestiges du *vieux Poitiers*. 460

La ville de *Chatellerault* ; sa situation, son histoire, son commerce, ses manufactures. 461

La petite ville de *Chauvigny* ; la paroisse de *Civaux* ; ce qu'on voit de remarquable dans ses environs. 464

La petite ville de *Montmorillon* ; son histoire, son commerce. 465

Son couvent des Augustins ; ruines remarquables d'un temple. 466

Fin de la Table du Tome XXXIV.

www.ingramcontent.com/pod-product-compliance
Lightning Source LLC
Chambersburg PA
CBHW050239230426
43664CB00012B/1752